LA FEMME AU

collection dirigée par

Dans la même collection

DOMINIQUE DESANTI, *La Femme au temps des années folles.*

ÉLISABETH RAVOUX-RALLO, *La Femme à Venise au temps de Casanova.*

YVONNE KNIBIEHLER ET RÉGINE GOUTALIER, *La Femme au temps des colonies.*

FRANÇOISE THÉBAUD, *La Femme au temps de la guerre de 14.*

CHRISTIANE DESROCHES NOBLECOURT, *La Femme au temps des Pharaons.*

MARIE-CLAIRE HOOCK-DEMARLE, *La Femme au temps de Goethe.*

LA FEMME AU TEMPS DES CATHÉDRALES

Du même auteur

LUMIÈRE DU MOYEN AGE, Grasset, 1947.
LES STATUTS MUNICIPAUX DE MARSEILLE. Édition critique du texte du XIIIe siècle, coll. « Mémoires et documents historiques », Paris-Monaco, 1949.
VIE ET MORT DE JEANNE D'ARC. Les témoignages du procès de réhabilitation, Hachette, 1953; rééd. 1980.
LES CROISÉS. Hachette, 1959. Épuisé.
LES CROISADES. Julliard, coll. « Il y a toujours un reporter », dirigée par Georges Pernoud, 1960.
JEANNE D'ARC, Éd. du Seuil, coll. « Microcosmes », 1959.
HISTOIRE DE LA BOURGEOISIE EN FRANCE. Tome I. *Des origines aux temps modernes*, Tome II. *Les Temps modernes*. Éd. du Seuil, 1960-1962; rééd. 1977.
JEANNE D'ARC PAR ELLE-MÊME ET PAR SES TÉMOINS. Éd. du Seuil, 1962; rééd. Livre de vie, 1975.
ALIÉNOR D'AQUITAINE, Albin Michel, 1966 et livre de poche.
8 MAI 1429, LA LIBÉRATION D'ORLÉANS, Gallimard, coll. « Trente journées qui ont fait la France », 1969.
LE TOUR DE FRANCE MÉDIÉVAL, avec Georges Pernoud, Stock, 1983.
LE MOYEN AGE RACONTÉ À MES NEVEUX. Stock/Laurence Pernoud, 1983.
HÉLOÏSE ET ABÉLARD, Albin Michel, 1970.
JEANNE DEVANT LES CAUCHONS, Éd. du Seuil, 1970.
BEAUTÉ DU MOYEN AGE, Gautier Languereau, 1971.
LA REINE BLANCHE, Albin Michel, 1972.
LES TEMPLIERS, P.U.F., coll. « Que sais-je? », 1974; rééd. 1977.
POUR EN FINIR AVEC LE MOYEN AGE, Éd. du Seuil, 1977.
LES HOMMES DE LA CROISADE, Fayard, 1984.
LES GAULOIS, Éd. du Seuil, 1979, rééd. 1983.
LA FEMME AU TEMPS DES CATHÉDRALES, Stock, 1980; réédition 1984.
SOURCES DE L'ART ROMAIN, avec Madeleine Pernoud, Berg INTERNATIONAL, 1980.
JEANNE D'ARC. P.U.F., 1981.
CHRISTINE DE PISAN, Calmann-Lévy, 1982 et Livre de poche.
LA PLUME ET LE PARCHEMIN, avec Jean Vigne, Denoël, 1983.
LES SAINTS AU MOYEN AGE, avec Madeleine Pernoud, Plon, 1984.
SAINT LOUIS ET LE CRÉPUSCULE DE LA FÉODALITÉ, Albin Michel, 1985.
JEANNE D'ARC, avec Marie-Véronique Clin, Fayard, 1985.
LE MOYEN AGE, POUR QUOI FAIRE? avec Jean Gimpel et Raymond Delatouche, Stock, 1986.
CARNET DE VILLARD DE HONNECOURT, ouvrage collectif, Stock, 1986.
ISAMBOUR, avec Geneviève de Cant, Stock, 1987.

Régine Pernoud

La femme au temps des Cathédrales

Stock/Laurence Pernoud

Si vous souhaitez être tenu au courant de la publication de nos ouvrages, il vous suffira d'en faire la demande aux Éditions STOCK, 103, boulevard Saint-Michel, 75005 Paris. Vous recevrez alors, sans aucun engagement de votre part, le bulletin où sont régulièrement présentées nos nouveautés que vous trouverez chez votre libraire.

Introduction

Le titre de cet ouvrage est dû au chanoine E. BERRAR : c'est celui qu'il m'avait proposé pour une conférence à Notre-Dame de Paris *.

Mais l'idée d'étudier l'histoire de la femme m'était venue bien avant, lorsque je travaillais à mon livre sur la bourgeoisie en France ; une remarque s'est alors peu à peu imposée à moi : la place de la femme au sein de la société semblait en effet s'amenuiser dans la proportion où la puissance du bourgeois s'étendait, s'affermissait, où il joignait au pouvoir économique et administratif le pouvoir politique. Dès ce moment, à travers les soubresauts qui vont de l'Ancien Régime à l'avènement de la monarchie de Juillet, la femme est tout à fait éclipsée de la scène. Les *Mémoires* d'une femme intelligente comme le fut Elisa Guizot attestent l'effacement désabusé qui est exigé d'elle.

C'est donc une réaction naturelle qui m'amena, après des années passées à suivre le bourgeois de sa naissance aux temps modernes, à étudier la place de la femme dans la société, notamment aux époques qu'on pourrait appeler pré-bourgeoises, si le terme n'était par trop restrictif : au temps d'Héloïse, d'Aliénor, de la reine Blanche, et même plus tard, lorsqu'entre en scène la femme la plus connue du monde : Jeanne d'Arc.

* Faite le 20 novembre 1977.

L'ensemble de son évolution fait penser à ces roues de Fortune où l'on voit un personnage qui monte, qui triomphe quelque temps, puis amorce sa descente pour retomber au plus bas. Selon cette image si familière à l'iconographie médiévale, l'apogée correspondrait à l'Age féodal : du Xᵉ à la fin du XIIIᵉ siècle. Les faits et les personnages rassemblés dans cet ouvrage paraîtront, je pense, aussi convaincants au lecteur qu'à moi-même ; les femmes exercent alors, incontestablement, une influence que n'ont pu avoir ni les belles frondeuses du XVIIᵉ siècle, ni les sévères anarchistes du XIXᵉ.

Cette influence décroît manifestement durant les deux siècles suivants, ceux auxquels je réserve l'appellation de temps médiévaux. Les XIVᵉ et XVᵉ siècles représentent bien en effet un âge « moyen », au cours duquel la mentalité change, spécialement à l'égard de la femme. Et la roue de Fortune ne tarde pas à l'entraîner vers une éclipse dont elle émerge de nouveau en notre XXᵉ siècle.

Mais, le mouvement constaté, il était indispensable d'en chercher les origines : comment a-t-on pu passer du statut de la femme dans l'Antiquité classique gréco-romaine, voire dans le passé celtique et germanique, à celui de l'Age féodal ? D'où est venue cette mutation évidente, encore que lente à s'imposer dans les mœurs (mais l'historien sait, d'expérience, combien toute nouveauté met de temps à s'imposer, et qu'une maturation est nécessaire, inexorablement, du germe au fruit) ?

On ne s'étonnera pas de voir cette question des origines posée avec l'entrée, pour la première fois, d'une reine dans notre histoire. Et s'il se peut bien, à propos de cette recherche des sources, que l'analyse des faits soit contestée, les faits eux-mêmes sont, en tout cas, incontestables.

On pourra certes me reprocher d'avoir souvent schématisé ou simplifié à l'excès ; c'est inévitable quand on tente de condenser en trois cents pages ce qui demanderait, pour être convenablement traité, autant de volumes. Aussi bien chaque question abordée pourrait-elle être le point de départ d'autres travaux que d'autres auteurs, je l'espère, réaliseront à notre époque où cette question de l'histoire de la femme captive l'attention et a suscité déjà thèses, études et recherches qui amèneront certainement par la suite des synthèses plus complètes et plus riches que la mienne. Écrirait-on jamais, en histoire surtout, si l'on ne se résignait d'avance à être incomplet ?

De toute façon, comme cet ouvrage n'est pas destiné aux érudits, il a été allégé autant que possible ; les notes sont rejetées en fin de volume et réduites au minimum ; elles esquissent cependant une bibliographie, en ce sens que les références indiquées sont celles d'ouvrages où cette bibliographie existe pour chaque question et peut donc permettre de nouvelles études.

Celle-ci parcourt un millénaire, ou environ ; avec au point de départ une mutation surprenante, qui a commencé à faire mouvoir la roue de Fortune ; celle-ci d'ailleurs n'est-elle pas traditionnellement incarnée par une femme ?

Première Partie

Avant le temps des cathédrales

1

Clotilde

C'est avec l'arrivée d'une femme que notre histoire devient l'histoire de France. Clovis, roi des Francs Saliens qui, originaires des environs de Tournai, ont conquis une bonne partie du nord de la Gaule, envoie chercher à Genève, pour en faire son épouse, Clotilde, nièce de Gondebaud, roi des Burgondes.

« A l'occasion d'une des nombreuses ambassades envoyées par Clovis en Burgondie », écrit Grégoire de Tours, l'historien de ces Francs qui vont « faire la France », « ses envoyés rencontrèrent la jeune Clotilde. Ils informèrent Clovis de la grâce et de la sagesse qu'ils constatèrent en elle et des renseignements qu'ils avaient recueillis sur son origine royale. Sans tarder, il la fit demander en mariage à Gondebaud ; celui-ci [...] la remit aux envoyés, qui se hâtèrent de l'amener à Clovis. A sa vue, le roi fut enchanté et l'épousa, bien qu'une concubine lui eût déjà donné un fils, Thierry. »

Lorsqu'on étudie l'histoire de l'Occident, il est frappant de voir à quel point elle a été masculine jusqu'à ce ve siècle. Combien de femmes pourrait-on citer à travers les siècles d'existence de Rome et de sa domination ? Certes, on a retenu le nom d'Agrippine, la mère de Néron, mais elle le doit plus à Racine qu'à Tacite. De nombreuses monnaies portent l'effigie de Faustine, mais que sait-on d'elle ? Les manuels d'histoire romaine qu'on infligeait jadis aux écoliers, si prolixes pourtant sur la civilisation antique, ne mentionnaient même pas cette impératrice qui n'a pour elle que son profil de médaille.

Avec Clotilde, la présence de la femme se fait évidente, et son influence certaine ; cette jeune fille, qui vient du territoire des Helvètes, est de famille royale ; ses parents règnent sur la *Burgondie* (notre future Bourgogne). Tous les historiens ont relevé le rôle capital qu'elle joue en obtenant de son époux païen qu'il se convertisse à la foi chrétienne. Le baptême de Clovis, pour les érudits les plus scrupuleux comme pour les chroniqueurs les plus divagants, reste le premier jalon de notre histoire, et sa représentation au faîte de la cathédrale de Reims a traversé les siècles. Or c'est une femme qui l'a obtenu. Décision essentielle dans la mesure où l'ensemble du peuple sur lequel Clovis, par ses victoires successives, va peu à peu exercer une suprématie (peut-être plus nominale que réelle, mais qui lui donnera une première fois son unité) est chrétien. Le pouvoir laïc, celui de l'empereur romain, force militaire ou administration civile, s'est disloqué et effondré au cours de ce ve siècle ; seule l'organisation religieuse, celle qui d'une cité à l'autre relie entre eux les évêques de la Gaule, a subsisté, épargnant au pays de sombrer. En se faisant baptiser, Clovis s'est concilié les évêques et à travers eux l'ensemble d'un peuple dont l'évangélisation avait été acquise dès le siècle précédent.

Cette conversion a donc à la fois un caractère religieux et politique. Clotilde ne l'aura pourtant pas arrachée sans peine.

Grégoire de Tours nous fait part successivement de ses supplications, de ses échecs, des méfiances du roi. Telle que nous l'a transmise l'historien, l'argumentation de la reine auprès du païen, adorant ses idoles, n'est pas sans intérêt : « Les dieux que vous vénérez ne sont rien, incapables qu'ils sont de se subvenir ni de pourvoir aux besoins d'autrui. Ce sont des idoles de bois, de pierre ou de métal... Ce sont des magiciens, leur pouvoir n'est pas d'origine divine. Le Dieu à qui il faut rendre un culte, c'est celui dont la Parole a tiré du néant le ciel, la terre, la mer et tout ce qu'ils renferment... C'est par un effet de sa volonté que les champs produisent des récoltes, les arbres des fruits, les vignes des raisins ; c'est de sa main que le genre humain a été créé. Grâce à sa libéralité, la création tout entière est au service de l'homme, lui est soumise et le comble de ses bienfaits. » Clovis hésite, veut « une preuve » de la divinité de ce Dieu, une preuve de puissance. Et ce qui va se passer sera déchirant pour Clotilde : elle a un premier fils ; elle insiste pour qu'il soit baptisé et, devançant l'approbation de Clovis, elle fait, dit Grégoire de Tours, « tapisser l'église de voiles et de tentures pour que le rite incite à la croyance celui que ses paroles ne réussissaient pas à toucher ». Clovis, certainement, est sensible à la beauté des choses ; il le prouvera plus tard lorsque, entrant dans l'église de Reims, il s'arrêtera interdit sur le seuil, demandant si c'est cela le paradis. L'enfant est donc baptisé et reçoit le nom d'Ingomer ; or, il meurt quelques jours après.

La réaction de Clotilde que nous transmet Grégoire de Tours dément de manière éclatante nos préjugés concernant ces époques « superstitieuses » : durement atteinte par la mort de son fils, par le courroux de son époux, l'un et l'autre anéantissant ses souhaits les plus ardents, elle déclare sereinement : « Je remercie le Dieu Tout-Puissant, créateur de toutes choses, qui a fait à mon indignité l'honneur d'ouvrir son royaume à celui que j'ai engendré. Mon âme n'a pas été atteinte par la douleur, car, je le sais, enlevé de ce monde dans l'innocence baptismale, mon fils se nourrit de la contemplation de Dieu. »

Quelque temps après, Clotilde met au monde un autre fils, Clodomir ; elle le fait baptiser comme le premier ; comme celui-ci, il tombe malade peu après ; mais, ajoute le chroniqueur, « grâce aux prières de sa mère, l'enfant se rétablit sur l'ordre du Seigneur ».

Ce n'est que plus tard, et après une épreuve personnelle où sa propre force s'est trouvée en échec, que Clovis invoquera « le Dieu de Clotilde » et demandera le baptême. Inutile de s'étendre sur cette scène maintes fois racontée, sinon pour souligner la présence de Clotilde auprès de la cuve baptismale où son époux est plongé, recevant l'onction et l'eau sainte des mains de l'évêque saint Remi.

Les érudits ont beaucoup discuté sur la date de ce baptême ; on sait qu'il eut lieu le jour de Noël, mais leurs estimations laissent, dirions-nous aujourd'hui, une fourchette d'une dizaine d'années entre la date traditionnelle de 496 et celle de 506 que quelques-uns ont retenue. L'estimation la plus prudente[1] situe l'événement entre 496 et 498. Toujours est-il qu'à sa suite Clovis aurait entraîné trois mille de ses guerriers. Les Francs Saliens deviennent dans l'ensemble chrétiens, *et catholiques;* ils rejoignent par là le peuple qu'ils sont en train de se soumettre.

Car il importe de préciser que Clotilde est catholique : les chefs « barbares » qui ont soumis les divers territoires de notre Occident sont eux aussi chrétiens, qu'il s'agisse des Wisigoths installés au sud de la Loire, ou des Burgondes, mais ils sont ariens, hérétiques donc. On peut dauber sur la « naïveté » de la foi populaire en ces temps-là ; cette naïveté n'empêche pas que dans le peuple on soit parfaitement conscient de l'intérêt que présente pour un chrétien le fait de croire ou non que le Christ, Fils de Dieu, est Dieu lui-même — autrement dit de croire ou non au dogme de la Trinité. Beaucoup de chrétiens en notre XXe siècle seraient-ils capables de discerner ce qui différencie la foi au Christ « consubstantiel au Père » (telle que l'avait définie le concile de Nicée quelque deux cents ans avant le baptême de Clovis) de la croyance en une simple « ressemblance » avec le Père ? Beaucoup seraient-ils disposés à admettre qu'il y va de l'essence même de la foi que le Christ soit l'une des trois personnes divines — et non simplement « émissaire » ou « mandataire » de Dieu ? Plus d'un, on peut le penser, jugerait qu'il ne s'agit là que de subtilités, d'arguties de théologiens — quitte à protester, si tel d'entre eux voyait sa proposition condamnée, contre un autoritarisme contraire à la « liberté » ; alors que, à l'époque de Clotilde, la foi en la Trinité sainte, en un Dieu trine et unique comme celui de la vision d'Abraham, paraît justifier jusqu'au martyre. Clotilde donc est catholique, à la différence de son oncle arien Gondebaud, et c'est l'adhésion à la foi catholique qu'elle obtient de son époux.

Et leur peuple, à son tour, peut être personnifié par une

femme, car Clovis ne tarde pas à choisir comme lieu de résidence préféré l'antique Lutèce, la cité des Parisiens *(Parisii)*. Or, s'il y a à Paris une personnalité célèbre, c'est bien la vierge de Nanterre, Geneviève. Née vers 422, Geneviève a près de soixante-dix ans au moment où Clotilde épouse Clovis, mais elle ne mourra qu'un an après Clovis lui-même, le 3 janvier 512, à quatre-vingt-neuf ans.

Clotilde et Clovis rencontrent Geneviève alors qu'elle mène, dans une petite maison proche de l'ancien baptistère de Saint-Jean-le-Rond, la vie des recluses — celles que nous appellerions des religieuses cloîtrées. Trois fois par jour, elle quitte sa demeure pour se rendre à l'église proche y chanter l'office. Vie toute de silence et de prières, de retraite et d'effacement : les recluses font un long carême de l'Épiphanie à Pâques, et l'on n'entend alors d'elles que le chant des psaumes, lorsqu'elles se réunissent à l'église. Pourtant Geneviève, en une circonstance, a élevé la voix ; c'était l'an 451 — elle avait vingt-huit ans — au moment où la population de Paris, affolée à l'approche des Huns, s'apprêtait à quitter la ville dans un de ces exodes lamentables que notre XXe siècle peut mieux qu'un autre imaginer. Les Huns sont des envahisseurs terrifiants, plus terrifiants encore que ceux que nous avons connus en notre temps ; ils font partie de ces Mongols contre lesquels les Chinois ont édifié la Grande Muraille ; devant eux avaient fui la plupart de ces « peuples barbares » qui au Ve siècle se répartissaient sur tout notre territoire, et c'est à la poussée des Mongols qu'on attribue leur vaste mouvement de migrations.

A la suite d'Attila donc, les Huns se dirigeaient vers Paris, après avoir brûlé, le 10 avril précédent, veille de Pâques, la cité de Metz. Or, Geneviève, devant la porte de son baptistère, exhorte la population à ne pas fuir, promettant à tous que les Huns n'entreraient pas dans leur ville. La prophétie, sur le moment, parut si insensée que quelques-uns s'en prirent à Geneviève ; on menace de la jeter dans la Seine ; Geneviève tient tête, empêche la population de courir à ce qui eût été son propre désastre — et les événements lui donnent raison. Les Huns, repoussés devant Orléans et devant Troyes grâce à la résolution des évêques Aignan et

Loup qui ont soutenu le courage des assiégés, sont définitivement vaincus dans cette bataille fameuse du *Campus Mauriaci* (sans doute Méry-sur-Seine). Dès lors, dans tout le monde connu, on parle de Geneviève... Jusqu'en Syrie : on sait de façon certaine que Siméon Stylite, l'ermite à la colonne, a chargé des marchands syriens de saluer pour lui la vierge Geneviève, quand ils parviendront à Paris.

Il est extraordinaire de constater le rôle actif que les femmes jouent dans le domaine de l'évangélisation, en ce temps où l'Occident hésite entre paganisme, arianisme et foi chrétienne. Sous cette influence, Clovis s'était singularisé parmi les barbares en se faisant baptiser dans la communion avec Rome, alors qu'autour de lui Ostrogoths, Wisigoths, Vandales, Burgondes avaient embrassé l'hérésie d'Arius, laquelle, née deux siècles plus tôt, s'était propagée non seulement en Orient, à Byzance, où plusieurs empereurs l'avaient adoptée, mais encore en Occident parmi de vastes populations « barbares ».

En ce VIe siècle, Clotilde n'est pas une isolée : en Italie, Théodelinde, une Bavaroise, qui épouse le roi lombard Agilulf, arien lui aussi, parvient à faire donner le baptême catholique à leur fils Adaloald ; la conversion de l'Italie du Nord à la foi chrétienne sera plus ou moins le prolongement de cette action d'une femme. En Espagne, le duc de Tolède, Léovigilde, restaure l'autorité royale et épouse en 573 la catholique Théodosia, qui le convertit au catholicisme. Précisons qu'elle a de qui tenir, puisqu'elle est la sœur de trois évêques : Léandre, Fulgence et le grand Isidore de Séville. Quelque vingt ans plus tard, en 597, Berthe de Kent obtiendra en Angleterre du roi Ethelbert qu'il se fasse baptiser. Évoquant cette action des femmes à peu près simultanée dans notre Occident, Jean Duché remarquait avec un sourire[2] : « Le mystère de la Trinité exercerait-il sur les femmes une fascination ?... En Espagne comme en Italie, comme en Gaule, comme en Angleterre, il fallait qu'une reine fût le fourrier du catholicisme. »

C'est résumer un double fait de civilisation : à la fois

l'entrée des femmes dans l'histoire lorsque se développe la foi chrétienne et le zèle qu'elles manifestent pour implanter celle-ci. Aux pays énumérés, il faudrait en effet ajouter la Germanie, où des religieuses ont été les ardentes auxiliaires de saint Boniface, et jusqu'à la Russie, où la première baptisée fut Olga, princesse de Kiev, tandis que plus tard les pays Baltes devront leur conversion à Hedwige de Pologne. Partout, on constate le lien entre la femme et l'Évangile si l'on suit, étape par étape, événements et peuples dans leur vie concrète.

A se demander s'il n'y aurait pas là, en effet, plus qu'une coïncidence.

Pour comprendre ce qu'a été, à l'origine, la libération de la femme, il est bon de savoir ce qu'était la condition féminine en Occident, c'est-à-dire dans le monde romain, au Ier siècle de notre ère : juristes et historiens du droit nous renseignent avec une parfaite clarté à ce sujet. Mieux qu'aux œuvres littéraires en effet, ou aux exemples individuels cités ici et là, c'est au droit, plus précisément, à l'histoire du droit, qu'il convient de se reporter si l'on veut connaître les mœurs ; le droit les révèle, et il les modèle aussi : à travers son histoire se reflètent les évolutions, et les perpétuelles interférences entre gouvernants et gouvernés, entre ce qui est voulu et ce qui est vécu.

Or, le droit romain est sans doute le mieux connu des divers systèmes de législation antique ; il a fait l'objet d'études très abondantes et très détaillées. L'admiration qu'on lui a portée depuis le XIIIe siècle et plus encore depuis le XVIe s'est traduite en de multiples traités, recherches et commentaires ; et par la suite ses dispositions ont été pour la plupart adoptées par notre code Napoléon, au XIXe siècle.

En ce qui concerne la femme, l'essentiel de ce droit a été lumineusement exposé par le juriste Robert Villers : « A Rome, la femme, sans exagération ni paradoxe, n'était pas sujet de droit... Sa condition personnelle, les rapports de la femme avec ses parents ou avec son mari sont de la compétence de la *domus* dont le père, le beau-père ou le mari sont les chefs tout-puissants... La femme est uniquement un objet[3].» Même lorsque, sous l'Empire, sa condition s'améliore, le pouvoir absolu du père se faisant un peu moins rigoureux, les historiens constatent: «L'idée qui prévaut chez les juristes de l'Empire — et ils ne font qu'exprimer sur ce point le sentiment commun des Romains — est celle d'une infériorité naturelle de la femme.» Aussi bien la femme n'exerce-t-elle aucun rôle officiel dans la vie politique et ne peut-elle remplir aucune fonction administrative: ni dans l'assemblée des citoyens, ni dans la magistrature, ni dans les tribunaux. La femme romaine n'est cependant pas confinée dans le gynécée comme l'était la femme grecque, ni comme le sera plus tard la femme dans les civilisations de l'Islam, claquemurée dans un harem; elle peut prendre part aux fêtes, aux spectacles, aux banquets, encore qu'elle n'ait pas d'autres droits que celui d'y être assise, alors que la coutume veut que l'on mange couché à l'époque. Dans les faits, le pouvoir du père quant au droit de vie et de mort sur ses enfants reste entier: sa volonté, par exemple pour le mariage de sa fille, demeure «très importante»; en cas d'adultère, lui seul a le droit de tuer la fille infidèle, l'époux n'ayant que le droit d'occire son complice; l'adultère du fils, en revanche, ne sera sanctionné que sous le Bas-Empire par la restitution de la dot de la femme.

Somme toute, la femme, pas plus que l'esclave, n'existe pas à proprement parler au regard du droit romain; si le légiste se préoccupe de son sort, c'est surtout à propos de la dévolution ou de l'administration de ses biens: il fixe la part qui lui revient de l'héritage paternel, lui interdit (par la loi Voconia en 169 av. J.-C.) d'hériter de grosses fortunes — disposition difficilement contrôlable, et de ce fait peu appliquée; et, vers le IIIe siècle après J.-C., prend quelques mesures pour empêcher que cette dot ne soit totalement confondue avec les biens du mari qui administre le tout. Les adoucissements à la condition féminine n'interviennent donc que tardivement, sous l'Empire et surtout le Bas-Empire, et ce n'est aussi que durant cette dernière période qu'on prévoit pour elle quelque sanction en matière de rapt ou de viol.

Quelle que soit d'ailleurs cette protection à laquelle l'appareil législatif fait place peu à peu — et il en a été de même dans beaucoup de civilisations — c'est un événement décisif qui se produit dans le destin des femmes avec la prédication de l'Évangile. Les paroles du Christ, prêchées par les apôtres à Rome et dans les diverses parties de l'Empire, ne comportaient pour la femme aucune mesure de « protection », mais énonçaient de la façon la plus simple et la plus bouleversante l'égalité foncière entre l'homme et la femme : « Quiconque répudie sa femme et en épouse une autre commet un adultère à l'égard de la première ; et si une femme répudie son mari et en épouse un autre, elle commet un adultère » (Marc x, 11-12 ; Matthieu XIX, 9). A cette équation très catégorique qui avait provoqué dans l'entourage de Jésus une stupeur indignée — (« si telle est la condition de l'homme vis-à-vis de la femme, mieux vaut ne pas se marier ! ») — s'ajoutaient de multiples traits rapportés par les Évangiles : c'était à une femme que le Christ avait d'abord fait la révélation, importante entre toutes, de la vie nouvelle : adorer Dieu en esprit et en vérité ; il avait refusé de condamner la femme adultère, lui disant simplement : « Va et ne pèche plus », et c'était à des femmes qu'il était d'abord apparu après sa résurrection.

Cette attitude, cet enseignement sans précédent vont avoir une première conséquence qu'illustre la remarque curieuse faite par le P. Georges Naïdenoff[4].

Ayant relevé dans le *Petit Larousse* les noms cités pour les IIe et IIIe siècles de notre ère, il trouve beaucoup plus de femmes que d'hommes dans sa liste. Parmi les noms d'hommes, avec celui de Plotin, de l'écrivain Aulu-Gelle et du grand Origène, le dictionnaire ne mentionne guère que celui de saint Sébastien ; en revanche, il nomme vingt et une femmes, dont Zénobie, reine de Palmyre, et Faustine, femme de l'empereur Antonin ; les dix-neuf autres sont des saintes, des femmes que l'Église a mises sur les autels. Cette abondance de noms féminins, qui ont subsisté pour le grand public quand disparaissaient ceux des éphémères empereurs de ces deux siècles, souligne l'importance de ces saintes, presque toutes des jeunes femmes, des jeunes filles mortes pour affirmer leur foi. Agathe, Agnès, Cécile, Lucie, Catherine, Marguerite, Eulalie, et tant d'autres auront donc — et nous chercherions vainement leur équivalent dans le monde antique — survécu dans la mémoire des hommes.

Somme toute, entre le temps des Apôtres et celui des Pères de l'Eglise, pendant ces trois cents ans d'enracinement, de vie souterraine que résume l'image des « catacombes », de qui est-il question dans l'Eglise ? De femmes. Ce sont des femmes que l'on célèbre. Dans la page fameuse des martyrs de Lyon, Blandine est présente à côté de l'évêque smyrniote saint Pothin ; une telle attention portée à une fille qui n'était qu'une esclave et par conséquent aurait pu être mise à mort sur l'ordre de son maître devait être bien choquante pour les milieux païens. Plus choquante encore, la revendication de filles comme Agnès, issue d'une famille patricienne, ou Cécile ou Lucie ou tant d'autres, que leur légende a certes auréolées, mais dont nous savons en toute certitude qu'elles furent dans leur monde et dans leur milieu des contestataires. Que prétendaient-elles en effet ? Refuser l'époux que leur père leur destinait et garder la virginité « en vue du royaume de Dieu. »

Nous mesurons mal aujourd'hui ce que leurs revendications avaient en leur temps d'anormal, voire de monstrueux : à Rome la *patria potestas,* le pouvoir du père, était absolu, nous l'avons vu, sur la famille et notamment sur les enfants à leur naissance ; tous les juristes ont relevé ce qu'on appelle la « disparition forcée des cadettes » ; en effet, si le père était tenu de conserver à la naissance les enfants mâles en raison des besoins militaires (sauf s'ils étaient mal formés ou jugés trop chétifs), il ne gardait en général qu'une seule fille, l'aînée ; c'est tout à fait exceptionnellement qu'on voit mention de deux filles dans une famille romaine. Et il est significatif que chaque garçon reçoive un *praenomen* (prénom), marque de personnalité qui le distingue de ses frères, tandis que la fille, l'aînée généralement, ne porte qu'un nom, celui de la famille paternelle ; ainsi, dans la *gens Cornelia,* la fille s'appelle Cornelia, ses frères sont Publius Cornelius, Gaius Cornelius, etc[5]. Pas de nom personnel donc pour la fille, mais seulement celui du père.

Ces filles que leur père n'avait donc laissé vivre à leur

naissance que dans un geste de bonté, ou dans le souci de perpétuer la famille, voilà qu'elles désobéissaient à ses ordres, qu'elles refusaient le mariage en vue duquel la vie leur avait été conservée, qu'elles affichaient avec arrogance une volonté propre que toute la société leur déniait. Elles se mettaient en contradiction avec les structures intimes de la civilisation, des lois, des mœurs du monde romain, c'est-à-dire du monde connu d'alors ; nous n'avons guère pour apprécier le scandale que des points de comparaison, malgré tout assez faibles, avec les sociétés islamiques, lesquelles reçoivent cependant aujourd'hui quelques échos du monde occidental où la liberté de la femme n'est généralement plus mise en question. A Rome et dans l'Empire romain, la nouveauté de l'attitude de ces filles était radicale. Nier l'autorité du père de famille, le seul citoyen à part entière, propriétaire, chef militaire et grand prêtre, dans son foyer comme dans sa ville, c'était ébranler le fondement de toute une société ; et à l'époque on ne s'y est pas trompé. Il est bien compréhensible que devant une prétention aussi exorbitante leur père ait usé de ce droit de vie et de mort que de toute façon la loi lui conférait.

Ce n'est que vers l'an 390, à la fin du IVe siècle, que la loi civile retire au père de famille le droit de vie et de mort sur ses enfants[6]. Avec la diffusion de l'Évangile, disparaissait la première et la plus décisive des discriminations entre les sexes : le droit de vivre accordé aussi bien aux filles qu'aux garçons[7]. Dès ce moment, la vision chrétienne de l'homme, le respect de la vie proclamé par la Bible, par l'Évangile, sont suffisamment entrés dans les mœurs pour que s'implante peu à peu le respect de la personne, qui pour les chrétiens s'étend à toute vie, même — et c'est presque paradoxal à l'époque — à celle de l'enfant né ou à naître. En effet, comme l'écrit l'un des derniers historiens de la question : « La juridiction antique est implacablement logique avec elle-même. Le droit à l'infanticide est un des attributs de la *patria potestas*. Un père peut refuser l'enfant que la mère vient de mettre au monde, à plus forte raison peut-on lui reconnaître des droits sur un embryon, embryon qui n'a aucune qualité juridique, n'est même pas considéré comme humain.» Au contraire, pour les chrétiens, intervenir dans la génération à quelque moment que ce soit, c'est toucher à l'œuvre de Dieu. Et l'on comprend que saint Basile ait jugé que c'était une distinction «tirée par les cheveux» de savoir si «le fœtus est formé ou non» en cas d'avortement.

Pour citer plus complètement l'étude de R. Étienne sur la conscience médicale antique: «La médecine antique semble avoir fait peu de cas de la vie du nouveau-né. Hippocrate pose comme naturelle la question de savoir "quels enfants il convient d'élever". Soranos, sans s'émouvoir, définit la puériculture comme l'art de décider "quels sont les nouveau-nés qui méritent qu'on les élève". Cette impitoyable sélection ne caractérise pas seulement une attitude scientifique, mais également celle d'une société tout entière. En effet, Cicéron, que l'on ne peut accuser d'inhumanité, pensait que la mort d'un enfant se supporte *aequo animo* (d'une âme égale). Sénèque jugeait raisonnable la noyade des enfants débiles et faibles. Tacite qualifie d'excentrique la coutume des Juifs à ne vouloir supprimer aucun nourrisson; et quand Justin évoque le respect des chrétiens pour la vie de l'enfant il précise: "fût-il nouveau-né".»

La société antique avait toujours honoré plus ou moins le couple et reconnu sa fonction sociale; en vertu de cette fonction, l'épouse, la mère jouissaient d'un respect indéniable qui se retrouve — l'ethnologie nous l'apprend — dans bon nombre de sociétés à travers le monde assorti selon les cas de divers tabous qui garantissent ce respect et au besoin le consacrent. A Rome, la prostituée elle aussi jouit d'un statut de fait, sa fonction sociale étant en quelque sorte reconnue. Et l'on sait comment, jusque dans le monde moderne, les sociétés issues du bouddhisme ont proclamé le respect des mères, rendant à celles-ci des honneurs qu'elles ne sauraient rendre à la femme en tant que telle.

Mais le Christ avait assorti sa déclaration sur l'égalité totale de l'homme et de la femme dans leurs relations réciproques d'une petite phrase énigmatique: «Il y a des eunuques qui sont nés dans le sein de leur mère, il y a des eunuques qui le sont devenus par l'action des hommes et il y a des eunuques qui se sont eux-mêmes rendus tels en vue du royaume des cieux» (Matthieu XIX, 12). Cette petite phrase, les Apôtres ne l'avaient vraisemblablement pas comprise; ce n'est qu'avec les temps où l'Évangile entre dans les mœurs et commence à être vécu après la Pentecôte qu'elle prend toute sa valeur et que le «comprenne qui pourra!» du Christ, qui terminait sa sentence, peut être apprécié dans toute sa portée.

Or, les femmes, elles, semblent avoir très tôt compris, et ce dès les premières prédications de l'Évangile, que la liberté de choix leur était octroyée. Ce dont elles n'avaient jamais joui, ce qu'aucune loi de l'imposant appareil législatif de la République et de l'Empire ne prévoyait, l'Évangile le leur donnait. Elles avaient le droit de faire un choix pour leur existence. Cette liberté-là, elles ont aussitôt saisi qu'elle valait d'être acquise, fût-ce au prix de leur vie.

Ont-elles, ces contestataires, mesuré dans toute son étendue la valeur de leur revendication? Ce n'est pas sûr, et d'ailleurs peu importe. On aura vu plus d'une fois au cours de l'histoire une parole, un geste acquérir une portée insoupçonnée de celui même qui les accomplit. Il reste que, historiquement parlant, leur revendication de liberté contenait toutes les autres; prononcer librement le vœu de virginité revenait à proclamer la liberté de la personne et son autonomie de décision. Ces jeunes femmes, ces jeunes filles qui meurent parce qu'elles ont fait un choix libre et se sont vouées à un époux autre que celui qu'on leur destinait fondent l'autonomie de la personne. Saint Paul l'avait dit: «Il n'y a plus ni Grec, ni Juif, ni homme, ni femme»; ce qui compte désormais, c'est la «personne». Jusqu'à cette époque, *persona*, c'était le masque qu'on utilisait au théâtre et qui marquait le *personnage*. Dès lors le terme se charge d'une signification nouvelle qui répond à une réalité nouvelle: ainsi les chrétiens avaient-ils à se forger un vocabulaire pour la prédication de l'Évangile; et de même que les mots : salut, grâce, charité, eucharistie, ont été forgés, ou que leur sens s'est renouvelé, sous l'influence de la Bonne Nouvelle ou pour la répandre, de même voit-on apparaître ce sens, ce terme de personne. Désormais, non seulement la femme mais encore l'esclave et l'enfant sont des personnes. Le terme est, au-delà, lié à chacune des Personnes de la Trinité divine; et ce sens, ardemment discuté à travers les premiers conciles, devient lui-même inséparable de la signification profonde qu'il revêt pour l'humanité.

Et c'est la femme d'abord qui en bénéficiera. La situation faite aux vierges et aux veuves dès la primitive Église mérite en effet qu'on s'y arrête. Ce sont là deux types de solitude qui entraînaient dans le monde antique, juif ou païen, une sorte de malédiction. Sans aller jusqu'à immoler la veuve sur le bûcher de son époux défunt comme dans certaines religions asiatiques, on la considère comme l'être sacrifié par excellence; seules quelques veuves riches échappent, en tout cas dans l'Antiquité classique, à la détresse qui est le lot normal de celle qui a perdu son mari. Or si l'on se reporte aux Actes des Apôtres, on constate que les veuves sont les premières assistées dans la communauté chrétienne. Très tôt d'ailleurs on passera de l'assistance à une véritable fonction dévolue aux veuves comme aux vierges; au point que saint Paul détaillera les qualités nécessaires aux veuves pour tenir leur place dans l'Église et y assumer un rôle actif: il suffit de parcourir ses épîtres ou le récit de saint Luc pour constater la place que tiennent les femmes dans la diffusion de l'Évangile dès la primitive Église.

Quant à la virginité, elle faisait l'objet dans la Rome païenne d'un certain respect qui se manifeste parfois de façon pour nous surprenante: on connaît l'histoire du bourreau qui, parce qu'il était interdit de mettre à mort une vierge, viola la fille de Séjan, une fillette, avant de l'étrangler... Les Vestales, gardiennes du feu sacré dans la Cité, étaient fort honorées, mais celles qui violaient leur vœu de chasteté étaient enterrées vives. Désignées par leur père et conduites par lui au temple dès leur petite enfance, elles y demeuraient trente ans; leur statut portait donc une fois encore la marque de la *patria potestas,* du pouvoir du père, alors que le vœu de virginité, prononcé par les chrétiens, d'ailleurs par des hommes aussi bien que par des femmes, a fondé en fait la valeur de la personne face au couple. C'est d'une importance radicale pour la femme, d'où leur rôle déterminant dans la propagation de la foi, notamment dans les milieux de l'aristocratie romaine: «Une première conversion acquise au milieu du IVe siècle concerne les femmes... Les hommes, dans l'ensemble, restent païens... A la génération suivante, ils acceptent d'épouser des chrétiennes, et par celles-ci la religion nouvelle s'acclimate bientôt, si bien qu'à partir des années 400, elle devient dominante[8].» Dans la première génération, on ne peut guère citer comme sénateur chrétien que Pammachius; par la suite, le milieu sénatorial romain, jusqu'alors bastion de la résistance païenne face aux empereurs chrétiens, adopte à son tour l'Évangile.

On est frappé du dynamisme, de la capacité d'invention de ces femmes que l'Évangile a libérées. Un exemple est frappant: celui de Fabiola. Le nom évoque pour nous un roman fameux qui avait pour cadre précisément l'Église des catacombes; mais la Fabiola de l'histoire, comme il arrive souvent, dépasse sensiblement celle de la légende: elle fait partie de ces dames de l'aristocratie romaine qui sont devenues les disciples de saint Jérôme; frappée de voir le nombre de pèlerins qui viennent à Rome et là se trouvent sans ressources, elle fonde une «Maison des malades», *nosokomiön,* à leur intention. Autrement dit, Fabiola fonde le premier hôpital. C'est une innovation capitale et il est inutile de souligner l'importance qu'elle aura au cours des siècles. Un peu plus tard, de nouveau, elle fera preuve d'invention en créant à Ostie, port de débarquement des pèlerins, le premier centre d'hébergement, *xenodochion.* On a souvent affecté de reprocher à la femme un certain manque d'imagination: Fabiola offre à cette réputation un démenti éclatant, et lorsqu'on visite ces chefs-d'œuvre d'architecture fonctionnelle et de réalisation artistique que sont l'hôpital de Tonnerre ou celui de Beaune, on devrait se souvenir qu'ils sont le fruit, l'aboutissement d'une œuvre de femme attentive aux besoins de son temps qui sont ceux de tous les temps; l'exemple, aujourd'hui, d'une mère Teresa est là pour le prouver. Le système hospitalier du Moyen Age, extrêmement développé, celui des hospices routiers qui jalonnent les routes de pèlerinage, témoignent de la fécondité de cet héritage. Il y aurait tout un chapitre à écrire sur les religieuses hospitalières ; contentons-nous de rappeler ici la fondation à Paris de l'Hôtel-Dieu, l'an 651, où pendant mille deux cents ans des religieuses et religieux soignèrent gratuitement les malades qui se présentaient. Pour donner une idée de son activité, il suffira de rappeler la requête de la prieure de l'Hôtel-Dieu de Paris, sœur Philippe du Bois, rédigée le 13 décembre 1368, où elle indique que la consommation journalière de l'Hôtel-Dieu s'élève à 3 500 draps ou autres de toile. A cette même date de 1368, l'hôpital parisien de Saint-Jacques, non loin de l'Hôtel-Dieu, donnait asile en un an à 16 690 pèlerins.

Pour en revenir aux contemporaines de Fabiola, il faut signaler les deux Mélanie, l'ancienne et sa petite-fille, Mélanie la jeune ; celle-ci, héritière des immenses domaines de sa grand-mère (on sait que dans la province d'Afrique la moitié des terres appartenaient à six propriétaires !), donc Mélanie la jeune et Pinien son époux distribuent cet immense territoire à leurs esclaves (plus d'un millier) ; Pinien devient évêque sur les pas de l'évêque d'Hippone, saint Augustin, et Mélanie se retire en Terre sainte où sa grand-mère a fondé une communauté de pieuses femmes à Jérusalem ; dans le mouvement de libération des esclaves, Mélanie a eu une action concrète, certaine.

N'est-il pas surprenant que l'on n'ait pas davantage souligné cette mutation que représente la disparition de l'esclavage ? Les manuels scolaires sont muets sur un fait social dont l'importance pourtant primordiale semble avoir quelque peu échappé aux historiens. Le retour de l'esclavage à l'époque de la Renaissance aurait dû cependant attirer leur attention sur le processus inverse qui s'était amorcé dès le IVe siècle. L'esclave totalement dépourvu de droit, l'esclave-chose, tel qu'il était dans le monde romain, ne pouvait évidemment survivre longtemps à la diffusion de l'Évangile. Déjà l'affranchissement des esclaves était largement facilité au IVe siècle, et, dès Constantin, l'une des réformes stipulant que les membres de la famille de l'esclave ne seraient plus séparés impliquait pour l'esclave ce droit à la famille et au mariage qui lui avait été refusé jusqu'alors. Enfin, le rôle joué par l'Église dans les affranchissements de fait est consacré par le Code justinien pour lequel le séjour au monastère dans le dessein d'y entrer suspend toute servitude. Justinien avait aboli la loi romaine du Bas-Empire interdisant d'affranchir plus de cent esclaves à la fois. Les conciles ne cesseront d'édicter des mesures pour humaniser le sort de l'esclave et peu à peu amener à le reconnaître en tant que personne humaine. Ainsi mesure-t-on les progrès entre le concile d'Elvira de 305 qui impose sept ans de pénitence à celui qui aurait tué son esclave jusqu'au concile d'Orléans (511) où le droit d'asile des églises est proclamé pour les esclaves fugitifs, ou celui d'Eauze (551) qui affranchit d'autorité le serf que son maître aurait fait travailler le dimanche[9]. Mais pour comprendre l'évolution qui s'est produite, il faut rappeler qu'au moment du concile d'Elvira on se trouve encore en pleine civilisation païenne, où le meurtre d'un esclave n'est aucunement considéré comme un crime puisqu'il est légalement permis.

On peut aussi relever ces canons des conciles d'Orange (441) et Arles (452) dans lesquels il est précisé que les maîtres dont les esclaves auraient cherché asile dans l'église ne pourront pas compenser cette défection en s'emparant des esclaves des prêtres. Il est toute une étude à faire, dont il faut bien constater qu'elle n'a été entreprise que dans le cadre très strict du juridique, pour suivre l'influence de la mentalité chrétienne, imprégnant peu à peu les mœurs, sur la législation civile proprement dite. Au Ve siècle, saint Césaire s'écrie, répondant à ceux qui le blâment d'avoir payé pour l'affranchissement d'esclaves : « Je voudrais bien savoir ce que diraient ceux qui me critiquent s'ils étaient à la place des captifs que je rachète. Dieu, qui s'est donné lui-même pour prix de la rédemption des hommes, ne m'en voudra pas de racheter des captifs avec l'argent de son autel. » Aussi bien les recueils qui traitent des divers actes que l'on est appelé à conclure en justice contiennent-ils tous aux VIe-VIIe siècles des formules d'affranchissements accordés pour une raison d'ordre religieux.

C'est donc une constatation qui s'impose : au cours de cette époque réputée brutale s'accomplit le changement peut-être le plus important de l'histoire sociale : l'esclave, qui était une chose, devient une personne ; et celui qu'on appellera serf désormais jouira des droits essentiels de la personne : soustrait à ce pouvoir de vie et de mort qu'avait sur lui son maître, il pourra avoir une famille, fonder un foyer, mener sa vie avec la seule restriction à sa liberté que sera l'obligation de demeurer sur le sol selon des modalités qu'on étudiera plus aisément à l'époque féodale proprement dite.

Enfin, il faut en revenir aussi à ces pieuses femmes groupées autour de saint Jérôme à la fin du IVe siècle pour découvrir les racines de la culture religieuse féminine. En effet, le monastère fondé à Bethléem où se sont retrouvées Paula, Eustochium et leurs compagnes est un véritable centre d'étude ; il est vrai que sous l'impulsion de l'infatigable traducteur et exégète auquel on doit le texte de la Vulgate l'activité intellectuelle dont elles témoignent est toute naturelle. Il reste que Paula par exemple apprend l'hébreu : « elle y réussit si bien qu'elle chantait les psaumes en hébreu et parlait cette langue sans y rien mêler de la langue latine », écrira saint Jérôme. L'étude des psaumes, de l'Ecriture sainte, de leurs premiers commentateurs, est familière aux moniales de Bethléem, et c'est à leur demande, par exemple, que Jérôme lui-même compose son *Commentaire sur Ezéchiel.*

Une tradition de savoir va s'établir, dont le point de départ est ce premier monastère féminin de Bethléem. Les monastères d'hommes rassembleront plutôt des êtres désireux d'austérité, de recueillement, de pénitence, les monastères de femmes, à l'origine, ont été marqués par un intense besoin de vie intellectuelle en même temps que spirituelle.

A considérer la vie de l'Église dans la perspective de ce qu'elle fut à l'époque féodale, on constate que les femmes en ont été les auxiliaires sans doute les plus dévouées, les plus ardentes. Et il est curieux de trouver en germe parmi ces femmes qui agissent avec un tel esprit d'invention aux IVe et Ve siècles ce qui va caractériser la civilisation féodale : à travers Fabiola qui crée les premiers hôpitaux, Mélanie qui abolit l'esclavage dans ses domaines, Paula qui veille à sa propre instruction et à celle des filles groupées autour d'elle, on discerne les éléments de la vie domaniale, le début des monastères où s'épanouit une haute culture, ceux de la chevalerie où la double influence de l'Église et de la femme contribueront à faire l'éducation du mâle, à lui inculquer l'idéal du prince lettré et le souci de la défense du faible.

C'est pourquoi il nous faut commencer par étudier ce type de femme totalement inconnu de l'Antiquité qu'est la religieuse.

2

Un nouveau type de femme : la religieuse

L'allée des Aliscans est aujourd'hui un lieu de promenade pour les Arlésiens, et, pour les touristes, une de ces curiosités qui « méritent le détour », selon l'expression en usage dans les guides. Si défiguré qu'il ait été au cours des temps, l'ancien cimetière garde dans la pénombre des grands arbres qui l'abritent une atmosphère qui impose le recueillement ; l'esprit le plus positif y deviendrait romantique ou comprendrait qu'on pût le devenir. Les taches de soleil qui éclairent ici et là les sarcophages demeurés en place (une centaine sur plusieurs milliers), les restes de l'église Saint-Honorat (une seule sur les dix-sept qui desservaient le cimetière), tout cela tient de l'estampe, du lavis plutôt que d'une réalité actuelle.

Pourtant, c'est en ce lieu que l'on vit naître, s'organiser, se multiplier sur notre sol le monde des religieuses.

L'an 513, à la demande de sa sœur Césarie, l'évêque d'Arles saint Césaire rédige une règle pour les vierges groupées autour de l'église Saint-Jean : il s'agit du premier monastère de femmes institué en Gaule — cette Gaule dont une partie est depuis peu devenue le royaume des Francs.

Si les quelques vestiges qui demeurent de Saint-Jean-le-Moustier, de Saint-Blaise, de l'abside paléochrétienne bordant les remparts, ne permettent guère de se faire une idée de l'ancien monastère, on peut, en revanche, reconstituer la vie d'une moniale au Ve siècle d'après la règle de saint Césaire, très proche de celle que saint Benoît (né il y a

1500 ans en 1980) avait élaborée quelques années plus tôt pour les premiers moines d'Occident.

Inutile d'y chercher un horaire, un emploi du temps, des consignes précises : tout comme l'avait fait Benoît, Césaire est préoccupé avant tout d'un esprit, animant un mode de vie sans complaisance, mais sans rigidité non plus.

Ainsi, la période de noviciat de la religieuse n'est pas fixée. Normalement, elle est « à l'essai » pendant un an, mais il appartient à la prieure de voir selon le degré de ferveur de la postulante si la durée de mise à l'épreuve doit être prolongée ou diminuée. A remarquer aussi que la règle ne mentionne aucune austérité dans le boire et le manger ; ce qui importe, c'est la volonté de renoncement, de dépossession de soi, qui marque aussi la règle de saint Benoît. Il est vrai que c'est sans doute la forme d'austérité la plus dure. Du moins est-elle motivée par l'amour absolu, qui ne garde rien pour soi : n'avoir ni vêtement personnel, ni argent, ni chambre particulière, avoir donné avant de venir au monastère tout ce qu'on possédait, tels sont les articles sur lesquels saint Césaire insiste. Aux veuves particulièrement, il recommande de ne rien se réserver : leur âge, leur condition, leur rendent sans doute difficile ce détachement que la jeunesse pratique avec plus de générosité. Qu'elles n'aient rien en leur pouvoir. A l'intérieur du monastère, on ne fera pas de différence entre les riches et les pauvres, les nobles et les roturières ; toutes porteront des habits semblables, blancs, fabriqués par la communauté et dépourvus d'ornements. La règle mentionne les bains comme une hygiène nécessaire à prendre sans murmurer. Toutes viendront chercher chaque jour un certain poids de laine à filer et vaqueront à leur travail en silence. Chacune à son tour devra travailler aux cuisines, ce qui implique qu'il n'y a pas dans ces couvents primitifs de sœurs converses vouées aux travaux domestiques. Toutes enfin apprendront les lettres et consacreront deux heures à la lecture quotidienne, le matin. A ce propos Pierre Riché a fait remarquer qu'on doit aux moines une acquisition importante pour l'avenir de l'humanité : « l'habitude de lire en silence, uniquement des yeux[10] ». Les anciens, on le sait, lisaient toujours à haute voix. Saint Augustin a dit son étonnement en voyant son ami saint Ambroise, l'évêque de Milan, pratiquer cette lecture mentale. A défaut de cette prescription, les deux règles de la lecture et du silence obligatoire eussent été bien contradictoires. Cette dissociation entre lecture et parole est donc un cadeau des moines aux temps à venir.

Bref, la règle impose le silence : ne parler que pour ce qui est strictement indispensable. A table, silence absolu : il suffira d'indiquer par geste ce qui peut manquer.

L'abbesse décide des temps de prière pendant lesquels on ne doit évidemment ni parler ni travailler.

Outre la prière et l'étude, sa première obligation est l'assistance aux malades qui sont soignées à l'infirmerie, donc en un bâtiment à part.

Pour plus de précisions sur la manière dont se déroule la journée d'une moniale, il faut se reporter à un recueil d'usages beaucoup plus tardif que la règle de saint Césaire, puisqu'il date du IXe siècle, trois cents ans plus tard[11].

La moniale se lève lorsqu'il fait encore nuit, fait le signe de croix et invoque la Sainte Trinité ; puis, le temps donné « aux nécessités corporelles », elle se hâte vers l'oratoire en récitant le psaume XXIV : *Ad te Domine levavi animam meam...*, rejoint discrètement ses compagnes, s'incline devant l'autel, gagne sa place et se met en oraison « en présence du Seigneur, plus de cœur que de bouche, de façon à ce que sa voix soit plus proche de Dieu que de soi-même ». La sonnette marquera le moment où la communauté se regroupe dans le chœur pour lire l'office.

A la fin de ce premier office de matines, qui a lieu vers minuit, un temps de silence absolu : les moniales se reposent de nouveau ; puis, quand l'aurore s'annonce (vers six heures du matin, plus tôt en été), au son de la cloche, toutes reviennent chanter les laudes suivies de l'office de prime après lequel elles confessent leurs fautes. Après un temps de repos pendant lequel elles peuvent lire, il leur est prescrit d'aller se laver, puis de retourner à l'église pour chanter tierce et entendre la messe.

La cellérière et celles qui sont désignées pour l'assister ont quitté l'église avant les autres pour aller préparer ce qu'on appelle la mixte et qui est notre petit déjeuner : un quart de livre de pain et des boissons.

Ensuite, elles tiennent chapitre dans la salle capitulaire (qui tire son nom du chapitre) ; « elles se saluent humblement l'une l'autre » ; après quoi celle qui y est préposée leur donne le calendrier du mois, la lune et le saint du jour. Ce calendrier est inséparable de la liturgie ; aussi bien les missels et les livres d'heures lui font-ils une place privilégiée ; dans les manuscrits, il est presque toujours enluminé ; il comporte souvent de petites scènes : travaux des mois, vie des saints ; enfin, il est fortement marqué par le culte local au point que les érudits reconnaissent l'origine des livres d'heures et peuvent les dater d'après les saints qu'on y honore particulièrement. C'est à ce calendrier qu'on se réfère pour les oraisons du jour et le degré de solennité de la fête (elles sont alors nombreuses et cela rejaillit sur le monde du travail).

Généralement, c'est la chantre qui connaît le calendrier, car à elle incombe la liturgie. Ensuite, on lit, toujours au chapitre, un passage de la règle, et c'est la cérémonie de la coulpe : les religieuses s'accusent des fautes qu'elles ont pu commettre dans l'observation de cette règle ; elles en reçoivent l'absolution ; on leur enjoint des pénitences si la faute est grave, puis l'abbesse leur adresse une courte allocution. Ensuite, temps libre. Les religieuses peuvent parler dans le cloître ou ailleurs, mais le silence reste absolu et continuel à l'église, au dortoir et au réfectoire. Puis, c'est l'office de sexte vers midi, et une seconde messe. On sonne alors de la cymbale : appel à se laver les mains pour passer au réfectoire. Il n'est pas précisé s'il s'agit déjà des « cent coups » qui seront plus tard en usage dans tous les couvents : on frappait cent coups sur la cymbale ou le gong pour annoncer les repas ; cela donne le temps de terminer ce qu'on fait, encore qu'avec précipitation, de façon à ce que le dernier des cent coups trouve tout le monde prêt à entrer au réfectoire. De là l'expression « être aux cent coups » qui, comme beaucoup d'autres — notamment « avoir voix au chapitre », etc. — est passée de la vie religieuse à la vie profane.

Les moniales prennent chacune leur place à table et ne

peuvent commencer leur repas avant l'arrivée de l'abbesse, laquelle est tenue de ne pas les faire attendre.

Aucune voix ne s'élève sinon celle de la lectrice. Les religieuses de semaine servent, commençant par les dernières entrées, finissant par l'abbesse.

Après le repas, c'est l'heure de la sieste ; celles qui ne veulent pas dormir peuvent faire ce qu'elles veulent, à condition de ne pas déranger les autres. Au réveil, on s'assemble pour chanter none (vers 15 heures). Puis, sur un signe de la prieure, toutes pourront aller boire le vin qu'on aura eu soin de réserver de la table pour la boisson de l'après-midi. Trois coups frappés sur la cymbale marqueront alors l'heure du travail manuel. La journée s'achèvera sur un repas plus léger suivi de vêpres et, à la tombée du jour, de complies au cours desquelles on éteindra les lampes pour gagner aussitôt le dortoir.

En réalité, cet emploi du temps varie au long de l'année : de Pâques au mois d'octobre, la journée est beaucoup plus longue, ce qui amène à varier l'heure des matines et celle du petit déjeuner. Dans l'ensemble, les temps de chœur, de repas ou repos, de travail manuel se succèdent en tranches sensiblement égales.

Dans le livre des usages, la règle est assortie de conseils qui viennent en développer tel ou tel point. En premier lieu : qu'à l'église soit gardé le silence, sauf pour ce que Dieu doit entendre ; ne rien faire, ne rien donner, ne rien prendre sans permission. Eviter les discussions, les querelles : sera réputée meilleure celle qui se sera tue la première. Se garder de rire et de parler haut ; ne prendre ni nourriture, ni boisson avant l'heure, sinon les plus fragiles et les plus jeunes « dont on considérera avant tout la faiblesse », ne s'entretenir avec un homme qu'en présence de quelqu'un de sûr, ne pas sortir sans l'autorisation de la prieure.

En fait, la clôture (soit l'obligation de rester dans l'enceinte du monastère) n'existe guère ; les moniales sortent ; mais le livre des usages précise qu'elles ne doivent le faire que deux à deux et rester dehors le moins longtemps possible. Seule la règle de saint Colomban stipule une clôture sévère, mais les couvents qui la suivent sont peu nombreux.

Des prescriptions de clôture existent pour les monastères doubles, ce qui se comprend aisément. Dans certains couvents de cisterciennes, comme à Coyroux en Limousin, qui est affilié à l'abbaye d'Obazine, on insiste sur la nécessité de la clôture ; les moines d'Obazine prennent en charge l'entretien matériel des moniales et leur apportent le nécessaire, mais on a prévu à cet effet, à l'entrée de Coyroux, une sorte de sas ouvert d'un côté tandis qu'il reste fermé de l'autre et réciproquement, et qui sert aux échanges. Un saint Dominique, au XIIIe siècle, prendra soin d'entourer de solides murailles le premier couvent qu'il fonde à Prouille : il s'agit de cathares convertis qu'il est urgent, en terre « albigeoise », de protéger des représailles de leurs ex-coreligionnaires.

Mais ce n'est qu'en 1298 exactement que le pape Boniface VIII édictera la décrétale *Periculoso* qui prescrit à toutes les moniales une stricte clôture ; une sainte Roseline de Sabran, entrée chez les chartreuses, éprouva péniblement cette obligation, nouvelle, même dans cet ordre pourtant très austère. Sa biographie raconte sa dernière visite à sa tante Jeanne de Villeneuve, moniale comme elle, et surtout à son père, le châtelain des Arcs, alors âgé et malade, qu'en application de la décision pontificale elle ne devait plus revoir.

Pour surprenant que cela puisse paraître, la clôture rigoureuse des ordres cloîtrés n'est donc ordonnée formellement qu'en cette extrême fin du XIIIe siècle.

Pourtant en ce même XIIIe siècle, on trouve beaucoup de religieuses qui ne sont pas astreintes à la vie conventuelle : nous dirions qu'il s'agit de laïques consacrées vivant dans le monde. Ce sont les béguines, dont il sera question plus loin.

Si la racine de la vie religieuse féminine en Occident a été Saint-Jean d'Arles, d'autres monastères ne tarderont pas à s'établir un peu partout. On pourrait dresser toute une géographie des moniales au Moyen Age aux Ve, VIe et VIIe siècles, puis à l'époque carolingienne. Elle atteste le dynamisme de mouvements encore bien mal connus, les moniales n'ayant pas bénéficié de l'attention qui a été apportée aux

« moines d'Occident » ; il est vrai qu'elles ont été certainement moins nombreuses que ceux-ci — contrairement à ce qui se passera aux temps modernes, par exemple au XIXe siècle, où la vie religieuse féminine a été très importante et où l'on comptera beaucoup plus de nonnes que de moines. Et pourtant certains monastères animés par des femmes ont exercé une influence étonnante ; il a fallu, il est vrai, l'œuvre du romaniste suisse Reto Bezzola pour la révéler — encore bien mal — au public français.

L'une des premières fondations que l'on doive mentionner est celle du monastère Sainte-Croix de Poitiers où allaient naître les premiers signes, les premiers accents de ce qui sera la tradition courtoise, hors de laquelle on ne peut comprendre ni la littérature ni la civilisation féodales.

Son histoire commence par les mésaventures de la reine Radegonde. Fille du roi de Thuringe Berthaire, elle avait été emmenée comme esclave à la cour du roi franc Clotaire Ier, en même temps que son jeune frère ; sa beauté ne tarda pas à la faire remarquer par le roi, qui l'épousa ; mais quelque temps après, Clotaire, dans un accès de fureur, faisait massacrer le frère de Radegonde, et celle-ci s'enfuit, d'abord à Soissons auprès de l'évêque Médard qui était honoré comme un saint, puis bientôt à Poitiers, dans le monastère qu'elle-même avait fondé.

Clotaire devait tenter en vain, de la faire revenir au foyer conjugal ; à sa mort, Radegonde prit le voile dans ce même monastère Sainte-Croix où elle vivait dans la retraite, entourée d'un renom de sainteté qui la rendait célèbre dans toute la Gaule. Avec Agnès, l'abbesse du couvent, sa fille spirituelle, elle se rendit à Arles pour étudier la règle de saint Césaire ; un exemplaire de cette règle fut rédigé à leur intention par l'abbesse Liliola qui confia le manuscrit au roi franc Chilpéric pour qu'il le remît lui-même au monastère Sainte-Croix, l'an 570.

Venance Fortunat était alors intendant de Sainte-Croix de Poitiers. Ce poète, qui devait marquer d'une trace si profonde les lettres de l'époque, était né près de Trévise à Valdobiadene, vers 530 ; il avait fréquenté les écoles d'Aquilée et de Ravenne. Pénétré de poésie antique, celle de Virgile, d'Ovide, il représentait une culture raffinée, encore florissante en Italie, mais qui ne trouvait guère de représentants ailleurs, en ce temps où l'Empire romain s'était effondré et avec lui les restes de la culture qu'il portait.

En 565, menacé de cécité, Fortunat entreprend un pèlerinage sur la tombe de saint Martin de Tours. Pour s'y rendre, il traversa les territoires germaniques, occupés par les Bavarois et les Alamans, « incapables, dit-il, de faire la différence entre un bruit rauque et une voix harmonieuse, ou de distinguer le chant du cygne du cri de l'oie » ; autant dire qu'il avait été découragé, lui, poète raffiné, lettré averti, par des populations qui maniaient l'épée mieux que la plume ; « au milieu d'eux, je n'étais plus un musicien ni un poète, mais un rat grignotant quelques bribes de poésie. Je ne chantais pas, je chantonnais mes vers, tandis que mon auditoire, assis, la coupe d'érable en main, portait santé sur santé et débitait mille folies ».

Il devait trouver en Gaule un climat plus favorable à son art. De fait, il ne tarda pas à devenir un peu le poète officiel, se signalant d'abord par un long épithalame à l'occasion du mariage du roi d'Austrasie Sigebert avec Brunehaut, à Metz, en 566. Désormais, tous les événements officiels à la cour des rois francs seront l'occasion de faire appel au talent de Fortunat, qu'il s'agisse de festin de noces ou de consolation pour des morts. On a tout dit sur les mœurs brutales à la cour des rois francs — où s'illustra dans ce domaine la terrible Frédégonde — sans mentionner toujours qu'un courant poétique n'y circulait pas moins, stimulé en particulier par les femmes et aussi, notons-le, par les évêques ; c'est ainsi que Fortunat devint rapidement le correspondant de Grégoire de Tours et de l'évêque Léonce de Bordeaux ; la liste est longue de ses messages adressés à des prélats ou gens d'Église pour lesquels il composa aussi des épitaphes en vers.

Fortunat ne tarde pas à être attiré par la réputation de la reine Radegonde ; il arrive à Poitiers en 567, entre dans les ordres, et assure l'intendance du couvent de Sainte-Croix avant d'en devenir l'aumônier vers 576 ; il compose pour

Radegonde et pour Agnès des poèmes qui allaient assurer son renom ; c'est à leur demande aussi qu'il rédige les deux hymnes *Pange lingua gloriosi* et *Vexilla Regis prodeunt,* qu'on continua de chanter dans l'Église jusqu'au XXe siècle, 1500 ans après leur création.

Ce sont déjà des poèmes courtois que Fortunat adresse à la reine et à l'abbesse, pénétrés d'admiration, d'amour, de respect. Reto Bezzola a montré combien ces sentiments nouveaux doivent au culte de la Vierge, si important dans les cinq premiers siècles chrétiens, qui mène à une vision inédite de la femme, destinée à s'épanouir aux temps féodaux[12].

Une « véritable intimité d'âme » s'établit entre le jeune poète et la reine, âgée alors d'une cinquantaine d'années, une sorte d'« union mystique » où s'exprime, en toute pureté, une ferveur amoureuse, et déjà cette souffrance que diront plus tard les troubadours, inséparable de la joie qu'ils éprouvent.

Mère honorée, sœur douce
Que je révère d'un cœur pieux et fidèle,
D'une affection céleste, sans nulle touche corporelle,
Ce n'est pas la chair qui aime en moi,
Mais ce que souhaite l'esprit...
Quels mots dirai-je à une mère aimée, à une douce sœur,
Seul en l'absence de l'amour de mon cœur ?...

A l'occasion de la consécration d'Agnès comme abbesse du couvent (elle n'avait guère plus de vingt ans), Fortunat salue en elle la vierge, la mère, la dame : *virgo, mater, domina,* ces noms mêmes dont on salue la Vierge Marie.

Autrement dit, on peut voir dans cette abbaye Sainte-Croix de Poitiers une première esquisse de ce que sera dans la poésie courtoise l'idéal de la femme, et en la reine Radegonde la première de ces dames qui, tout en inspirant la poésie, ont influé sur leur temps et l'ont pénétré d'une douceur nouvelle.

La géographie des moniales comporte pour le VIe siècle en France, en dehors de Saint-Jean d'Arles et Sainte-Croix de Poitiers, deux monastères, l'un aux Andelys institué par la reine Clotilde, l'autre à Tours par une noble dame nommée Ingetrude et sa fille Berthegonde; cette dernière étant déjà mariée dut d'ailleurs, sous menace d'excommunication, regagner le foyer conjugal.

Au siècle suivant, on note, entre autres, dans la partie nord de la France, le monastère de Chelles fondé par la reine Bathilde, qui, comme Radegonde, était une ancienne captive, renommée pour son extrême beauté; cette Anglaise, devenue la femme du roi Clovis II, devait faire la preuve de ses qualités d'administratrice en le remplaçant à la tête du royaume lorsque, terrassé par la maladie, il devint incapable de gouverner. Bathilde se retira ensuite dans son couvent de Chelles.

Cette abbaye aura, près de cent ans plus tard, pour abbesse la sœur de Charlemagne, Gisèle, une femme lettrée qui sera en rapport avec le savant Alcuin, lequel lui dédie quelques-uns de ses ouvrages, et aussi avec Théodulfe, l'évêque d'Orléans, qui lui fait cadeau d'un précieux psautier; en cette époque où l'on aime les surnoms poétiques, Gisèle sera appelée Lucia, selon l'usage de l'académie Palatine dont l'empereur fait un instrument de renouveau pour la culture qu'il entend favoriser.

Mais, pour en revenir à Bathilde, celle-ci se signale par l'humilité totale avec laquelle elle prend part à tous les travaux domestiques de la communauté. Elle a été soutenue dans sa vie monastique par le fameux évêque de Noyon, Eloi, dont on sait qu'il fut et reste le patron des orfèvres: «Assis devant l'œuvre qu'il avait décidé d'entreprendre, lit-on dans sa biographie, Eloi disposait sous ses yeux un livre de prières, désireux, quelle que fût la nature du travail auquel il se livrerait, de considérer comme divin le mandat qui lui incombait; ainsi remplissait-il une double charge: il mettait sa main au service des hommes, son esprit au service de Dieu.»

La vie de saint Eloi est parsemée de traits dont quelques-uns ont passé dans le folklore, comme l'anecdote du roi Clotaire II qui lui avait confié de l'or pour faire exécuter un trône et à sa stupéfaction se voit rendre, non pas un, mais deux trônes d'or par l'orfèvre dont l'habileté égale l'honnêteté. Il est émouvant de voir, liée en ce VIIe siècle à la vie religieuse, une manifestation de vie artistique qui a traversé elle aussi les siècles : les très belles boucles, les fermails, les fibules, les gardes d'épée de l'époque mérovingienne témoignent d'une parfaite habileté technique, démontrée aujourd'hui par les travaux d'E. Salin, A. France-Lanord et autres spécialistes. On pense à des découvertes récentes, comme celle de la tombe de la reine Arégonde, due à Michel Fleury, à Saint-Denis : elle contenait, entre autres trésors, un anneau sigillaire portant, gravés, le nom et le monogramme de la reine, des épingles et des boucles d'oreilles ciselées, de belles fibules d'or cloisonné, une splendide boucle d'or à réseau en filigrane enserrant des pierres de couleur et des perles, d'une extrême qualité artistique[13].

Semblables œuvres de damasquinure ou d'orfèvrerie sont en la personne de cet orfèvre Eloi, devenu évêque de Noyon, liées à l'essor religieux. Eloi ne se contente pas de soutenir le monastère de Chelles ; il fonde lui-même deux couvents, l'un à Paris qui, disait-on, réunissait trois cents religieuses, les unes nobles, d'autres d'origine très humble (de simples serves) sous la direction d'une moniale nommée Auréa ; un autre dans sa ville de Noyon.

Non loin de l'abbaye de Chelles, et fondée à la même époque, se trouve Notre-Dame de Jouarre dont l'histoire est liée au mouvement des moines et moniales d'Irlande qui pénètre alors l'Europe. En France, l'Irlandaise Fara fonde Faremoutiers, tandis que sa compatriote Austreberthe créé Pavilly.

Jouarre doit son origine à Adon, argentier — nous dirions trésorier — du roi Dagobert, qui vers 630 quitte la cour pour instituer un monastère double, d'hommes et de femmes, selon la règle de l'Irlandais saint Colomban, et dont il confie la direction à sa cousine Théodechilde (ou Telchilde) ; on suppose d'ailleurs qu'elle-même venait de Faremoutiers. Il y eut ainsi des échanges constants entre les trois établissements.

C'est donc tout un noyau de vie monastique qui va s'épanouir dans cette région et que les archéologues ont fait de nos jours redécouvrir en identifiant les tombeaux fameux de Théodechilde et de son frère Agilbert, évêque de Paris, qui probablement s'est retiré à Jouarre vers 680 ; ce sont les œuvres les plus caractéristiques de la sculpture des temps mérovingiens, spécimen remarquable de la survivance de cet art celtique qui retrouvait une nouvelle jeunesse avec la venue en France des Irlandais.

Très étroites d'un monastère à l'autre en France, les relations sont aussi nombreuses entre les moniales d'Ile-de-France et celles de l'Irlande ou de la Grande-Bretagne. Peut-être y eut-il là une influence personnelle de Bathilde, qui était anglaise ; toujours est-il qu'on voit parmi les religieuses de Chelles une princesse Hereswith de Northumbrie ; les deux filles du roi d'East Anglia, Syre et Aubierge, sont reçues à Faremoutiers dont elles deviennent plus tard abbesses ; la fille du roi de Kent, Earcongotha, y réside aussi ; la fille d'un autre roi de Kent, Eanswith, fonde un couvent à Folkestone vers la même époque (630) ; une abbesse du couvent de Thanet, Mildred, avait été elle-même élevée au monastère de Chelles.

La plupart de ces établissements allaient être ravagés par les invasions des Vikings à la fin du VIIe siècle ; quelques-uns survécurent, qui devaient être méthodiquement détruits beaucoup plus tard, en 1539, sur l'ordre du roi Henri VIII. Parmi eux, il faut mentionner au moins le plus célèbre : Whitby, sur la côte est de l'Angleterre, en un site magnifique, qui, sur la falaise, domine l'océan dans cette région quelque peu sauvage du Yorkshire, battue par les vents autant que par les vagues d'assaut successives ; c'est à York qu'un jour de Pâques 627 avaient été baptisés Eadwin, le premier roi danois converti, et sa petite nièce Hilda. Eadwin allait être assassiné peu après par les Anglo-Saxons païens qui dispersaient les communautés chrétiennes naissantes, mais Hilda, elle, devait survivre. Entrée au couvent de Hartlepool, près de Durham, elle fonde ensuite, à Whitby, un monastère double ; son instruction très poussée lui permet d'y diriger elle-même les études. Moines et moniales allaient psalmodier l'office, des siècles durant, dans la splendide abbatiale dont une partie subsiste en notre temps, dressant dramatiquement vers le ciel ses murailles ajourées.

Deux événements majeurs pour l'Église de Grande-Bretagne devaient avoir pour cadre l'abbaye de Whitby : le synode de 664, qui mit fin aux différences de rites subsistant entre les églises celtiques et celle de Rome, et aussi la carrière du poète Caedmon, simple palefrenier de l'abbaye, qui, une nuit, alors qu'il dormait dans l'écurie, eut une vision lui ordonnant de chanter « la création du monde, les origines de l'homme et toute l'histoire de la Genèse ». Hilda, qui entendit parler du songe du domestique, le fit venir et le pressa d'embrasser la vie religieuse ; c'est ainsi que Caedmon devenu moine put donner libre cours à ses talents de poète et de musicien grâce à l'initiative de l'abbesse[14].

Outre leur qualité de protectrices des arts et des lettres, ces moniales irlandaises et anglaises allaient avoir une influence considérable sur l'évangélisation de la Germanie. Et il est nécessaire de s'y étendre un peu, car, parmi ces fortes personnalités que sont la plupart des grandes abbesses durant le haut Moyen Age et dans les débuts du Saint Empire, celles des pays germaniques sont particulièrement attachantes et ont exercé une influence remarquable.

Le moine Winfrid, plus connu sous son nom de Boniface, originaire du Wessex, qui fut pour les Germains ce que saint Martin avait été pour les Gaules ou saint Patrick pour l'Irlande, était en correspondance avec des religieuses anglaises dont l'abbesse de Whitby, Aelfled. A son appel, plusieurs moniales se rendent en Germanie pour l'aider dans sa tâche apostolique et susciter des fondations ; parmi elles, Lioba quitte son couvent de Wimbourne pour devenir abbesse de Bischofsheim ; Tecla prend la tête de Kizzingen, et c'est une moniale anglaise aussi, abbesse de Heidenheim, qui rédige la vie d'un autre apôtre, Willibald, continuateur de Boniface ; les lettres de ce dernier à ses moniales sont empreintes de cette douceur amicale que nous avons relevée déjà dans les relations entre Fortunat et Radegonde. Ainsi écrit-il à l'une d'elles, Eadburgh : « Sœur bien-aimée, avec vos cadeaux de saints livres, vous avez réconforté l'exilé en Germanie d'une lumière spirituelle ; car, dans le sombre éloignement, parmi les peuples germaniques, on en viendrait à la détresse de la mort si l'on n'avait la Parole divine comme lampe pour ses pieds et lumière sur son chemin. Me confiant tout entier à votre amour, je vous supplie de prier pour moi. »

Les cadeaux auxquels Willibald fait allusion sont alors pratique courante. Il s'agit surtout des manuscrits recopiés à son intention. Ainsi possède-t-on une lettre d'Aldhelm de Malmesbury (639-709) remerciant les moniales de Barking qui lui ont envoyé le fruit de leur travail ; il les félicite, nommant chacune d'elles : Justina, Cuthburg, Osburg, Ealdigth, Scholastica, Hidburg, Burngith, Eulalie et Thècle, et les compare à des abeilles butinant partout le miel de la science qu'elles lui ont communiqué. Ailleurs, il appelle les moniales « fleurs de l'Eglise, perles du Christ, joyaux du Paradis ».

La vie monastique s'épanouira magnifiquement en Allemagne. Les abbesses, souvent apparentées aux impératrices et toujours soutenues par elles, sont dans l'ensemble des femmes remarquables et font de leur couvent des centres de culture en même temps que de prière, tandis que leurs alliances familiales les amènent à jouer un rôle important dans la vie politique.

Reto Bezzola a souligné « la forte influence de l'élément féminin sur la classe dominante en Allemagne au Xe et au début du XIe siècle » ; c'est au point qu'on ne saurait étudier correctement les débuts de l'Empire germanique dans sa période saxonne sans faire place à la fois aux souveraines et aux abbesses. Lorsqu'en 919 le duc de Saxe Henri l'Oiseleur succède à Conrad, duc de Franconie, qui avait recueilli la partie allemande de l'empire de Charlemagne, l'action de son épouse Mathilde compte à l'égal de celle de l'empereur. Ensemble ils fondent le monastère féminin de Quedlinbourg, où ils seront l'un et l'autre inhumés. Mathilde était très attachée aux bénédictines chez qui elle avait reçu son éducation, à Herford près de Corvey en Westphalie ; c'est probablement le plus ancien monastère féminin en pays germaniques ; sa fondation dès le IXe siècle (la première abbesse dont l'histoire ait retenu le nom, Tetta, en 838, venait de Soissons) est suivie par celle de Gandersheim en Westphalie, puis d'Essen et de Quedlinbourg. Les religieuses y reçoivent une solide éducation ; elles apprennent non seulement le latin, langue liturgique, mais le grec, les lettres en général et le droit. L'influence personnelle de Mathilde, dont les dernières années se passent à Quedlinbourg où elle a pris le voile, se prolongera en sa petite-fille Hadewich, qui épouse le duc de Souabe, et en son arrière-petite-fille Gisèle, qui épouse le roi Etienne de Hongrie, tandis qu'Hedwige de Méranie, au siècle suivant, prendra une part active à l'évangélisation de la Silésie dont elle a épousé le duc Henri le Barbu. En Germanie, comme partout ailleurs en Occident, la diffusion de la foi chrétienne aura été l'œuvre des femmes.

Les abbesses ne sont pas seulement des éducatrices ou des protectrices des lettres. Elles jouent personnellement, en tant que créatrices, un rôle de tout premier plan : le premier grand nom de la littérature allemande au xe siècle est celui de l'abbesse de Gandersheim, Hrotswitha, « peut-être l'écrivain le plus original de l'Allemagne aux temps des Othons », selon l'historien de la littérature allemande E. Tonnelat[15].

Hrotswitha écrivait à l'usage de ses religieuses aussi bien des légendes en vers qu'on lisait au réfectoire que des comédies jouées au couvent et qui imitaient celles de Térence, mais dans un esprit chrétien ; cela jette par ailleurs quelques lumières sur le rôle du théâtre jusque dans les couvents : à Gandersheim — comme en Angleterre où Bède le Vénérable fait allusion à des paraliturgies théâtrales pendant la nuit de Pâques — le théâtre est considéré comme un moyen d'éducation en même temps que comme une distraction.

Hrotswitha compose aussi en 965 un long poème, *Gesta Ottonis,* la geste de l'empereur Othon Ier le Grand, à l'usage de son fils Othon II, alors âgé de dix ans ; elle rédige aussi l'histoire de son propre couvent. On a fait remarquer que cette religieuse, dans ses œuvres, a su faire l'éloge du mariage aussi bien que de la vie consacrée, montrant l'un et l'autre comme deux façons d'être fidèle à un semblable idéal[16].

Les abbesses ne sont d'ailleurs pas les seules à se distinguer par leur savoir et leurs écrits. Parmi les simples religieuses, on relève des personnalités éclatantes. Ainsi Mechtilde de Magdebourg, qui composa en 1250 le premier ouvrage mystique en langue vulgaire, *La Lumière de la Divinité,* alors qu'elle était encore béguine. Elle devait passer les dernières années de sa vie au monastère de Helfta, près d'Eisleben, où elle mourut en 1282. Le même monastère abritait alors Gertrude la Grande, auteur d'un autre ouvrage mystique, *Le Héraut de l'Amour divin,* et aussi les deux sœurs demeurées fameuses dans l'histoire de la spiritualité : Gertrude et Mechtilde de Hackeborn.

Parmi toutes ces religieuses remarquables du XIIe siècle, il faut s'attarder davantage sur deux d'entre elles qui laissèrent des œuvres importantes : Herrade de Landsberg et Hildegarde de Bingen.

Les touristes qui aujourd'hui visitent le monastère de Sainte-Odile en Alsace peuvent contempler sur les murs du couvent la copie agrandie des miniatures d'un manuscrit disparu, le fameux *Hortus deliciarum, Jardin de délices ;* c'est le titre d'une œuvre encyclopédique due à l'abbesse Herrade de Landsberg qui la composa vers 1175-1185 ; en 255 feuillets de grand format et 69 plus petits, ce manuscrit renfermait tout ce que l'abbesse avait jugé nécessaire à l'instruction de ses moniales : « Semblable à une vive petite abeille, écrit-elle, j'ai extrait le suc des fleurs de la littérature divine et philosophique et en ai formé un plein rayon ruisselant de miel » ; c'est dire que l'ouvrage, avec ses très nombreux extraits de la Bible, des Pères de l'Eglise, et de divers auteurs des XIe et XIIe siècles, se présentait comme une somme de savoir à l'usage du temps ; il était illustré d'une série de miniatures dont heureusement copie avait été prise avant la destruction du manuscrit dans l'incendie de la bibliothèque de Strasbourg en 1870, car elles sont actuellement l'une de nos sources les plus sûres pour l'étude des techniques à l'époque féodale[17]. A travers les dessins d'outils agricoles, d'attelage et ferrure des chevaux, d'une roue de pressoir, d'armes, de vêtements et même d'automates manœuvrés par des ficelles, c'est toute une partie de la vie quotidienne au XIIe siècle qui a survécu dans ces quelque

336 miniatures qui nous réservent aussi la surprise de quelques portraits de moniales, certaines représentées dans leurs longues robes souvent recouvertes d'un manteau drapé, la tête couverte de voiles qui entourent le visage pour retomber très élégamment de côté.

Plus importante encore dans l'histoire générale est la personnalité de sainte Hildegarde ; la petite ville de Bingen, sur les bords du Rhin, dont le nom est inséparable du sien, a célébré en 1979 le huitième centenaire de sa mort[18] ; on y voit encore les restes — partiellement restaurés — du monastère qu'elle administrait et où elle mourut, superbe ensemble roman qui fut à peu près entièrement détruit en 1632 par l'invasion suédoise. Née en 1098, à Böckelheim (ou plus probablement à Bermersheim, comme cela a été établi récemment), Hildegarde était la dixième enfant d'une famille de petite noblesse ; sa santé qui fut toujours délicate, ne l'empêcha pas de vivre plus de quatre-vingts ans et de déployer une extraordinaire activité. A huit ans elle avait été confiée à une moniale, Judta qui avait réuni une petite communauté dans le cloître de Disibodenberg. Hildegarde, qui allait y prendre le voile à quinze ans, fut ensuite désignée pour succéder à l'abbesse Jutta en 1136 ; c'est plus tard, vers 1147, qu'avec dix-huit de ses moniales elle vint se fixer à Bingen, sur le Rupertsberg (mont Saint-Rupert) dominant le Rhin. Elle fonda ultérieurement un autre couvent, cette fois sur la rive droite du fleuve, à Eibingen, avant de mourir le 17 septembre 1179.

« Depuis mon enfance, avant que mes os, mes nerfs et mes veines se fussent affermis, jusqu'à ce temps où je suis plus que septuagénaire, je vois toujours en mon âme cette vision. Selon le bon plaisir de Dieu, mon âme tantôt monte dans les hauteurs du ciel et dans les diverses régions de l'air, tantôt se promène parmi des peuples différents quoiqu'ils habitent des régions lointaines, des lieux inconnus... Ces choses, je ne les entends pas de mes oreilles, je ne les perçois point par les pensées de mon cœur ni par l'action combinée de mes cinq sens ; je les vois seulement en mon âme, et les yeux de mon corps restent ouvert, car je n'ai jamais souffert la défaillance de l'extase ; je les vois éveillée, le jour et la nuit... La lumière que je vois n'est pas locale, mais elle est infiniment plus brillante que la nuée qui enveloppe le soleil... Pour moi, cette lumière se nomme l'ombre de la lumière vivante. Comme le soleil, la lune et les étoiles se réfléchissent dans les eaux, ainsi les écrits, les discours, les vertus et certaines œuvres humaines revêtues de formes resplendissent pour moi dans cette lumière. Je garde longtemps la mémoire de tout ce que j'ai vu ou appris dans cette vision; ainsi je me souviens en quel temps j'ai vu et entendu; simultanément je vois, j'entends, je sais, et c'est en un instant que j'apprends ce que je sais. Ce que je ne vois pas en cette lumière, je l'ignore.»

Ces confidences d'Hildegarde résument son existence; sujette à des visions surnaturelles depuis l'âge de trois ans, elle commence à les transcrire en 1141. Ces recueils constituent ses trois principaux ouvrages: le *Livre des mérites de la vie,* le *Livre des œuvres divines* et, plus encore, le premier et le plus important, celui qu'on nomme le *Scivias,* ce qu'on peut traduire par *Connais les voies du Seigneur;* on lui en attribue aussi beaucoup d'autres, quelques-uns avec certitude, comme un livre de «simple médecine», et le livre de «médecine composée» qui est une sorte d'histoire naturelle; un autre ouvrage, *Ignota Lingua,* est peut-être une proposition de réforme de l'alphabet et de la transcription de l'allemand et du latin; enfin et surtout, une abondante correspondance, car Hildegarde ne tarde pas à être consultée par toutes sortes de personnages et non des moindres, puisqu'on compte parmi eux le pape Eugène III, l'empereur d'Allemagne Conrad et son neveu et successeur Frédéric Barberousse, ou saint Bernard de Clairvaux ainsi que de très nombreux évêques et prélats. Curieusement, la lumière d'où émane sa vision et la voix qui lui dicte des ordres l'appelle *homo. «O homo fragilis, et cinis cineris, et putredo putredinis, dic et scribe que vides et audis»,* lit-on au début du *Scivias: «*O homme fragile, cendre de cendre et poussière de poussière, dis et écris ce que tu vois et entends.» Il est bien évident que le terme *homo* a toujours signifié: être humain, homme ou femme, mais comme on a parfois joué sur le terme assez sottement, on ne le relève pas ici sans intérêt.

Le manuscrit original du *Scivias* subsiste avec 35 miniatures illustrant les visions (n° 1 de la bibliothèque de Wiesbaden). Œuvre extraordinaire, véritable encyclopédie de la connaissance du monde au XIIe siècle, mais qui touche aussi à des questions de théologie que l'Eglise n'avait pas encore tranchées, et s'étend au domaine de la poésie et de la musique, puisque Hildegarde, pour qui la louange et l'harmonie sont essentielles à la vie de l'homme et à celle de l'Eglise, a composé 74 hymnes, séquences ou symphonies diverses, dont, pour quelques-unes au moins, la musique a été conservée ou restituée.

« Ceux qui, sans raison légitime, écrit-elle, font le silence dans les églises habituées aux chants en l'honneur de Dieu ne mériteront pas d'entendre au ciel l'admirable symphonie des anges qui loueront le Seigneur » ; elle est bien de son temps, celui des simples magnificences de l'art roman et du chant grégorien.

Elle n'écrivait pas elle-même, mais dictait à deux secrétaires qui ont été successivement le moine Volmar et un autre moine dont le nom est bien connu par ailleurs, Guibert de Gembloux, dont elle fut un peu le directeur spirituel. Beaucoup d'autres après sa mort vivront de sa spiritualité et prolongeront son influence, qui a été sensible notamment parmi les béguines du Brabant. Son œuvre est étrange, à la fois scientifique et mystique, tout imprégnée de poésie, tour à tour descriptive ou apocalyptique. A l'approche de sa mort se multiplièrent « les signes de feux », tandis qu'apparaissait une nouvelle clarté, « semblable au cercle lunaire ». L'analyse de son œuvre a fait reconnaître qu'elle avait eu prescience de la loi de l'attraction ainsi que de l'action magnétique des corps, tandis que ses prophéties montraient à la fin des temps les astres immobiles, ce qui à certains scientifiques a paru annoncer la loi de la dégradation de l'énergie ; on a pu discerner aussi dans ses ouvrages ce qui allait être l'objet des découvertes scientifiques quelque cinq cents ans après sa mort : le soleil centre du « firmament », la circulation du sang, etc. Si l'on ajoute que dans une lettre aux prélats de Mayence, Hildegarde précise, à propos des hérétiques (il s'agit vraisemblablement des cathares) : « Chassez ce peuple-là de l'Église en l'expulsant ct non en le tuant, car ils sont aussi à l'image de Dieu », on conviendra que l'œuvre et la personne d'Hildegarde en son temps présentent une originalité considérable, et mériteraient d'être plus largement connues.

3

Les femmes et l'éducation

La question de l'instruction et de l'éducation des femmes est l'une des premières qui se pose à nous étant donné l'importance que nous lui attribuons, non sans raison, à notre époque. Dans les monastères, nous avons constaté dès l'origine le zèle, l'appétit de savoir que manifestent les moniales, et relevé au passage quelques-unes de celles que leur haute culture a fait connaître à travers les temps. Dans quelle mesure ont-elles eu le souci de transmettre leur savoir, de créer des écoles et d'enseigner ? Comment les femmes étaient-elles instruites, aux temps féodaux et médiévaux ; étudiaient-elles et quelles étaient les matières abordées ? Comment concevait-on, en un mot, l'éducation ?

Lorsqu'on cherche à répondre à ces questions, c'est d'abord l'ouvrage d'une femme qui vient à l'esprit. Cela dès une haute époque puisqu'elle écrit au milieu du IXe siècle, en pleine période impériale. Il ne s'agit d'ailleurs pas d'une religieuse, mais d'une laïque, d'une mère de famille.

Dhuoda

Pendant des années, les jeunes Français ont appris à l'école que le plus ancien traité d'éducation était dû à Rabelais, suivi de près par Montaigne. Personne ne s'avisait de leur parler de Dhuoda.

Et pour cause : le nom de Dhuoda n'a été pendant fort longtemps connu que de rares spécialistes du haut Moyen Age. Aujourd'hui, son *Manuel pour mon fils* est traduit et publié, dans une édition commode[19]. Pierre Riché, à qui l'on doit cette initiative, fait remarquer que « c'est la seule œuvre littéraire de ce genre ». C'est en tout cas, et de beaucoup, le plus ancien traité d'éducation, puisqu'il fut composé au milieu du IXe siècle (très exactement entre le 30 novembre 841 et le 2 février 843). Qu'il fût l'œuvre d'une femme n'a rien à la réflexion de très surprenant : les questions d'éducation ne sont-elles pas au premier chef du ressort de la femme ? Celle qui a porté et nourri l'enfant ne serait-elle pas plus douée que quiconque pour savoir d'instinct comment lui faciliter la pleine maturité, lui permettre d'acquérir sa personnalité propre, de se « réaliser » ?

C'est en tout cas un témoignage infiniment précieux sur la mentalité et le degré de culture en ce IXe siècle encore si obscur pour nous.

Dhuoda appartenait à une noble famille, peut-être même à la famille impériale ; comme elle a environ quarante ans lorsqu'elle écrit, elle a pu connaître Charlemagne dans son enfance. En 841, l'année où elle entreprend la rédaction de son ouvrage, l'Empire se disloque ; le fils de Charlemagne, ce Louis qu'autrefois on surnommait si bien « le Débonnaire », a vu ses enfants se révolter contre son autorité. Après sa mort, en juin 840, ils se disputent le pouvoir. Dhuoda commence à écrire l'année même de la bataille de Fontenay-en-Puisaye (22 juin 841), laquelle ne règle pas le conflit entre les trois fils : Charles qu'on appelle le Chauve, Louis qu'on dit le Germanique et Lothaire qui revendique l'Empire ; sans parler de Pépin qui, lui, a reçu l'Aquitaine en partage. C'est même à cette occasion que seront prononcés les fameux « serments de Strasbourg » en 842, qui lient les soldats de Louis et ceux de Charles ; c'est le premier texte en langue française qu'on appelle romane, et en langue allemande qu'on nommera plus tard le haut-allemand. Il fallait bien que de part et d'autre les soldats des deux camps puissent comprendre à quoi leur serment les engageait ! Dhuoda, elle, écrit en latin, qui reste la langue des gens cultivés.

En ces temps troublés, durant ces époques de guerres, ce sont surtout les familles nobles qui assument les risques et courent des dangers. La vie même de Dhuoda et celle de ses proches en témoignent : son époux Bernard de Septimanie sera mis à mort à Toulouse en 844, sous l'accusation de trahison, pour avoir soutenu Pépin d'Aquitaine contre Charles le Chauve auquel il s'était pourtant un moment rallié. Le fils de Dhuoda, Guillaume, tout aussi incertain dans ses engagements, sera lui aussi décapité pour trahison en 849, cinq ans après son père.

Au moment où elle écrit, Dhuoda ne peut savoir vers quelles tragédies s'acheminent son époux et son fils aîné, alors âgé de seize ans. Elle est séparée de l'un et de l'autre ; installée à Uzès, elle a dû, après la naissance de son second fils, cesser de suivre Bernard dans ses déplacements incessants. Sans doute prend-elle part personnellement, à Uzès, à la défense de la marche de Gothie : « Pour défendre les intérêts de mon seigneur et maître Bernard, écrit-elle, et afin que l'aide que je lui dois dans la Marche et dans bien des régions ne se détériorât pas, et qu'il n'aille pas se séparer de toi et de moi comme d'autres le font, je me suis lourdement endettée ; pour répondre à de nombreux besoins, j'ai souvent emprunté de fortes sommes, non seulement à des chrétiens, mais aussi à des Juifs ; j'en ai remboursé autant que possible et je rembourserai ce qui reste autant que je pourrai. » Il est donc probable que, comme beaucoup de dames à l'époque, elle intervient de façon active dans l'administration et la défense du fief en l'absence de son époux et de ses deux fils : son aîné Guillaume a été « commendé » au roi Charles, c'est-à-dire quasiment remis en otage au roi en signe de fidélité, tandis que Bernard de Septimanie gardait auprès de lui Bernard, le second, peut-être pour le défendre, en tout cas pour l'élever.

Le *Manuel* de Dhuoda est donc un peu pour elle une manière de rejoindre son mari et ses enfants. Elle indique expressément que l'ouvrage a été entièrement composé par elle « du début à la fin, dans la forme comme dans le fond, dans la mélodie des poèmes et l'articulation au cours de la prose ». En effet, si elle cite nombre de poètes, on trouve dans son *Manuel,* notamment au début et à la fin, ses propres créations.

Ses poèmes sont d'ailleurs bien de leur temps : chacun contient une énigme à découvrir. Ainsi, le premier d'entre eux est un acrostiche dont les lettres initiales composent une phrase : *Dhuoda à son cher fils Guillaume, salut ;* avec l'exhortation : *Lege, lis.*

Le ton qu'elle adopte n'a rien d'autoritaire ni de doctoral : « Bien des choses sont claires pour beaucoup, qui nous demeurent cachées, et si mes semblables à l'esprit obscurci manquent d'intelligence, le moins que je puisse dire, c'est que j'en manque plus encore... Pourtant, je suis ta mère, mon fils Guillaume, et c'est à toi que s'adressent aujourd'hui les paroles de mon manuel. » Ainsi débute le prologue de l'ouvrage. Dhuoda n'a pas l'occasion de se montrer mère abusive avec ses deux fils ; elle n'en a visiblement pas le désir non plus. Les conseils qu'elle donne sont tous formulés avec une tendresse pleine de respect : « Je te prie et te suggère humblement... », « je t'exhorte, mon fils... », « moi, ta mère, toute vile que je sois, selon la petitesse et les limites de mon entendement... ». Rien de magistral dans son enseignement.

Le premier des principes qu'elle pose ? Aimer : « Aime Dieu, cherche Dieu, aime ton petit frère, aime ton père, aime les amis et les compagnons au milieu desquels tu vis à la cour royale ou impériale, aime les pauvres et les malheureux », enfin « aime tout le monde pour être aimé de tous, chéris-les pour en être chéri ; si tu les aimes tous, tous t'aimeront ; si tu aimes chacun, ils t'aimeront tous » ; et encore : « Quant à toi, mon fils Guillaume, chéris et reconnais celui ou ceux de qui tu désires être reconnu ; aime, vénère, accueille et honore tout le monde afin que tu mérites de recevoir de tous la réciprocité. » Une image vient illustrer ce précepte fondamental qui parcourt tout l'ouvrage, celui du troupeau de cerfs qui traverse un large fleuve : « L'un à la suite de l'autre, la tête et le cou appuyés sur le dos du précédent, ils se soutiennent les uns les autres, et ainsi, un peu soulagés, ils peuvent plus facilement faire une traversée rapide du fleuve ; telle est leur intelligence, et telle leur sagacité, que lorsqu'ils aperçoivent que le premier est fatigué, ils le font passer en queue, et le plus proche prend la tête pour soulager et réconforter les autres, et ainsi se remplaçant l'un l'autre à tour de rôle, l'affection fraternelle leur inspire à chacun successivement de compatir aux autres. » Un tel passage donne bien le ton du *Manuel* de Dhuoda, car elle appuie continuellement d'histoires et d'anecdotes significatives la matière de son enseignement. En cela, elle est bien de son époque ; c'est une tournure d'esprit autant qu'une pédagogie familière non seulement à son temps, mais à celui qui précède et qui suit. Durant la période classique, on cherchera à convaincre par des raisonnements et déductions, des théories et des analyses qui font entrer dans un système de pensée, alors que, et jusqu'à la fin de l'époque médiévale, on préférera les exemples tirés de la vie, de l'expérience humaine et principalement de la Bible.

Dhuoda et son fils sont si intimement imprégnés de l'Ancien et du Nouveau Testament qu'elle ne prend jamais la peine de rappeler l'histoire des personnages évoqués : que Samuel et Daniel jeunes aient été capables de juger des vieillards, que Jonathan ait été le symbole même de la fidélité et Absalon de la révolte, il suffit d'y faire allusion sans plus insister. C'est un trait culturel qui marque toute la civilisation de l'époque, valable aussi bien pour les chrétiens que pour les Juifs, bien que pour ces derniers les allusions à Pierre ou à Paul, l'Apôtre par excellence, n'aient pu être parlantes comme elles le sont pour Dhuoda et son fils. C'est une première constatation qui s'impose à la lecture du *Manuel* : la Bible est considérée comme la Parole même de Dieu ; sa révélation est le fondement de tout savoir, de toute doctrine, à un degré pour nous insoupçonnable. On ne voit pas aujourd'hui qu'au sein du couvent le plus pieux, les allusions que fait Dhuoda auraient chance d'être immédiatement saisies comme elle sait que son fils de seize ans les comprendra.

D'ailleurs, la prière de ce temps, pour les chrétiens comme pour les Juifs, repose alors entièrement sur les psaumes, du moins la prière personnelle. Dhuoda recommande à son fils de prier, tout en se déclarant elle-même incapable de se plaire à la prière longue ou courte ; elle est pleine d'espoir en Celui qui donne à ses fidèles le goût de prier pourvu qu'ils le lui demandent ; elle considère comme tout naturel de réciter les heures canoniales, sept fois par jour, et ce sont toujours les psaumes qui lui viennent sous la plume ; elle consacrera tout un chapitre (XI) à insister sur les psaumes, montrant comment, dans toutes les circonstances de la vie, leur lecture apporte réconfort et lumière.

On pourrait croire que Dhuoda, dans son souci d'éducation dicté par une grande piété, agite devant son fils les peines de l'enfer et multiplie les avertissements contre le péché. Or, assez curieusement, la partie proprement morale tient peu de place dans le *Manuel.* Il y est question, certes, des diverses tentations qui assaillent l'âme, des mauvais penchants qu'il faut combattre : l'arrogance, la luxure, « cette peste qu'est la rancune », la colère ; tout cela ne tient que quelques pages, une dizaine tout au plus sur les trois cent soixante-dix de l'édition. En fait, les conseils de Dhuoda sont étonnamment positifs. D'abord et avant tout : « lire et prier ». Elle revient souvent sur ce conseil : « Au milieu des préoccupations mondaines du siècle, ne laisse pas de te procurer beaucoup de livres, où tu puisses, à travers l'enseignement des très saints pères et maîtres, découvrir et apprendre sur Dieu créateur plus qu'il n'est écrit ici... » « Tu as et tu auras des livres à lire, à feuilleter, à méditer, à approfondir, à comprendre, et tu pourras même trouver très facilement des docteurs qui t'instruiront. Ils te fourniront des modèles de ce que tu peux faire de bon pour accomplir ton double devoir » (auprès de son père et de son seigneur, sans doute). Elle n'a des paroles dures que pour les hypocrites : « Les gens qui apparemment réussissent dans le monde et sont riches de biens, et qui pourtant, par une obscure malice, ne cessent d'envier et de déchirer les autres autant qu'ils le peuvent, et cela en feignant l'honnêteté [...] Ceux-là je t'invite à les surveiller, les fuir, les éviter. » Pour le reste, il s'agit d'opposer « les contraires aux contraires », la patience à la colère, etc., et de rechercher et respecter les bons conseillers, les prêtres, par exemple.

Un apologue d'une originalité certaine se trouve développé complaisamment : « Un homme racontant un songe nous dit : "C'était comme si j'allais à cheval, comme si je courais, comme si, dans un banquet, je tenais dans mes mains toutes les coupes... Tiré de mon sommeil, je n'eus plus rien à voir ni à saisir, démuni et faible, égaré, tâtonnant, je restais seul avec mon "comme si". » Et cela donne matière à toutes sortes de développements sur « comme si ». « Ceux qui vivent mal courent à l'abîme, et que possèdent-ils, sinon le "comme si" ? Ceux qui passent leur vie dans une jouissance sans vergogne, que possèdent-ils, sinon le "comme si" ? » A tous les « comme si », à tout ce qui provoque l'envie et suscite les ambitions désordonnées, Dhuoda oppose « l'arbre véritable, la vraie et authentique vigne ». Et de développer l'autre versant de l'apologue : « Un arbre beau et noble produit des feuilles nobles et porte de bons fruits : c'est ce qui se passe pour l'homme capable de grandeur et de fidélité. » Elle ajoute : « C'est sur un tel arbre que je t'invite à te greffer, mon fils. » Pour conclure enfin : « Si tu t'appliques à proposer à ton cœur ces leçons profitables et d'autres encore, la tristesse s'éloignera de toi, elle qui est "comme si" ; et le "vrai" surviendra, lui qui est pressentiment de la joie des biens futurs : une joie telle que l'œil ne l'a pas vue, ni l'oreille entendue, une joie qui n'est jamais montée jusqu'au cœur de l'homme... »

Pour garder à l'esprit les préceptes, les notions essentielles à ses yeux, Dhuoda a recours à un moyen singulier, une sorte d'arithmétique symbolique fort curieuse, à la fois poésie et mnémotechnie. C'est, il est vrai, un procédé familier à son temps, dont les racines encore sont bibliques, que cette science des nombres ; mais Dhuoda la développe au point d'en faire à l'usage de son fils comme un traité élémentaire (fort élémentaire, c'est évident !) de comput ou disons de calcul. Il y a d'abord les chiffres 1 et 3 qui rappellent la Trinité divine et suscitent les trois vertus : Foi, Espérance et Charité, auxquelles doit correspondre une triple démarche : « Cherche par la pensée, demande par la parole, frappe par les œuvres. » Il y a les sept dons du Saint-Esprit, auxquels elle assimile « les sept jours de la semaine ou les sept âges de l'évolution du monde, les sept lampes sacrées qui éclairent le saint des saints ». Ce sont ensuite les huit béatitudes dont le commentaire est l'occasion de dicter l'attitude envers les autres : « Si tu rencontres un pauvre et un indigent, porte-leur secours autant que tu le peux, non seulement en paroles, mais aussi en actes. Pareillement, je t'invite à accorder généreusement l'hospitalité aux pèlerins ainsi qu'aux veuves et aux orphelins, aux enfants sans secours et aux gens plus dépourvus, ou à tous ceux que tu verras dans la misère. Sois toujours prêt à agir pour les soulager. » Aimer la pureté, la justice, l'esprit de paix, la douceur, montrer à tous ceux qui sont dans le besoin compassion fraternelle. « Si tu fais ainsi, ta lumière jaillira comme l'aurore, et la clarté resplendira sans arrêt sur tes pas. » Enfin, pour lui permettre de mieux se souvenir de ces divers préceptes, elle se livre à un dernier calcul : « Les sept dons du Saint-Esprit et les huit béatitudes de l'Evangile donnent un total de quinze. » La leçon se complète en faisant remarquer que « sept fois deux quatorze, ajoute un et cela fait quinze, et encore sept fois sept, quarante-neuf, ajoute un et cela fait cinquante. Continue à ajouter un et multiplie et ainsi de suite, tu pourras atteindre un chiffre rond... Tu dis encore : trois fois trois égale neuf ajoute un et cela fait dix, et de la même façon tu arriveras à dix mille. »

Il ne s'agit pas seulement d'une table simple d'addition ou de multiplication ; pour Dhuoda, arriver à cinquante, c'est parvenir au psaume qui est à la fois celui de la pénitence et de la joie ; arriver à cent, c'est atteindre un total qui symbolise la béatitude céleste.

Dhuoda, en concluant, dit son ambition d'être pour son fils une seconde fois sa mère. « Selon les dires des docteurs, on reconnaît deux naissances en chaque homme, une charnelle, une autre spirituelle ; mais la naissance spirituelle est plus noble que la naissance charnelle. A ces deux naissances correspondent les deux morts, la première par laquelle passe tout homme, la seconde qu'il peut éviter : “Qui vaincra ne sera pas atteint par la seconde mort” », dit-elle, citant l'Apocalypse.

En terminant, après de nouveaux acrostiches dont la clef cette fois est le nom même de Guillaume, Dhuoda en revient à elle-même, et l'on peut entendre à travers son texte que c'est en raison de sa mauvaise santé et aussi de dangers qu'elle ne précise pas qu'elle se trouve séparée de son époux et de ses enfants : « Tu n'ignores pas combien, du fait de mes infirmités continuelles et de certaines circonstances — à l'image de ce que dit l'Apôtre : “dangers de la part de ceux de ma race, dangers de la part des Gentils, etc.” — j'ai eu à souffrir en un corps fragile... Avec l'aide de Dieu et grâce à ton père Bernard, j'ai échappé avec assurance à tous ces dangers, mais à présent mon esprit réfléchit sur ces libérations. » Aussi implore-t-elle le Seigneur, « d'un cœur humble et de toutes ses forces », de lui permettre moins de négligence dans sa prière, et demande-t-elle à son fils de prier pour elle assidûment ; elle lui recommande aussi de payer ses dettes, de veiller sur son petit frère et lui rappelle les noms de sa lignée. Enfin, elle compose elle-même son épitaphe, toujours sous forme d'acrostiche, dont le mot clef est cette fois son propre nom. Encore quelques recommandations sur la lecture des psaumes et elle s'arrête le 2 février sur une invocation à la Vierge dont on célèbre la fête ce jour-là.

Mère aimante, Dhuoda nous apparaît aussi comme une femme remarquablement instruite. Son ouvrage est littéralement nourri de la Bible et des Pères de l'Eglise dont les citations viennent spontanément traduire sa pensée intime, ses états d'âme, ses joies, ses peines, ses inquiétudes. Relevées par les éditeurs, ces citations de l'Ecriture, Ancien et Nouveau Testament, évoquées par leurs références, remplissent huit pages sur deux colonnes. Peu importe au reste leur nombre : ce qui est pour nous saisissant, c'est de constater cette imprégnation de la pensée par l'Écriture sainte. Sans doute cela n'est pas particulier à Dhuoda. Jusqu'à la fin de la période médiévale, on constatera dans les sermons, les conversations, dans toute la production littéraire en vers ou en prose, et jusque dans les farces et fabliaux, une semblable fréquentation qui amène tout naturellement des rappels du Nouveau ou de l'Ancien Testament. On peut dire que le recours à l'Ecriture sainte forme la structure de tout ce qui a été dit, écrit, pensé pendant les siècles féodaux et médiévaux. Il y a là un fonds auquel on puise spontanément et hors duquel il faut renoncer à comprendre ce qui a été composé, non seulement par les contemporains de Dhuoda, mais même plus tard par ceux de François Villon. Il y a quelques années, l'un des commentateurs de ce dernier s'apercevait que, dans le *Testament,* un vers : « Ce qui est écrit est écrit », était mot pour mot extrait de l'Evangile et cela lui faisait l'effet d'une sorte de clef pour comprendre le poème. Mais en fait, il n'y a guère de texte en Occident, entre le VIe et le XVe siècle, que l'on puisse aborder et pleinement comprendre sans cette clef du langage de l'Ecriture.

On se tromperait cependant si l'on supposait que Dhuoda n'a rien lu en dehors de la Bible. Elle cite plusieurs poèmes, par exemple ceux de Prudence dont on sait qu'il alimente en partie la vie intellectuelle du Moyen Age. Elle connaît bien saint Augustin et Grégoire le Grand, et elle se reporte volontiers aussi à ceux qui étaient considérés comme « les grands classiques », Donat comme grammairien, et Isidore de Séville, qui jusqu'au XIIIe siècle et plus tard encore a été une lecture de base pour tout homme cultivé. Elle se réfère aussi à certains ouvrages comme la Règle de saint Benoît, des recueils de sentences ou proverbes, très probablement aussi les livres de prières dont on sait qu'il y en eut plusieurs à l'époque carolingienne. Elle n'ignore pas ses contemporains, Alcuin, Raban Maur, Ambroise Autpert.

Enfin, la femme extrêmement cultivée qu'elle est émaille son texte d'expressions tirées du grec, voire de l'hébreu, au point d'avoir plus d'une fois posé des problèmes à ses traducteurs ; elle aime aussi — et l'on pense alors à l'esprit d'un Isidore de Séville — tirer une leçon des étymologies. Inutile de le dire, il lui importe peu que ces étymologies soient scientifiques. Là encore, on retrouve une sorte de méthode mnémotechnique qui permet, à propos d'un mot, de faire toute une exégèse, et, par association d'idées, tout un développement : ainsi le terme même de manuel, *Manualis,* lui fournit-il l'occasion de dire tout ce qu'évoque la main, signe de puissance, signe de perfection, tandis que *alis* évoque pour elle *ales,* l'alouette dont le chant accompagne la fin de la nuit et « présage les heures du jour ». Ainsi le mot *Manualis* lui permet-il de parler de la puissance de Dieu et de la lumière qui vient, celle du Christ. Mode de pensée familier à l'époque, celui qui procède par analogies, par allusions, par images qui s'éveillent l'une l'autre et dont chacune appelle la suivante[20], hors, inutile de le dire, de tout raisonnement et de toute logique.

Ajoutons que ses intérêts sont multiples, et qu'elle ne fait pas l'effet d'une femme confinée dans ses livres d'oraison. C'est une femme active, observatrice, curieuse de son temps : elle évoque, nous l'avons vu, la défense de la marche de Gothie, pour laquelle elle a dû lourdement s'endetter ; mais d'autres détails plus simples nous la montrent dans la vie. Ainsi fait-elle allusion, dès le prologue de son *Manuel,* au jeu des tables, qui est une sorte de jeu de dames ; ou encore, et c'est peut-être plus étonnant, au métier des orfèvres : « ceux qui travaillent les métaux, lorsqu'ils entreprennent d'étendre l'or pour l'appliquer, attendent le jour et le temps convenables et opportuns, l'heure et la température voulues, de telle façon que l'or utilisé pour cette décoration, brillant et étincelant parmi les plus splendides métaux, prenne un éclat encore plus vif », un trait qui laisserait supposer que Dhuoda s'intéressait aux travaux des artisans. De même relève-t-on, mais c'est plus naturel, ici et là, des expressions qui déjà sont celles de la société féodale : la gloire de la lignée, le service des compagnons d'armes, la fidélité au seigneur, l'attachement, le dévouement aux grands dignitaires, etc.

Vers les dernières pages de son *Manuel,* Dhuoda se fait plus grave. Elle semble pressentir une fin prochaine : son ouvrage prend l'allure d'un testament spirituel. On ne sait quelle fut au juste la fin de son existence, ni quand elle est morte ; mais on sait, nous l'avons vu, que son fils Guillaume, à qui elle a destiné son œuvre, ayant comme son père Bernard de Septimanie failli à son serment de fidélité, et tenté de mettre la main sur la Marche d'Espagne en s'emparant de Barcelone, eut une fin tragique et fut décapité, alors qu'il n'avait pas atteint vingt-quatre ans. Son second fils, Bernard, en revanche, devait avoir une plus longue carrière, puisqu'il s'agit vraisemblablement de Bernard Plantevelue; il fut le père d'un autre Guillaume, celui qui mérita de passer dans l'histoire sous le nom de Guillaume le Pieux, et grâce auquel fut fondée, en 910, l'abbaye de Cluny. Ainsi, même si le *Manuel* de Dhuoda n'a pas profité à son fils, un autre Guillaume, son petit-fils, semble avoir mis en pratique les conseils de son aïeule; et l'illustre abbaye, celle qui marque en Occident le début de la réforme religieuse et qui devait produire de telles fleurs d'art et de piété, parsemant non seulement la Bourgogne, mais l'Occident entier et en particulier les chemins de Compostelle, cette abbaye aurait donc eu au départ, à la naissance, une influence féminine.

Celles qui lisent et celles qui écrivent

Rares sont les témoignages qui concernent les contemporaines de Dhuoda ; on en connaît pourtant quelques-unes dont la culture est attestée, par exemple, par leur correspondance, comme celle qu'entretient avec saint Boniface, l'apôtre des Saxons, l'abbesse de Minster dans l'île de Thanet, nommée Eadburge, ou encore Fausta, abbesse de Saint-Jean d'Autun, pour laquelle un prêtre nommé Gundohinus composa un ouvrage exactement daté de « la troisième année du règne de Pépin », ce qui nous ramène au VIIIe siècle ; et il y a aussi, inversement, ce manuscrit des toutes premières années du IXe siècle qui fut copié par neuf religieuses, lesquelles ont inscrit leurs noms : Girbalda, Gislildis, Agleberta, Adruhic, Altildis, Gisledrudis, Eusebia, Vera, Agnès, cela à l'intention de l'archevêque de Cologne, Hildebald, qui exerça son ministère entre 795 et 819.

Les mentions sont évidemment plus fréquentes aux temps féodaux. Les poètes du XIIe siècle ont plusieurs fois vanté les qualités intellectuelles des femmes de leur entourage ; Baudri de Bourgueil, en écrivant l'épitaphe d'une certaine Constance, dit qu'elle était aussi savante que la sibylle et fait aussi l'éloge d'une certaine Muriel, qui a la réputation de réciter des vers d'une voix douce et mélodieuse. Plus largement n'est-il pas surprenant que l'une des plus anciennes chansons de toile — il s'agit, on le sait, de chansons populaires ainsi nommées parce que, dit-on, les femmes les chantaient en filant — *Belle Doëtte,* débute par ces deux vers :

> Belle Doëtte as fenêtres se sied,
> Lit en un livre, mais au cœur ne l'en tient.

Ainsi cette œuvrette anonyme du début du XIIe siècle, ou plus ancienne encore, montre-t-elle l'héroïne en train de lire, sans d'ailleurs y insister, comme s'il s'agissait d'une occupation habituelle. De même le beau gisant d'Aliénor d'Aquitaine à Fontevraud la figure tenant un livre ouvert entre les mains.

Nombreuses sont les nobles dames qui se sont fait copier des psautiers, lesquels d'ailleurs auront presque tous occupé une place dans l'histoire de l'art ; c'est au point que l'érudit Carl Nordenfalk a consacré plusieurs pages de son étude sur l'enluminure romane à ces évangéliaires, psautiers, livres d'heures, à l'usage d'une clientèle de « dames de qualité »[21]. On trouve parmi elles des reines ou des princesses comme Marguerite d'Ecosse (morte en 1093), Judith de Flandre (1094), Mathilde de Toscane (1115) ; parfois seulement des dames de haute naissance comme cette Anglaise nommée Christine qui mène une vie d'ermite dans le voisinage du monastère de Saint-Albans et pour qui a été composé le fameux psautier d'Albani conservé à la bibliothèque de Hildesheim. Aucun historien d'art n'ignore ces œuvres magnifiques que sont le psautier de la reine Mélisande de Jérusalem, aujourd'hui à Londres, au British Museum, ceux de sainte Elisabeth, gardé à Cividale, ou d'Isambour, reine de France, à la Bibliothèque nationale à Paris, sans compter celui de la reine Blanche à la bibliothèque de l'Arsenal. Il faudrait mentionner aussi, à Berlin, ce psautier dit de Salaberge qui appartint sans doute à l'abbesse du monastère de Laon voué à Sainte-Marie-Saint-Jean qui fut, dès le haut Moyen Age, un centre très remarquable d'étude et de prière. Il avait été fondé par sainte Salaberge dont la biographie est l'un des textes importants qui nous restent de l'époque mérovingienne ; « le plus ancien monument conservé de l'histoire littéraire laonnaise » à la bibliothèque de Laon (n° 423) porte une signature féminine, celle de Dulcia, en marge d'un manuscrit d'Isidore de Séville ; tandis qu'un autre (n° 63) fut probablement exécuté pour l'abbesse Hildegarde qui était la demi-sœur du roi Charles le Chauve.

C'est en s'appuyant sur des constatations de ce genre, en relevant les ouvrages copiés pour des dames que le romaniste Karl Bartsch concluait en 1883 : « Les femmes lisaient plus que les hommes au Moyen Age. » Il aurait pu aller plus loin et ajouter qu'elles ne se contentaient pas de lire, mais que souvent elles-mêmes écrivaient, et que ces manuscrits qui témoignent du savoir de leur époque ont souvent été copiés par des mains féminines.

Il arrive en effet que l'on possède des correspondances complètes à propos de manuscrits ; ainsi celle qui est échangée entre un certain Sindold et une sœur désignée seulement par son initiale H., de Lippoldsberg, certainement entre 1140 et 1168. Il lui demande d'exécuter un « recueil de matines » pour lequel il lui fait porter 24 cahiers de parchemin, du cuir, des couleurs et de la soie avec des instructions précises : « Pour ce travail, je voudrais que vous me fassiez des lettrines d'effet décoratif selon l'arrangement que je vous ai indiqué. Pour la transcription du psautier, ne réservez, sur chaque page, que trois lignes pour le début des versets » ; et comme il s'agissait d'un érudit soucieux de l'authenticité de ce qu'il fait écrire, il insiste sur les fêtes des Saints Apôtres : « Ne transcrivez pas les huit leçons de leurs passions, car elles sont apocryphes, sauf la passion de saint André. » La moniale, de son côté, lui répond : « Le recueil de matines dont votre charité nous a confié la transcription, sachez que je l'ai copié avec le plus grand zèle jusqu'à Pâques, mais que je n'ai pas poursuivi plus loin le travail ; en effet, pendant l'hiver, écrivant ceci et cela jusqu'à Pâques pour ne pas perdre la main, je n'ai pu terminer cette tâche. J'espère pourtant pouvoir remettre à votre messager le livre enfin terminé à la nativité de la Bienheureuse Vierge Marie (8 septembre). Et comme je m'aperçois, ajoute-t-elle, qu'il me manque trois cahiers de parchemins, envoyez par votre messager autant qu'il en faut et deux traités sur les règles de l'art de la rédaction ; ainsi que la plante que l'on appelle gentiane pour G. notre sœur[22]. »

On dispose aujourd'hui d'une source très complète sur ces femmes qui écrivaient — le mot pris dans son sens le plus concret, signifiant copier et non composer. Il s'agit du très savant recueil intitulé Colophons des manuscrits occidentaux des origines au XVIe siècle, qui, bien que ne couvrant que la moitié de l'ordre alphabétique de noms d'auteurs, comporte déjà quatre volumes parus à Fribourg aux soins des Éditions universitaires, entre 1965 et 1976. Le *colophon,* c'est ce « mot de la fin » que se réserve le copiste quand il a achevé son œuvre, exprimant son soulagement et parfois le souhait d'une récompense à son effort.

«*Scriptori pro pena sua detur pulcra puella.* (Qu'on donne au copiste pour sa peine une belle jeune fille)», demande sans vergogne l'un d'entre eux. D'autres se contentent de vœux plus anodins :

«*Hic liber est scriptus, qui scripsit sit benedictus* (Ce livre est écrit, soit béni celui qui l'écrivit).» Et d'ajouter alors leur nom, souvent dans un anagramme témoignant de ce goût de l'énigme qui caractérise les temps féodaux.

On ne réalise pas toujours en effet ce qu'était alors cet harassant métier. Sur cette matière dure qu'est le parchemin — beaucoup moins souple que le papier qui ne commence à être utilisé, on le sait, que vers le milieu du XIIIe siècle — aligner l'un après l'autre les chapitres de traités comportant des deux cents ou trois cent folios (double page), cela ne représentait pas une mince tâche. Un copiste y insiste : «Celui qui ne sait pas écrire ne croit pas que c'est un travail. Il fatigue les yeux, il brise les reins et tord tous les membres. Comme le marin désire arriver au port, ainsi le copiste désire arriver au dernier mot» (texte du Xe siècle dans le manuscrit de la Bibliothèque nationale Latin 2447, fol. 236). D'où cette recommandation : «O très heureux lecteur, lave-toi les mains et prends ainsi le livre ; tourne lentement les feuillets et pose tes doigts loin des lettres, etc.» On conçoit dès lors qu'il ait parfois éprouvé le besoin de se «défouler» en rédigeant un colophon ; tous les manuscrits n'en comportent pas, tant s'en faut ; le plupart des copistes auront travaillé dans le même anonymat que la plupart des sculpteurs de nos cathédrales ou des enlumineurs de ces mêmes manuscrits. Il reste que cette pratique du colophon, pour épisodique qu'elle soit, a persisté jusqu'à l'invention de l'imprimerie par Gutenberg qui — précédé peut-être par quelques Juifs d'Avignon dans la première moitié du XVe siècle — eut l'idée d'imiter les faiseurs d'images xylographiques, c'est-à-dire gravées sur bois, et surtout de reproduire séparément chaque lettre de façon à pouvoir constituer indéfiniment de nouveaux mots et de nouvelles phrases. Inutile d'insister, chacun connaît les origines de l'imprimerie.

Le relevé des colophons réserve une surprise : parmi les

copistes répertoriés, bon nombre sont des femmes ; ce qui nous renseigne de la façon la plus évidente sur la proportion non négligeable de femmes qui non seulement savaient lire, mais écrire.

On peut ainsi noter toute une liste de prénoms de femmes lettrées dans toute l'Europe, pour lesquelles l'anonymat a été levé. Ainsi, dès le XIIᵉ siècle, en Allemagne, plusieurs Ermengarde ; l'une d'elles précise qu'elle vit au temps de Judtta, prieure de Lamspringe (ce qui permet de dater sa « copie » entre 1178 et 1191) ; de même une Agnès, abbesse de Quedlinburg, et une autre Agnès qui, à Admont, a partagé sa tâche avec une nommée Regelindis. Un peu plus tard, au XIIIᵉ siècle, on retrouve une autre Agnès du couvent de Saint-Pierre de Padoue ; vers la même époque, l'une de ses consœurs signe d'un nom complet : Mechtilde Wolders, tandis que dans un cloître de cisterciennes une certaine Elisabeth, en 1260, inscrit une mention très explicite :

« *Orate pro scriba que scripsit hunc librum : Nomen ejus Elisabeth* (Priez pour la copiste qui a écrit ce livre : son nom est Elisabeth). »

Avec le temps, les colophons deviennent moins rares : d'une part, nous possédons davantage de manuscrits des deux siècles « médiévaux », d'autre part, on éprouve davantage à cette époque le besoin de marquer individuellement l'effort accompli : ce désir de personnalisation est caractérisé par le goût pour le portrait, par la signature qui commence à apparaître sur les lettres-missives, aussi bien que sur les ouvrages : toujours est-il que, aux XIVᵉ et XVᵉ siècles, on n'a que le choix parmi les prénoms féminins de copistes : Eufrasie, abbesse de Florence, et une autre, religieuse à Pérouse ; Agnès, clarisse à Vilingen ; sœur Marie Luebs, cellérière de Sainte-Godelive à Ghistelles ; Marie Brückerin, pénitente de Strasbourg, et de nombreuses autres Maria qui sont des Italiennes. Une multitude de Marguerite : l'une, religieuse à Bruges, copie un manuscrit qui sera enluminé par sœur Cornelia ; une autre, recluse d'Heslyngton en Angleterre ; deux autres encore, religieuses à Leyde ; deux cartusiennes à Sainte-Catherine de Nürnberg ; Marguerite de Notre-Dame de Trèves mentionne expressément qu'elle a fini son ouvrage l'an 1467 en la vigile de la Visitation (2 juillet). Marguerite Scheiffartz, de la chapelle de Schillinx à Budapest, précise très joliment qu'elle a, non pas écrit, mais enluminé l'ouvrage : « *Omnis pictura et floratura istius libri depicta ac florata est per me Margaretam Scheiffartz* »; Marguerite, fille d'Alexis Saluces, entrée au couvent de Sainte-Marie-et-Sainte-Brigitte de Gênes le 18 février 1470, a commencé le 15 mars à écrire son bréviaire.

On pourrait ainsi, à propos de chaque prénom féminin, multiplier les exemples, mais leur relevé complet ne manquerait pas d'être fastidieux. A côté de ces Marguerite qui écrivent tantôt à Leyde, tantôt à Oxford, à Frauenthal, et qui parfois écrivent leur nom dans la langue vulgaire : Margriete Doersdael aux Pays-Bas, Margriete der Weduwen à Bruxelles, Greta von Wynschel à Schönau, Margaret Zürlin à Eischstädt, il faudrait noter les Jeanne, les Isabelle, les Julienne, les Madeleine, les Eusébie, Elisabeth et tant d'autres en attendant (le catalogue, nous l'avons dit, s'arrête avec la lettre M) que les relevés à venir parlent des Suzanne, des Thérèse ou des Ursula qui ne peuvent manquer de se manifester.

Il n'y a pas que des religieuses parmi les copistes. Les colophons, au féminin comme au masculin, comportent des laïques, encore qu'elles soient moins nombreuses. On relève en Allemagne deux nobles dames nommées Elisabeth, l'une au début, l'autre à la fin du XIVe siècle, ou encore une Marien von Loyn, ou une Italienne qui signe seulement Maria — et nous pourrions recommencer une semblable énumération avec d'autres laïques comme Magdalena Rosentalerin ou Marguerite de Chauvigny. Il ne faut pas non plus supposer que seules de nobles dames recevaient l'instruction nécessaire pour se mêler d'écrire : on trouve une Marie Coppin, fille d'un écuyer ; Marie Regnière, fille du poète Jehan Régnier ; Marie Michiels, dont c'est expressément le métier d'être copiste ; Mariette, femme de « Person l'écrivain », demeurant à Reims ; Jeanne Lefèvre ; Jeannette Grebord, etc.

Encore qu'on ne puisse s'y arrêter trop longtemps sans risquer de fatiguer le lecteur, ces colophons sont une source précieuse et convaincante, comme toutes celles qui n'ont pas été écrites pour l'histoire et ne constituent pas non plus des témoignages d'expression individuelle comme pourrait l'être l'opinion de tel ou tel contemporain sur l'intérêt qu'ils portent à l'instruction des femmes.

Mais bien des mentions éparses au fil des temps permettraient d'aller plus loin ; ainsi, au XVe siècle, Jeanne d'Arc, au début de sa carrière publique, déclare qu'elle ne sait « ni a ni b » ; un peu plus tard cependant sa marraine, témoignant au procès de réhabilitation, déclare : « cela, je l'ai entendu lire en un roman » (à propos des légendes de l'arbre des fées) ; ce qui laisse penser qu'à Domremy il arrivait que l'on fît des lectures, probablement durant les veillées d'hiver. J.W. Adamson, étudiant l'éducation des femmes à l'époque médiévale, constate que « certains documents laisseraient entendre que d'humbles gens savaient lire et écrire, hommes et femmes : dans tel village d'Angleterre, un groupe de villageoises d'humble condition lisent des livres en anglais au jour de l'Assomption 1534[23]. » D'autre part, Eileen Power a relevé de nombreux testaments dans lesquels des livres sont destinés à des femmes, testaments d'ailleurs tardifs pour la plupart ; c'est en 1432 John Raventhorp, chapelain à la cathédrale d'York, qui lègue à sa servante Agnès de Celayne un livre de fables ; plus tard, en 1451, Thomas Cumberworth laisse à sa nièce Anne « *My book of the talys of Canterbury* », le fameux ouvrage de Chaucer ; tandis que Jeanne Hilton donne à sa sœur Catherine « *unum librum de Romanse* » qui n'est pas autrement précisé.

Où et par qui les femmes étaient-elles éduquées ? On sait que les filles de grandes familles avaient auprès d'elles une institutrice qui parfois figure dans des actes ; ainsi cette Béatrice intitulée *magistra comitisse Andegavensis* dans une charte d'Arembourge, comtesse d'Anjou, au XIIe siècle. Beaucoup plus largement et habituellement, ce sont les couvents de femmes qui se chargent de l'éducation des filles, et aussi souvent — ce qui ne peut manquer de surprendre — des petits garçons. En effet, dès le début du VIe siècle et à l'occasion de la fondation du premier monastère de femmes en Gaule — ce monastère de Saint-Jean d'Arles dont il a été question plus haut — on relève ce souci de répandre l'instruction dont on ne retrouve que fort peu l'équivalent aux XVIe, XVIIe, XVIIIe siècles dans les missions du Nouveau Monde ; l'instruction des Indiens d'Amérique sera tout à fait négligée, avec pour inévitable sanction l'extrême rareté du recrutement dans les populations indigènes.

L'article 5 de la règle donnée par saint Césaire à l'intention des moniales groupées autour de sa sœur a trait aux enfants. Elle spécifie qu'on ne doit pas les admettre au monastère sinon à partir de l'âge de six ou sept ans pour les instruire et éduquer. Ce qui suffit à indiquer que les monastères de femmes, comme la plupart des monastères d'hommes, sont autant d'écoles, et cela dès les débuts de la vie religieuse en Occident. Règlement et usages dénotent d'ailleurs deux courants contradictoires à ce propos : d'une part, l'évidente utilité de dispenser l'instruction, de l'autre, une certaine méfiance liée à la source de distractions qu'implique la présence d'enfants dans un lieu consacré. Cependant, à l'époque féodale et au Moyen Age, les écoles monastiques un peu partout instruisent fillettes et garçonnets ; à Saint-Jean d'Arles, donc, depuis l'âge de six ou sept ans filles et garçons — ceux-ci en tout cas jusqu'à douze ans — sont éduqués sous la direction d'une religieuse, la *primiceria ;* par la suite, c'est la chantre qui a en charge l'école en dehors de la liturgie et des chœurs ; les uns et les autres sont étroitements associés, car, à l'époque, apprendre à lire signifie *d'abord* apprendre à chanter ; on commence par chanter les psaumes, puis on retrouve les mots écrits qui déjà sont familiers à l'oreille, selon une méthode globale que la pédagogie nouvelle a redécouverte de nos jours.

Et les exemples abondent, de monastères féminins fréquentés tant par des petites filles que par des petits garçons[24]. Le monastère Notre-Dame de Ronceray en Anjou reçoit dès 1116 du comte d'Anjou une dotation pour que treize enfants pauvres de son comté ou de celui du Maine soient nourris et élevés à ses frais dans ce couvent ; ils fréquenteront soit l'école monastique, soit l'une des écoles d'Angers. Déjà, deux siècles auparavant, deux religieuses célèbres pour leur instruction et aussi, selon leur biographe, pour leur habileté de miniaturiste, Harlinde et Relinde, au IXe siècle, avaient été instruites au monastère de Valenciennes, où on leur avait appris le psautier, la lecture, le chant et aussi la peinture[25].

Il est question aussi au monastère de Bonn de petites écolières que l'abbesse sainte Adélaïde aimait interroger elle-même ; au XIIe siècle, une charte du monastère Notre-Dame de Saintes datée de 1148, a été souscrite non seulement par la bibliothécaire (« *librorum custoda* ») nommée Agnès Morel, mais aussi par plusieurs fillettes qui l'entourent : Ermengarde, Sibylle, Leticia, Agnès et Pétronille. De même, le monastère de Coyroux, affilié à Obazine, reçoit des petites filles et des petits garçons, mais ceux-ci, après l'âge de cinq ans, sont élevés dans une autre maison. Bref, les exemples manquent si peu qu'il serait présomptueux de vouloir tous les citer. Notons néanmoins que le souci d'instruire les enfants, garçons et filles, est attesté par de nombreuses prescriptions des évêques, soucieux de réorganiser leur diocèse après les désastres du XIVe siècle. Ainsi, à Soissons, en 1403, l'évêque Simon de Bucy insiste auprès de ses chapelains et curés pour qu'ils veillent à ce que les parents envoient leurs enfants des *deux sexes* aux écoles de la ville ; et d'enjoindre d'en ouvrir s'il n'y en avait pas dans la paroisse. Le roman de Jean Froissart le chroniqueur intitulé *L'Epinette amoureuse* donnerait à entendre que, au moment où lui-même était un jeune garçon, c'est-à-dire vers 1350, il fréquentait avec ses compagnons la même école que l'héroïne de son roman. Il semble donc bien que la mixité dans ce domaine ne soit pas une invention du XXe siècle.

Mais il faut noter aussi les établissement scolaires tenus par des laïques ; d'après les rôles de la taille à la fin du XIIIe siècle on connaît vingt-deux maîtresses d'école à Paris ; au XIVe, celui qui a la surveillance des écoles dans le diocèse et qu'on nomme l'écolâtre, s'adressant aux enseignants, mentionne « les dames qui tiennent et enseignent aux écoles l'art de la grammaire ».

Souvent instruites, bien des femmes sont également soucieuses de répandre le savoir ; nombreuses sont les fondations faites par elles dans ce but : c'est la dame de Montmirail, Héloïse de Dampierre, qui, dès le début du XIIIe siècle, constitue des réserves de vivres pour les écoliers de Saint-Nicolas de Soissons ; ou Jeanne de Châtel, qui dote les petits élèves de Saint-Jean des Vignes étudiant à Paris. A Reims, le collège des Crevés, qui remonte lui aussi au XIIIe siècle, et qui était le collège le plus important de la ville avec celui des Bons Enfants, doit son nom à sa fondatrice, Flandrine La Crevée.

Resterait à connaître la nature de l'enseignement ainsi dispensé aux filles comme aux garçons ; il semble bien qu'en ce qui concerne en tout cas les étapes élémentaires, on puisse, en le développant quelque peu, se reporter au *Manuel* de Dhuoda ; le psautier et plus généralement l'Ecriture sainte en forment la base, mais les commentaires donnent lieu à une étude plus poussée dans l'analyse et l'expression : tout ce qu'on regroupe sous le nom de grammaire. L'étonnante culture d'Héloïse, qui devenue bien malgré elle abbesse du Paraclet, enseigne à ses moniales le grec et l'hébreu, avait été acquise par elle au couvent d'Argenteuil ; elle l'avait quitté vers l'âge de seize ou dix-sept ans parce que les religieuses qui y enseignaient n'avaient plus rien à lui apprendre.

Il faut d'ailleurs tenir compte, pour ceux et celles qui ne fréquentent pas l'école, de cette culture latente que répandent les sermons, les lectures ou récits faits à la veillée, les chansons mêmes. Depuis l'invention de l'imprimerie, on a pris l'habitude, en Occident surtout, de ne tenir compte que d'une culture avant tout littérale ; pour importante que paraisse celle-ci dans la civilisation actuelle, nous sommes aujourd'hui plus ouverts à certaines formes d'expression culturelle par le geste, la danse, le théâtre, ou tout ce qu'on appelle le domaine des arts plastiques, voire l'audio-visuel dont le contenu aujourd'hui ne paraît plus négligeable. Cette culture latente dispensée aux temps féodaux est la même pour les filles que pour les garçons. Ce n'est qu'à l'époque médiévale proprement dite qu'on observe une évolution et que la différence sera plus marquée entre eux. Au milieu du XIIIe siècle, Vincent de Beauvais, génial frère prêcheur au savoir encyclopédique, auquel Saint Louis a confié le soin de sa bibliothèque et l'éducation de ses enfants, conseille d'apprendre les lettres aux filles comme aux garçons; remarquons en passant que c'est à la reine, Marguerite de Provence, qu'il dédie son traité sur l'éducation des enfants.

Encore au XIVe siècle, la chronique de Villani note qu'à Florence, vers 1338, les petites écoles sont fréquentées par un enfant sur deux, garçons ou filles, prend-t-il soin de préciser. Ce n'est qu'assez tardivement qu'on se posera la question de savoir si ces dernières doivent être instruites ou non. Une Christine de Pisan reprendra les conseils de Vincent de Beauvais, alors qu'un Philippe de Novare penche pour leur ignorance; Francesco da Barberino, qui, en Italie où se fait déjà sentir l'influence de la Renaissance, parle de l'éducation en général, préfère qu'on apprenne aux filles «les tâches ménagères, faire le pain, nettoyer un chapeau, faire le beurre, la cuisine, la lessive et le lit, filer et tisser... broder à l'aiguille, etc.» Il admet pourtant que les femmes de la noblesse doivent savoir lire et aussi, bien entendu, les religieuses, mais dès cette époque la mentalité a changé, et l'influence de l'université, notamment, s'est fait sentir en ce domaine. De plus en plus l'instruction deviendra l'apanage des hommes.

Deuxième Partie

L'Age féodal

1

«Climat culturel»

Entre toutes les curiosités architecturales qui s'imposent à l'attention dans l'ensemble de Fontevraud, la Tour d'Evrault n'est pas la moins surprenante. Située à droite lorsqu'on regarde l'abbatiale, près de l'ancien réfectoire, c'est un bâtiment insolite, haute pyramide à pans, octogonale, flanquée à la base d'absidioles dont la forme fait penser à certaines ruches du temps passé. L'architecte chargé de la restauration de l'ensemble, Magne, en 1902, a surchargé les toits des absidioles de lanternons dont l'effet n'est d'ailleurs pas disgracieux. Mais les gravures anciennes n'en montrent qu'un seul, au sommet de la pyramide centrale, surmontant le toit couvert de tuiles en écailles.

L'image de la ruche s'impose plus encore lorsqu'on pénètre à l'intérieur de la Tour : autour de ce qui a dû être le foyer central, ce sont huit alvéoles qu'un entrecroisement d'arcs intérieurs couvre de manière à ménager les conduits de douze autres cheminées ; il y a donc vingt foyers secondaires que couronne la cheminée centrale, à laquelle la pyramide visible de l'extérieur servait de mitre. Si l'extérieur de l'édifice est surprenant, l'intérieur est plein d'enseignements qui vont de la technique de la ventilation[26] à la virtuosité architecturale : les quatre grands arcs reposant sur les colonnes d'angle font passer du plan octogonal au plan carré, tandis qu'à l'étage supérieur les arcs bandés dans les angles ramènent à l'octogone de la pyramide centrale. Dans cet ensemble, on pouvait activer à la fois au moins six foyers sans être incommodé ni par la chaleur ni par les fumées évacuées par les vingt cheminées. Aujourd'hui, l'édifice a été transformé en salle de concerts et de conférences et l'on peut méditer quelque temps sur l'évolution qui amène à faire au XXe siècle une salle de concerts de ce qui fut, au XIIe, tout simplement la cuisine d'un monastère.

Car la tour d'Evrault, avec son architecture si parfaitement fonctionnelle qu'il a fallu les progrès actuels pour en comprendre l'agencement subtil, n'est rien d'autre qu'une cuisine. Une cuisine adaptée à sa fin qui est de préparer la nourriture, ou plutôt les nourritures diverses des diverses gens habitant le vaste ensemble monastique. Il y a les moines et les moniales, mais aussi l'infirmerie pour les malades, la « ladrerie » pour les lépreux, l'hôtellerie pour les visiteurs, la « pitancerie » où sont accueillis pèlerins, mendiants, vagabonds. La disposition de l'ensemble, avec les six foyers principaux où brûlent bois et bûches, et les cuisines particulières qui peuvent être ménagées grâce aux braises puisées aux foyers principaux, permettent à tout un monde de s'activer sans se gêner, maniant trépieds, grils, tournebroches, marmites, poêles et autres ustensiles familiers suivant les besoins de chacun.

Fontevraud reste pour nous l'exemple de ce que furent au Moyen Age les cuisines de monastères ou de châteaux. Elle sont bien isolées des habitations, d'abord par précaution contre le grand fléau du temps, l'incendie, mais aussi et peut-être surtout parce que la cuisine entretient un va-et-vient, un encombrement continuels, avec tout ce qu'elle absorbe, combustible ou ravitaillement, et tout ce qu'elle rejette, épluchures, détritus et cendres ; il est donc pratique qu'elle ait ses issues séparées, à proximité de la fontaine, car on y a besoin d'eau autant que de feu. Même en ville, où chaque maison aura son propre foyer, le four, qui absorbe beaucoup de fagots, menus bois, et brindilles, restera séparé des habitations.

Les cuisines de Fontevraud témoignent des progrès techniques qui améliorent la vie quotidienne à l'époque féodale.

Parmi ceux-ci, le plus important peut-être est le conduit de cheminée proprement dit, invention du XIe siècle. Comment a-t-on pu vivre si longtemps sans cheminée ?... En effet, si le trou d'évacuation pour la fumée, dans le toit, au centre ou à l'angle de la demeure, a existé de tous temps ou à peu près, la cheminée suppose non seulement des conduits et tuyaux, mais encore la connaissance des courants et pressions de l'air, celle de l'orientation des maisons, le souci d'utiliser les vents selon leur direction, propre à la vallée, au coteau, à la plaine, etc. Il aura fallu des siècles de braseros et de feux à découvert pour maîtriser l'ensemble de ces éléments.

Entre toutes les grandes inventions qui marquent le début de l'ère féodale, c'est peut-être celle qui a contribué le plus radicalement à changer la vie. Qui dit cheminée, en effet, dit foyer. Il y a désormais un endroit où toute la communauté se rassemble, paisiblement, pour se chauffer, s'éclairer, se détendre. Durant les soirées d'hiver, on s'y livre à de menus travaux tranquilles : décortiquer les noix, les châtaignes ou les pignons de pin. Et, pour les femmes, filer, tricoter, broder.

Mais nous sentons ici s'éveiller l'inquiétude des milieux féministes toujours prêts à dresser une oreille soupçonneuse et à faire éclater des revendications passionnées lorsque est prononcé le terme de foyer, trop évocateur de la fameuse formule de la « femme au foyer » telle qu'elle fut utilisée, à partir du XIXe siècle, dans les milieux bourgeois. Empressons-nous de dire que nous ne les comprenons que trop, mais que semblables réactions impliquent des lacunes dans la perspective historique. Et il faudrait inverser les données habituelles en faisant remarquer que l'apparition au sens propre du foyer de cheminée a certainement joué un rôle dans la place nouvelle tenue par la femme au sein de la communauté familiale. Il est pour elle symbole d'intégration dans la vie commune, l'inverse de ce que fut le gynécée, de ce qu'est le harem, qui l'un et l'autre confinent la femme dans un lieu à part, et sont symboles d'exclusion. Il simplifie évidemment les tâches domestiques, et par conséquent allège le travail de la femme. Le foyer, c'est le lieu d'où rayonnent chaleur et lumière, où la famille au sens le plus large se ré-*unit* chaque jour plus ou moins longtemps selon les saisons. Sa configuration implique cette sorte d'égalité de la Table Ronde magnifiée par les romans — même s'il ne s'agit plus que d'un demi-cercle ! Encore trouve-t-on très tôt, dans certaines campagnes, la cheminée circulaire placée au centre de la maison et qui, dans quelques régions du Sud-Ouest, s'est maintenue jusqu'au moment où les architectes d'aujourd'hui l'ont redécouverte à l'usage des résidences secondaires. Pour apprécier ce changement, on pourrait un peu comparer le foyer à la télévision, à cette différence près qu'au contraire du petit écran, le foyer est incontestablement au bénéfice de la famille, en même temps que de la maison tout entière.

La maison prenait de l'importance. Ce n'était plus seulement un abri, un endroit pour manger et dormir. C'était le fóyer. La solidarité familiale, déjà primordiale dans les coutumes celtiques et nordiques, prenait là son visage, son allure ; elle se forgeait au coin du feu, avec ses diversités — nulle part plus frappantes qu'au sein d'une même famille — et ses affinités. Mais alors que les combats, les travaux des champs, le soin du gros bétail, la forge, le moulin, sont des lieux où s'exerce la force masculine, désormais, il est un endroit que la femme peut considérer comme son domaine propre, où elle est la dame, *domina,* et c'est le foyer.

Les cuisines de Fontevraud sont un exemple prestigieux de l'acquisition la plus frappante, du point de vue de la femme, à l'aube des temps féodaux. La cheminée, avec son foyer, qu'on retrouve partout sous toutes les formes, de la plus vaste dans les grandes salles des châteaux à la plus humble dans les chaumières des campagnes, caractérise désormais la vie quotidienne. Mais il est indispensable de rappeler aussi, à grands traits, les autres nouveautés techniques de l'époque, pour évoquer le « climat culturel », la toile de fond sur laquelle se déroule la vie des femmes.

La première amélioration qui vient à l'esprit est celle que le moulin a apportée dans toutes les régions d'Occident ; le geste ancestral de la femme écrasant le grain pour le réduire en farine s'accomplit désormais mécaniquement. Si la machine à laver constitue aujourd'hui une libération pour les femmes, elle répond cependant à un besoin moins immédiat, moins quotidien que celui du pain, base de l'alimentation, autrefois beaucoup plus encore qu'aujourd'hui. Le spectacle de la femme attelée à la meule était familier à l'Antiquité, même à l'Antiquité hébraïque qui bannit l'esclavage, en tout cas celui des femmes juives : « De deux femmes attelées à la même meule l'une sera prise et l'autre laissée », lit-on dans l'Évangile. Il s'agit là d'un trait de vie quotidienne choisi intentionnellement comme le plus banal. Aujourd'hui encore, le geste de piler le mil caractérise la femme africaine. Désormais, dans notre Occident féodal, cette image est remplacée par celle des commères bavardant à l'entrée du moulin comme du four, ces deux éléments essentiels de la vie des campagnes[27]. La mise de fonds nécessaire à leur installation a été généralement avancée par le seigneur local, d'où la redevance, le *ban* qu'il perçoit sur l'un et sur l'autre ; tous les historiens des techniques ont relevé la très rapide progression du nombre des moulins à l'époque féodale dans la France, si favorisée de ce point de vue par le nombre de ses cours d'eau, auxquels on ajoute, quand besoin est, des dérivations et des canaux[28], car il s'agit d'abord des moulins à eau. Bertrand Gille a bien fait remarquer que « de tous les progrès techniques réalisés entre le Xe et le XIIIe siècle il n'en est peut-être pas de plus remarquable et de plus spectaculaire que l'expansion du moulin à eau[29] ». D'emblée, les contemporains en étaient conscients. Le plus ancien texte dans lequel on en trouve mention l'énonce expressément : la vie de saint Ours de Loches raconte comment celui-ci fit construire un moulin dans son monastère de façon à épargner la peine des frères et à leur laisser plus de temps pour la prière.

En fait, la Gaule au VIe siècle connaissait déjà une dizaine de roues hydrauliques (il est vrai qu'il faut tenir compte de la rareté des documents écrits pour cette époque). En revanche, lors de la rédaction du *Domesday Book* après la conquête de l'Angleterre par Guillaume le Conquérant, en 1066, on en dénombre 5 624 dans la seule Angleterre. Partout on les compte par centaines au XIIe siècle, par milliers au XIIIe. A cette époque, leur fonction s'est diversifiée ; qu'ils soient à roues horizontales ou verticales, ils servent non seulement à moudre le blé et les céréales, mais à presser les olives pour en extraire l'huile, à fouler le drap, à forger le fer, à écraser les matières tinctoriales. Dès le XIIe siècle, en Espagne, à Xativa, près de Valence, on voit installer le premier moulin à papier; précisons qu'il s'agit de la partie reconquise et non de l'Espagne musulmane dans laquelle on utilise déjà le papier, mais où on ne le fabrique pas mécaniquement; la précision a été relevée par cet autre historien des techniques qu'est l'Américain Lynn White[30].

Les historiens de l'âge futur seront probablement surpris de constater qu'en notre fin du XXe siècle, développé et même surdéveloppé à tant d'égards, le moulin n'ait pas encore apparu dans la vie ordinaire de tant de régions d'Afrique, d'Asie ou d'Amérique du Sud. Certaines études récentes ont pourtant révélé l'importance prise par les moulins établis en Amérique du Nord lors de la conquête du pays: ils constituaient le centre d'attraction au fur et à mesure que progressaient les pionniers; mais, chose surprenante, cette technique familière, d'implantation pourtant facile, ne s'est pas répandue dans des pays que pourtant l'avion dessert à peu près quotidiennement. Ce n'est que très récemment que les organismes officiels comme l'O.C.D.E. se penchent sur ce que les Anglo-Saxons appellent *soft technology,* la technologie douce, celle qui simplifie la vie familière et amène une prospérité réelle, quotidienne elle aussi, et qui fut chez nous la grande conquête de nos Xe-XIe siècles; n'y aurait-il pas là un stade élémentaire de développement auquel il conviendrait de faire attention ? Certains se posent aujourd'hui la question[31].

Toujours est-il que la femme fut, dans l'Europe féodale, la première bénéficiaire de cette amélioration considérable apportée à la vie domestique rurale.

Cette transformation est d'ailleurs liée à un autre progrès technologique décisif lui aussi: l'attelage du cheval, qui permet à l'animal de tirer par les épaules des poids multipliés. Dans l'Antiquité classique, on ignorait cet équipement rationnel. Tous les bas-reliefs montrent le cheval retenu par une bricole qui passe devant son cou et par conséquent l'étrangle lorsque la charge est trop lourde: les quadriges qui transportent le héros du jour lors des triomphes sont tirés par des chevaux dont la tête est renversée en arrière parce que, bien qu'ils soient quatre pour un char léger, ils sont à demi suffoqués par l'effort. Le chef-d'œuvre d'ingéniosité qu'est le collier d'attelage, déplaçant la charge du col aux épaules de l'animal, ne s'introduit chez nous qu'à une époque imprécise, vers le VIIIe siècle : à partir de ce moment, l'iconographie du cheval le représente la tête en avant et non plus relevée en arrière. Plus rapide que le bœuf, le cheval tire désormais une dizaine de fois son propre poids, et l'homme devient conducteur de forces pour la première fois dans son histoire, en tout cas en Occident et dans le Proche-Orient. Cette invention du collier d'épaules rigide se complète de la ferrure à clous et aussi de la disposition des bêtes en file, peut-être connue à la fin de l'Antiquité classique, mais qui restait en pratique inopérante, eu égard au mode d'attelage.

C'est dire que le spectacle qu'on a pu voir encore récemment, par exemple dans les pays islamiques, de la femme tirant la charrue, quelquefois en même temps que l'âne, a disparu chez nous à l'époque féodale, et c'est un autre élément appréciable de sa libération. On pourrait énumérer d'autres innovations comme l'usage du verre à vitre qui introduisait la clarté dans les lieux de travail et de séjour, celui du miroir de verre (qui se substitue au métal poli) ; ou encore l'apparition du savon dur — mentionné à Gênes dès le XIIe siècle, qui supplante avantageusement la pâte savonneuse inventée par les Celtes, l'usage du bouton dans le vêtement fermé auparavant par des liens, enfin la cheminée dont nous avons déjà parlé.

C'est sur cette toile de fond d'une époque de grand dynamisme technologique qu'il faut imaginer la femme à la période féodale, qui voit dans le même temps s'élever les châteaux et s'édifier les villes. On a curieusement faussé la réalité en oubliant cette simultanéité, en faisant de la grande époque des villes une suite à la grande époque des châteaux. Les créations de villes, en fait, cessent précisément au moment où le château perd aussi de son importance. Si la ville devient le centre du pouvoir au XVIe siècle, aux temps où l'on commence à détruire méthodiquement les châteaux, l'élan qui la faisait surgir aux carrefours des routes, aux confluents des fleuves, s'est éteint aussi. On ne fait plus qu'agrandir les villes qui existaient déjà.

Cherchant la raison de cette expansion technologique qui a lieu dans un monde essentiellement rural, Lynn White comme Ernst Benz mettent l'accent sur une autre libération : le changement d'attitude radical envers la nature qui a été amorcé dès les débuts de l'évangélisation ; les tabous inhérents à toutes les cultures pré- et même post-chrétiennes qui freinaient le développement des campagnes sont tombés en désuétude : depuis les simples superstitions jusqu'aux interdits, cette sorte d'animisme ou de panthéisme, qui régnait dans le monde rural de l'Antiquité et règne encore dans bien des régions de notre planète, a disparu ; le « dominez la terre » de la Bible suscite une parfaite liberté de l'homme vis-à-vis d'un environnement qui était pour lui source de terreur. Très artificiellement, certains historiens veulent aujourd'hui confondre les coutumes paysannes qui ont subsisté très avant dans nos campagnes, adoptées et baptisées par les ministres de l'Évangile, avec de véritables croyances superstitieuses et inhibantes. Mais pour peu que l'on pénètre sans arrière-pensée l'étude des mentalités, on est obligé de faire la distinction entre la danse autour de l'arbre des fées qui se pratique au temps de Jeanne d'Arc et la croyance aux fées qui, elle, a tout à fait disparu. Il suffit de comparer en esprit ce qui se passe encore de nos jours en Inde, où des tonnes de céréales sont toujours la proie de rongeurs qu'il est impie de détruire, ou en Afrique où certaines craintes révérencielles paralysent les efforts de développement, ou encore dans les pays musulmans où sont prohibés alcool ou viande de porc, avec cette capacité d'adoption comme d'adaptation qui se manifestait à l'époque féodale, dans l'Occident comme dans l'Orient chrétien, stimulée par la disparition de l'esclavage qui incite à l'invention technologique pour trouver précisément les moyens de « dominer la terre ».

C'est dans ce « climat culturel », pour reprendre l'expression de Lynn White, que nous devons imaginer la femme en milieu rural. Certes, ni la peine ni le travail ne sont supprimés ; le paradis sur terre n'est pas instauré, mais cette atmosphère particulière est l'une des raisons profondes de l'indéniable prospérité que nous constatons durant les trois siècles de l'époque féodale.

Cette prospérité matérielle et spirituelle se révèle de manière irrécusable dans la présence de ce bâtiment à usage commun qu'est par excellence l'église chrétienne, qui, au contraire du temple antique réservé aux prêtres, est conçue pour l'ensemble des fidèles. Dès qu'une poignée d'hommes est réunie en un territoire quelconque, ils éprouvent le désir de transcender le seul besoin matériel et consacrent une partie de leurs ressources à élever une église. L'église est à la fois le symbole tangible de la collectivité, de l'aisance — souvent très relative — de ses membres, et de leur aspiration à se dégager du quotidien pour s'élever. Or, aujourd'hui encore, même dans les villages que nous considérons comme « les plus reculés », on retrouve sinon toujours une église parfaitement conservée, du moins sa ruine, sa trace. Combien de ces églises sont juchées en des lieux que nous jugeons aujourd'hui « inaccessibles », en dépit de nos moyens techniques !

Ces prouesses techniques, longtemps méconnues ou méprisées par des siècles qu'aveuglait l'académisme, provoquent aujourd'hui notre admiration. Or, contrairement à ce qu'on a pu croire, si une partie de ces édifices ont été élevés par les ordres religieux qu'on peut justement considérer comme des éducateurs de nos campagnes, beaucoup n'étaient que de petites paroisses rurales : à ne vouloir citer que les exemples les plus spectaculaires dans le domaine de la fresque romane en France, si Saint-Savin-sur-Gartempe est une abbatiale, si Tavant est un prieuré dépendant de Marmoutier, en revanche, les fresques surprenantes de l'église Saint-Martin de Vicq, celles si harmonieuses de Brinay, décorent de modestes églises de paroisses campagnardes ; et c'est par centaines qu'on pourrait citer de minuscules hameaux gardant de l'époque romane ou préromane ne fût-ce qu'un portail, un chapiteau ou au contraire toute une structure qui les fait participer à ce vaste mouvement artistique que nous englobons aujourd'hui sous le nom d'art roman. Or, il est frappant de constater que seul notre Occident et le Proche-Orient chrétien fournissent à une telle échelle et dans une telle proportion des témoins d'un art ainsi disséminé et localement vivant ; impossible donc de parler de sous-développement, en tout cas pour l'époque féodale ; impossible aussi de voir là autre chose qu'une manifestation culturelle spontanée répandue dans le monde rural aussi bien que dans les villes ; et c'est un caractère de la vie des campagnes qui n'a pas particulièrement frappé les historiens, mais dont la vérification est à la portée du touriste le moins averti.

Outre ces signes irrécusables, il semble de plus en plus évident, à la lumière des études récentes, que, jusqu'aux catastrophes du XIVe siècle (famine de 1315-1317, peste de 1348 et guerres franco-anglaises), une prospérité certaine a régné dans le monde rural en France, et que les conditions de vie y apparaissent sensiblement différentes des tableaux qu'une histoire passablement routinière, et prenant appui sur des préjugés plutôt que sur des faits, en a tracé jusqu'ici. Et dans ce cadre la place de la femme dans le monde rural en France n'a rien à voir avec celle de la femme en pays sous-développés, comme tant de régions d'Afrique, d'Asie ou d'Amérique du Sud nous en offrent, hélas ! encore aujourd'hui l'image. L'ensemble de ces travaux amènent à corriger une idée pourtant bien ancrée dans notre mentalité : à savoir que la vie des campagnes est vouée à un sous-développement pratique, l'industrie étant le seul facteur de richesse et accompagnant nécessairement tout progrès culturel. Il importe pour notre sujet de reconsidérer ce préjugé si l'on veut se faire une idée plus exacte de la vie quotidienne du monde rural, c'est-à-dire des neuf dixièmes de la population en France et plus largement en Europe à partir du Xe siècle ou environ.

2

Maîtresse de maison

Dans son introduction au colloque de Poitiers tenu en 1976 sur *La Femme dans les civilisations des Xᵉ-XIIIᵉ siècles,* Robert Fossier termine sur une constatation importante : « Dans l'histoire de l'Occident, au cours de ces deux ou trois siècles, les deux principales conquêtes de l'homme ont été l'établissement de la cellule conjugale, du couple, comme cadre normal d'existence familiale, et nous vivons encore sur cette conquête ; et, d'autre part, la mise en place de la maison..., organe premier et fondamental de la vie collective, de la vie seigneuriale. Dans ces deux cas, c'est la femme qui apparaît au centre de ces cellules, noyau sans lequel ces cadres n'existeraient pas, cheville ouvrière de toute cette construction[32]. »

Evoquant au passage les ressources de l'archéologie pour la connaissance de ce rôle de la femme, il remarquait, au cours de son exposé : « En examinant le cadre matériel de cette vie de tous les jours, en inventoriant ce que nous ont laissé les villages et les maisons qu'on y fouille, ce qu'on y trouve, au fil des siècles, ce sont des objets ou des restes d'objets qui ont la particularité, dans une proportion écrasante, d'avoir été ceux dont usaient les femmes, objets de toilette, fragments de miroir, agrafes, perles, colliers ; ce sont aussi des objets d'usage culinaire, d'artisanat domestique ou nécessaires à la conservation des réserves domestiques, ciseaux, aiguilles, cruches, etc. » Et d'ajouter : « Alors qu'il est évident que c'est la maison qui forme la cellule essentielle de la vie, si, comme il est certain, la femme y règne, c'est bien elle et non l'homme qui occupe le centre de la société.»

Cette maison où règne la femme, on peut l'imaginer à travers un petit poème des premières années du XIIIe siècle, qui s'intitule *L'Outillement au vilain*[33]. Il nous décrit sous une forme plaisante tout ce qui est nécessaire au «vilain» — entendons l'homme de la campagne (de *villa* qui continue à désigner le domaine rural) — pour s'établir et se mettre en ménage. D'abord, il lui faut la maison elle-même, bien entendu, et après, ajoute-t-il dans sa langue savoureuse: «Et bordel et buron: en l'un mette son grain et en l'autre son foin.»

Les deux termes, qui désignent seulement deux cabanes ou réserves, se sont conservés, l'un dans le langage courant avec le sens que l'on sait, l'autre dans le «buron auvergnat».

Dans la maison, le jongleur note d'abord, comme il convient, le foyer pour lequel il faut «bûches au bûcher», et il n'oublie pas le «bacon» qui doit pendre sous le manteau de la cheminée; à portée de main, une buire (cruche) pour l'eau du ménage. Parmi les autres meubles, il nomme d'abord «la cuve à baigner», puis le banc et la «table à manger» ainsi que la huche, ensuite, le «chaalit à gésir» et «la maie à pétrir», autrement dit: le lit et le pétrin.

Le foyer est détaillé avec les accessoires du feu et de la cuisine: la crémaillère de fer, la lampe pour l'hiver, la poêle, le landier, «et le pot et la louche» pour le potage, le gril et le croc pour retirer la viande du pot, le soufflet, les tenailles et le mortier, le moulinet à main, le pilon et la pilette, plus petite probablement, enfin le trépied et le chaudron, plus la claie sur laquelle s'égouttera le fromage. On mentionne encore le saloir, les hanaps, les écuelles, les plateaux, les formes à fromages, le couteau à pain. Il est curieux de voir mentionner la lancette «pour saigner»; mais on sait que la saignée faisait partie de la médication courante. Bien entendu, les aiguilles et les forces ou ciseaux.

L'auteur énumère assez rapidement les vêtements: souliers, bottes légères d'été, chausses, houseaux (bottes de cuir dont se servent toujours les cavaliers), cottes et surcots, chaperons et chapels, courroies, coutelières (étuis à couteau), bourses, aumônières et moufles «bien cuirées» (garnies de cuir à l'intérieur) pour les travaux des champs et notamment pour se protéger des épines et tailler les haies qui entourent la maison.

En revanche, le poète devient prolixe quant au trousseau du bébé à naître : il faut faire le berceau avant sa naissance et avoir beaucoup de linge et de litière (paille pour les paillasses à remplacer souvent) ; des augets (petite auge, baquet pour son bain) et des cuvettes qu'on appelle gentiment «minettes». Comme il s'agit des biens d'un paysan, on n'oublie pas la vache à lait pour allaiter l'enfant quand il sera sevré : sage précaution pour lui éviter d'éveiller la maisonnée par ses cris pendant la nuit. De fait, le biberon existait sous forme de petit pot muni d'un bec à versoir auquel on fixait un linge sur lequel l'enfant tirait, comme aujourd'hui sur la tétine. Tous les autres outils énumérés concernant le travail de la terre, depuis la «charrette à charrier» jusqu'à l'aiguillon des bœufs, la serpe, la faucille, la bêche, la fourche et le fléau, le rabot et le râteau, etc.

C'est là l'équipement des simples paysans ; il ne variera guère jusqu'en notre XXe siècle ou en tout cas jusqu'au XIXe , époque où quelques instruments nouveaux ont été introduits, comme le sécateur s'ajoutant à la serpe d'antan.

Un autre poème, dû à la plume fertile d'Eustache Deschamps, se lance dans une énumération qu'on peut mettre en parallèle avec la précédente. Mais, outre qu'il s'agit d'une ballade composée un siècle et demi ou davantage après *L'Outillement au vilain* (Deschamps est né en 1346), ce sont les biens d'un ménage bourgeois, c'est-à-dire citadin, qu'il détaille.

Les meubles d'abord font l'objet d'un bref inventaire où l'on retrouve couvertures, coussins, lit et «fourrage» c'est-à-dire paille pour les paillasses, ou fourre, soit la laine à matelas. Puis les «fourmes» (sans doute les coffres) et «bancs de tables et tréteaux» ; en effet, la table n'est alors généralement qu'un assemblage de planches, d'où mettre la table, qui signifie la poser sur les trétaux à l'heure des repas ; la table fixe, dite «dormante», n'est pas un meuble courant, quoiqu'on la trouve mentionnée dès le XIIIe siècle.

Si la série des ustensiles de cuisine tient en un seul vers :

Ecuelles, pots, poêles, plateaux,

les accessoires des travaux de dames sont plus longuement détaillés : quenouilles, hasples (dévidoirs), fuseaux, aiguilles, fil, soie, écheveaux ; le fait qu'il y ajoute l'or fin de Chypre indique qu'il parle d'un ménage bien pourvu ; puis viennent

... coffres ou écrins
Pour leur besogne héberger (enfermer)
Miroirs, peignes à peigner leurs crins (cheveux).

L'éclairage est résumé en un vers :

Torches, cire, cierges, flambeaux

et de même les ustensiles de l'hygiène :

Chaudières, baignoires et cuveaux ;

enfin, l'enfant tient autant de place que la dame :

Pour enfant faut bers (berceau), drapeaux (langes),
Nourrices, chauffettes et bassin (réchaud et cuvette),
Toilette à faire le papin (bouillie),
Lait et fleur (de farine), lever et coucher,
Les apaiser soir et matin.

Le dernier vers faisant sans doute allusion aux bains qu'on leur donnait deux fois par jour, comme l'indique Vincent de Beauvais en parlant des soins de la petite enfance.

Et le même Eustache Deschamps nous décrira, dans un cadre rural, une maîtresse de maison très affairée :

J'ai le soin de tout gouverner,
Je ne sais pas mon pied tourner
Qu'en vingt lieux ne faille répondre.
L'un me dit : ces brebis faut tondre ;

L'autre dit : ces agneaux sevrer ;
L'autre : il faut aux vignes ouvrer, etc.

Il est évident que les occupations domestiques devaient être absorbantes pour les femmes de tous états, depuis le matin où on nous les montre secouant les tapis ou balayant la *jonchée* de la veille — suivant la saison de la paille ou des herbes fraîches ; en fait, il s'agissait souvent de joncs frais, d'où le nom, mais parfois, dans les grandes circonstances et si la saison le permettait, de plantes aromatiques comme la menthe ou la verveine. Soin quotidien aussi que de rallumer le feu : dans la cheminée, la veille au soir, on a réservé quelques braises soigneusement rassemblées sous la cendre, et l'on s'active à les ranimer. Puis on doit chercher l'eau à la fontaine publique si la maison est dépourvue de puits.

Tout cela n'a guère changé à travers les temps (en tout cas jusqu'aux XIXe siècle ou même XXe), pas plus que la préparation des repas ; ceux-ci présentent d'ailleurs une grande variété au long de l'année, d'abord parce que les moyens actuels de conservation sont inconnus, mais aussi parce que les prescriptions de l'Église amènent à varier considérablement les menus d'une semaine ou d'un jour à l'autre.

La base de l'alimentation, c'est la viande ; il est significatif que le mot soit dérivé de *vivenda,* les vivres ; dans la plupart des moulins on trouve, à côté des meules à froment, une meule à moutarde — le seul épice, avec le safran, qu'on ne soit pas obligé de faire venir à grand frais d'Orient ; or la moutarde accompagne inévitablement la viande de boucherie, bœuf, veau, mouton, ou encore les volailles et le gibier. (On sait que la chasse n'a été réservée à la noblesse qu'à l'extrême fin du Moyen Age : en 1397 dans le domaine royal, beaucoup plus tard dans certaines régions comme la Provence où le roi René ne l'interdit qu'en 1451).

Se priver de viande est donc la pénitence par excellence, que l'on pratique chaque vendredi et souvent le samedi, aux veilles de fête (les « vigiles »), à chaque changement de saison (« les quatre temps »), et pendant le carême, quarante jours avant Pâques, le mercredi, ce troisième jour s'ajoutant aux deux autres. Il est saisissant de trouver dans tel relevé de comptes d'un grand seigneur où sont quotidiennement mentionnées les dépenses de cuisine, que le vendredi saint la page porte simplement *nichil* (rien). Les jours « maigres » on ne consomme que du poisson ; poisson d'eau douce qui foisonnent dans les étangs, viviers et rivières ou, de préférence, poisson de mer ; en Provence, le péage de Valensole lève les taxes sur les poissons frais amenés de la côte, c'est-à-dire à quelque cent ou cent cinquante kilomètres de là ; bien entendu le péage est fermé pendant les mois chauds, de juin à la fin de septembre.

On est aujourd'hui assez bien renseigné sur les recettes de cuisine médiévale : en dehors des recueils les plus connus, comme *Le Ménagier de Paris* ou *Le Viandier de Taillevent,* on doit à l'historienne Marianne Mulon la publication de deux traités d'art culinaire datant du XIVe siècle[34] ; on y trouve la recette des raviolis, préparés sensiblement comme aujourd'hui avec de la viande de porc, des herbes, des épices et cuits soit dans de la pâte, soit dans du boyau ou de la panne de porc ; et encore des rissoles qui sont frites ou mises au four ; ou des lasagnes à propos desquelles on insiste sur le fait qu'il faut y mélanger beaucoup de fromage râpé, et qu'on les mange plus facilement en les roulant sur une baguette ! Les crêpes font partie de la cuisine courante, de même que les beignets qu'on confectionne avec des fleurs de sureau jetées dans la pâte, puis cuites délicatement dans l'huile bouillante.

On aime à l'époque les pâtés et les tartes ; on prépare toutes sortes de viandes farcies dans lesquelles chair et mie de pain sont pilées plutôt que hachées, et des sauces à base de chapelure plutôt que de farine et d'œufs ; elles sont toujours relevées de quantités de condiments dont l'usage a stimulé de façon incroyable le commerce des épices. En effet, à l'hysope, au persil, à la sauge, et autres plantes à usage mi-médicinal mi-culinaire qui poussent dans tous les jardins, on ajoute l'anis, le cumin, la cannelle, voire les produits plus rares comme le gingembre, la noix muscade, la cinamome, etc., qu'il faut se procurer au Proche-Orient.

On est surpris aussi de la grande consommation qu'on fait du vinaigre et du verjus tiré de la vigne au printemps. Enfin, le poivre est si apprécié qu'en certains lieux il est spécifié que les redevances ou impôts divers seront payés en poivre.

Les livres de recettes font aussi place aux légumes qui sont l'ordinaire des moines, des moniales et des pauvres gens : choux verts et choux blancs relevés de fenouil, épinards qu'on assaisonne avec un soupçon de safran, courges longues (et non le potiron qui a été importé d'Amérique, comme le haricot, la tomate et la pomme de terre), courgettes et concombres. Fèves et pois font l'ordinaire, le plat de base, des religieux et des simples gens ; on sait que les pois bouillis figurent encore qutodidiennement sur la table dans les pays anglo-saxons ou scandinaves ; avec les pois chiches, les lentilles, les poireaux, ils entrent dans la préparation des soupes qui sont nombreuses et dans lesquelles on « trempe » le pain. Les œufs enfin sont largement utilisés : saint Bernard, qui s'élève contre les raffinements de cuisine au XIIe siècle, les trouvant exagérés, blâme ces cuisiniers qui mettent toute leur habileté à les « dénaturer », les liquéfier, les faire durcir, réduire, frire, rôtir, farcir ou brouiller.

Il est bien évident que pour la vie courante la préparation de ces différents mets incombait aux maîtresses de maison et que, comme aujourd'hui encore, on appréciait en famille les desserts : ainsi le blanc-manger, fait de riz bien cuit à l'eau claire et préparé avec du blanc de poulet, du lait d'amande et du sucre ; ou encore ce que nos traités de cuisine appellent le *mistembec,* espèce de beignets arrosés de sirop de sucre et de miel, ou la fouace, sorte de pudding ou gâteau aux œufs. Cependant — et il en est aussi de même aujourd'hui — la cuisine n'est pas l'apanage exclusif de la femme : les hommes y prennent une large part, à commencer par les rôtisseurs et les *chaircuitiers,* que nous nommerions les traiteurs et d'où est venu le mot charcutier. En ville surtout, on mange nombre de plats préparés et l'on vend beaucoup de sauces toutes prêtes aussi, notamment la sauce à l'ail que de nos jours on consomme surtout en Provence et qui alors est partout appréciée. Ce qui semble avoir été davantage le domaine de la maîtresse de maison, ce sont les réserves (volailles en confit, jambons et bacons salés ou fumés) et les conserves mises en pot pour l'hiver, les confitures à base de miel ou, dans les pays où la vigne est abondante, de raisiné.

Quant à la vaisselle, elle est plus simple qu'aujourd'hui ; on mange généralement les viandes sur une tranche de pain ; la pratique s'en est conservée jusqu'à nos jours avec le sandwich ; dans les châteaux ou chez les gens riches, le *pain de tranchoir* est ensuite jeté aux chiens, qui sont nombreux et qui, sur les miniatures, rôdent inévitablement autour des tables ; chez les pauvres gens, on le mange. Le pain, on le sait, est resté, en France surtout, la base de l'alimentation jusqu'en notre XXe siècle.

Le domaine de la cuisine ou des conserves est donc le plus souvent l'apanage des femmes, de même que ce qui touche à la santé et à l'hygiène : on trouve un grand nombre de manuscrits souvent inédits, qui vont de la médecine proprement dite aux simples conseils de diététique ; parmi eux, quelques-uns s'adressent spécialement aux femmes ; ainsi ces deux traités de gynécologie que mentionne Eileen Power, l'un à Londres, l'autre à Oxford[35]. Quelques villes étaient réputées pour leurs écoles de médecine, en particulier Salerne en Italie, mais aussi Florence et Avignon où a vécu un « cyrurgien » réputé, Guy de Chauliac, qui y compose sa *Chirurgia magna ;* elle comporte beaucoup de recettes d'onguents et emplâtres divers ; un autre personnage qui vivait vers 1350 à Maillane, non loin d'Avignon, nommé Peyre de Serras, s'est particulièrement intéressé aux détails de la médecine féminine, auxquels il consacre tout un traité, récemment publié, où il dit comment soulager la dame qui *retenga son fruch* (qui a du mal à accoucher), celle qui a des menstrues douloureuses ou qui éprouve *dolor de las mamellas :* il lui faut boire une infusion de racines d'hieble (en provençal *evol*) macérées dans du vin pendant neuf jours consécutifs ; il a ajouté pour plus de sûreté un emplâtre à base de sang de porc à appliquer sur le sein douloureux[36]. Ce chapitre de la médecine médiévale reste à étudier, alors même que les préjugés concernant l'hygiène de ce temps disparaissent peu à peu. On lui attribuait volontiers autrefois la même malpropreté qu'aux XVIe et XVIIe siècles, durant lesquels l'usage des bains, on le sait, s'est raréfié, alors qu'il était très courant aux XIIe-XIIIe siècles : bain que l'on prend chez soi, dans sa chambre, ou aux bains publics et aux étuves ; il n'y en avait pas moins de 26 à Paris en 1292, ouverts chaque jour sauf dimanches et jours de fêtes, et c'est l'un des « cris » familiers de la ville que, de bon matin, celui des étuviers ; on connaît même leurs tarifs : 2 deniers pour le bain de vapeur, 4 pour le bain d'eau tiède.

3

Féminité

Les préceptes d'hygiène amènent tout naturellement à parler des recettes de beauté. On en connaît de tous genres, depuis les onguents et autres crèmes à base de saindoux, d'huile d'olive, de lait d'amande, en passant par les lotions faites de plantes macérées ou bouillies parfois dans du vin (mauves, violettes, feuilles de sauge, etc.), jusqu'aux teintures pour les cheveux dans la composition desquelles entrent souvent des produits d'Orient ; il en est de même des parfums, généralement à base de musc. Des traités entiers ont été composés sur ce sujet ; ainsi cet *Ornatus mulierum* (Les Ornements des dames), où l'on trouve des recettes pour prévenir les rides, guérir les dartres, blanchir les dents, épaissir les cheveux, etc.

Et le complément est fourni par les moralistes qui, eux, vitupèrent contre semblables artifices :

De vive chaux et d'orpiment
Au poil ôter font un ciment

gronde Étienne de Fougères, évêque de Rennes au XIIe siècle, critique sévère de la coquetterie :

Des dames et des demoiselles,
Des chambrières, des ancelles (servantes)...
Se fait, de laide femme, belle,
Et de putain se fait pucelle...

Vers la même époque, ou un peu auparavant, un autre évêque de Rennes, Marbode, faisait dans ses poèmes l'éloge de la reine d'Angleterre qui possède naturellement, dit-il, ce que tant d'autres n'ont que par artifice : « Celles-ci simulent ce que la nature leur a refusé, elles peignent d'un lait blanc leurs joues trop rouges, leur visage est coloré de teintes artificielles ; un bandeau comprime les seins lourds de certaines d'entre elles, et leurs vêtements ajustés allongent leur taille ; celles-ci épilent sur le front élargi les cheveux, et tentent de plaire avec leurs coiffures frisottées. »

Médecine ou hygiène, tous les traités de l'époque recommandent la propreté aux femmes ; saint Jérôme déjà blâmait les religieuses qui confondent sainteté et saleté ! Et certaines règles recommandent aux moniales de se laver autant qu'elles le voudront et en auront besoin. On a relevé, ici et là, les conseils de propreté donnés aux femmes : se laver chaque matin les mains, les bras, la figure, veiller aux ongles et aux dents, avoir celles-ci toujours « écurées, fourbies et frottées » ; se laver la tête fréquemment, être bien coiffée ; nos musées conservent un certain nombre de peignes d'ivoire, d'os ou de buis.

Le costume féminin est à la fois simple et bien adapté aux formes du corps humain ; ménageant leur silhouette, les femmes soutiennent leur poitrine avec un voile léger ou des bandelettes ; elles portent, comme les hommes, une chemise de toile, plus ou moins fine suivant leurs ressources et aussi celles de la région, lin et chanvre n'étant pas cultivés partout ; par-dessus la chemise, elles mettent ou non une sorte de corset piqué, le doublet, puis elles enfilent la cotte.

La cotte, qu'il s'agisse des hommes ou des femmes, est un vêtement de dessous, celui qu'on met immédiatement sur la chemise de toile. Pour les femmes, elle est ajustée par des laçages devant, sur les côtés ou derrière ; elle s'évase dans le bas, formant des plis jusqu'aux pieds ; les manches sont généralement très courtes, ou inexistantes ; des paires de manches ajustées sont ensuite fixées ou cousues ; puis on revêt le surcot, habit de dessus : un corsage découpé sans manches et une jupe traînante ; sur le tout on pose encore le mantel ou manteau, généralement taillé en rond et retenu par une agrafe sur le devant, parfois fendu sur le côté ; enfin, la chape longue, ouverte devant, et qui, munie d'un fermail ou d'une pièce d'orfèvrerie qui la retient à la poitrine, est généralement, en tout cas comme pièce d'apparat, faite d'étoffe précieuse, finement travaillée.

Des études très précises ont été faites récemment sur le costume à la cour d'Anjou, aux XIVe et XVe siècles, d'après les inventaires et les rôles de comptes[37]. A cette époque, le luxe vestimentaire, surtout dans les milieux princiers, ne connaît pas de bornes et suscite souvent la réprobation des chroniqueurs. Il nous vaut en tout cas des descriptions ravissantes dans leur précision, un peu comme les miniatures du même temps.

On ne peut résister au plaisir de citer celle du vêtement offert à la duchesse Marie par son époux Louis Ier d'Anjou, vers 1374. Il est « tout de velours violet brodé d'arbrisseaux dont chacun a trois grandes feuilles d'or bien étranges, dit le texte de l'inventaire, et les tiges desdits arbrisseaux et les branches, qui sont trois sur chaque arbre, sont brodées de perles assez grossettes, et sur la tige il y a deux voies et sur chaque branche une voie, et partent lesdits arbrisseaux de terrasse verte brodée de diverses soies ou de fil d'or, et sur le bout de chaque branche il y a trois grossettes perles en trèfle, et dessous elles une petite pierre de verre vermeil enchatonnée. Et sur la chape de la robe il y a environ 508 arbrisseaux, sur le surcot ouvert long environ 766, sur le mantel long environ 530 et sur la cotte simple environ 246, et ainsi sont partout sur les quatre garniments 2 050 arbrisseaux de la devise ci-dessus décrite, et peut-il y avoir en tout environ 12 004 onces ». On imagine à cette lecture l'admirable travail de broderie, et la richesse, pour nous à peine concevable, de ces « garniments ». Il s'agit, il est vrai, d'un vêtement de grand apparat destiné à une princesse de sang royal.

La suite de l'inventaire comporte des détails sur quelques autres vêtements comme ce « corset court de velours... rose, brodé d'ancolies de perles ». Le corset désigne à cette époque généralement une cotte ou un surcot. Et la description se poursuit : « Et les perles des bas feuillages sont plus menues que celles des hauts. Et sur les hauts il y a quelques perles plus grosses que les autres et entre les feuillages des ancolies, il y a fils d'or entiers qui soutiennent et affinent l'œuvre. Et partout sont sur ledit corset environ 454 ancolies. Et pour mettre sous ledit corset il y a une manche d'écarlate vermeil brochées... et sur elles il y a 60 de pareilles ancolies... » Tel autre « corset » est brodé de feuilles d'épines avec des couronnes et sur ces couronnes des trèfles en fleurons. D'autres vêtements sont brodés d'aigles affrontés, de tresses, de pommes de pin, etc. On imagine la richesse de semblables vêtements aux traînes ruisselantes de perles et de pierreries, portés dans les circonstances solennelles pour lesquelles Marie d'Anjou se coiffe de « cercles d'or » souvent ornés de rubis, émeraudes et perles, chefs-d'œuvre de certains orfèvres parisiens comme ce Claux de Fribourg mentionné dans les comptes du duc.

Bien entendu les dépenses de toilette varient avec les personnes. C'est ainsi que, une centaine d'années plus tard, toujours à la cour d'Anjou, on a pu noter la modération des achats de la reine Jeanne de Laval, épouse du roi René, alors que la jeune duchesse de Calabre dépense deux fois plus que son mari Charles du Maine, plus même que le roi René. La reine Jeanne achète volontiers des draps de laine, alors que pour la duchesse de Calabre ce sont des soies du plus haut prix. Ces soieries viennent généralement de Gênes ou de Venise. Ce sont des satins, des taffetas parfois damassés, des velours ; on aime toujours les teintes éclatantes : le cramoisi, rouge vermeil que produit la graine de kermès (cochenille) venue d'Orient, le violet, le jaune ; il est significatif que le velours noir soit vendu moins cher, sauf lorsqu'il est damassé. Parfois, on signale des soieries de diverses couleurs « barrées de blanc et de rouge », « violettes et rayées de raies noires », « mouchetées de rouge et de blanc », etc. Les tissus précieux, on les retrouve alors sur les tableaux comme le fameux *Buisson ardent* de la cathédrale d'Aix-en-Provence, ou sur les manuscrits, comme le *Livre du Cœur d'amour épris* ou le beau *Livre des tournois du roi René.*

La reine Jeanne de Laval, sur le retable du *Buisson ardent,* porte un surcot d'hermine fendu sur les côtés, qui laisse paraître sa cotte de velours très ajustée avec manches de velours également. Assez souvent, en effet, la cotte laisse voir les manches de toile de la chemise.

Pour les femmes, les chausses sont des vêtements de dessous, le plus souvent en drap noir, couvrant pieds et jambes. La bottine, qui peut monter assez haut, jusqu'aux genoux, comme une sorte de bottes, est la chaussure féminine la plus répandue avec les souliers à double semelle, faits de fin cuir ; enfin, on trouve ce qui figure dans les comptes sous le nom d'*estafignons,* qui sont des chaussures basses en drap ou en cuir, probablement chaussures d'intérieur.

Quant à la coiffure, on sait ce que fut, notamment entre 1440 et 1480 environ, la mode du hennin, à une seule ou à deux cornes, en toile, en satin, en velours et taffetas.

L'auteur du roman intitulé *Galeran de Bretagne* nous montre l'héroïne tressant en natte la moitié de ses cheveux, partagés par une raie au milieu de la tête, tandis que

> L'autre a délivre et sans destresse,
> (libre et sans contrainte)
> Qui lui ondoient vers la face,
> Tant que le doigt les en rechasse.

Geste féminin qui suffit à faire surgir une silhouette, à dépeindre l'habitude, familière à la fillette, de rejeter en arrière les cheveux demeurés libres dans sa coiffure insolite ; dont la description nous rappelle toutes les fantaisies des modes successives, jusqu'aux costumes mi-partis, aux poulaines démesurées, aux hennins pointus du XVe siècle.

Elle est très caractéristique de l'époque féodale, cette évocation par un geste, une attitude typique. On pense à Uta qui, au portail fameux de la cathédrale de Naumbourg, dissimule à demi son visage du col de son manteau dont elle a ramassé les pans sur le bras gauche, à Reglindis au sourire épanoui, qui lui fait pendant, et qui tire sur l'attache du vêtement qui lui couvre les épaules en un geste maintes fois répété dans la statuaire. Plutôt que des descriptions minutieuses, c'est en effet par des mouvements, des attitudes de ce genre qu'on se plaît à imaginer les êtres de ce temps, hommes ou femmes. Il faut ici faire appel à une iconographie extrêmement riche, justement, de ce répertoire de gestes et d'expressions familières: celle qui caractérise les personnages peuplant, par exemple, à la cathédrale d'Amiens, les petits tableaux du soubassement du portail, ou un peu plus tard, de même, à la cathédrale Saint-Jean de Lyon.

Il faudrait passer en revue les sceaux de l'époque — arrondis pour les hommes, ovales pour les femmes — dans lesquels elles tiennent une fleur, un oiseau, ajustent comme Reglindis l'attache du manteau, chevauchent, un faucon au poing; il n'est pas un pli de leurs robes qui ne souligne le corps, qu'on devine dans le mouvement qu'il esquisse. Alors que l'art classique représente des corps à l'arrêt, détaillés pour eux-mêmes, aux temps féodaux, c'est le geste, le mouvement qui comptent[38]. Il s'agit indubitablement d'une civilisation pour laquelle l'expression corporelle eut une grande importance, et l'on comprend que le théâtre y ait été considéré comme moyen d'éducation.

Une source essentielle nous fait pourtant défaut: plus qu'aux sculptures, qu'aux tapisseries assez tardives et souvent un peu hiératiques (pensons à l'admirable *Dame à la licorne* du musée de Cluny dont les gestes sont si expressifs, encore que statiques), c'est aux enluminures de manuscrits qu'il faudrait pouvoir recourir, répertoire illimité de ces gestes par lesquels s'expriment dans leur infinie diversité quelque cinq siècles de civilisation. Or, la plupart des miniatures nous demeurent encore cachées (en un temps où les moyens de reproduction pourraient si aisément nous les restituer !). Lorsque sera enfin révélée au public cette source, la plus importante de beaucoup pour la connaissance de notre passé, on pourra apprécier la qualité d'expression dont elle témoigne, signifiant intention et acte des personnages avec une précision, une justesse qui n'enlèvent rien à la valeur artistique de l'image. D'ici là, il faut nous contenter des trop rares reproductions attestant cette recherche du «mouvement qui crée le corps», plutôt que d'une immobile perfection.

Remarquons, d'ailleurs, qu'on ne peut interpréter sans certaines précautions les sculptures des portails ou des chapiteaux de nos églises ; dans la plupart des cas, l'iconographie ne nous apporte pas ce que nous souhaiterions, habitués que nous sommes à la photographie de la vie quotidienne. Certains historiens, par exemple, ont voulu chercher à travers cette iconographie la place tenue par la famille, la femme, l'enfant ; ils ne pouvaient aboutir qu'à des erreurs souvent naïves puisque, l'image étant d'ordre religieux en totalité jusqu'au XIIIe siècle, et pour la plus grande partie plus tard encore, le seul enfant représenté sera le Divin Enfant ; la femme n'y apparaît que sous les traits de Notre Dame ou de figures bibliques, Judith, la reine de Saba, les vierges sages et les vierges folles, etc. Même quand, au XIIIe siècle, la vie profane sera retracée, il faut toujours se poser la question de savoir si l'on ne se trouve pas devant des figures symboliques. Le symbole est plus familier à la mentalité du temps que ne peut l'être la représentation exacte, au premier degré. Ainsi a-t-on cru pouvoir reconnaître des femmes au travail dans les statues du portail nord de Chartres qui montre en effet des femmes maniant des instruments pour traiter la laine ou le lin : le peigne à carder, la cuve de teinturerie, etc. ; mais ces femmes, en l'occurrence, incarnent la vie active par opposition à la vie contemplative ; de même que d'autres femmes, toujours à Chartres, figurent les arts libéraux, grammaire, rhétorique, dialectique, ou encore les vertus cardinales. Si bien que les attributs qu'on trouve entre leurs mains ne sont pas plus significatifs du travail féminin que les outils du cardeur ou du tisserand sur le portail nord.

Qu'elle ait, ou non, valeur allégorique, jamais iconographie n'a plus complaisamment détaillé les gestes familiers, le travail manuel ; même si c'est pour représenter les saisons de l'année, les signes du zodiaque, les vertus et les vices, peintures et enluminures composent une véritable litanie des gestes usuels qui s'insère dans l'édifice religieux avec une aisance que l'on ne retrouvera plus par la suite ; et l'on comprend, quand on considère la mentalité parfaitement antinomique sur ce point qui règne au XVIIe siècle, le dégoût que pouvait inspirer cet art qu'on nommait alors « gothique » par mépris : paysans ou paysannes en train de se chauffer devant la cheminée, de filer la laine, de labourer, bêcher, semer, tuer le porc ou tailler la vigne, tout cela ne pouvait se concevoir dans la chapelle de Versailles ou à Saint-Sulpice !

Pour en revenir au type idéal de la femme aux temps féodaux, celle que, dès le XIIe siècle, incarne l'Eve d'Autun, gracieuse, inquiétante dans sa souplesse presque féline, nombre d'œuvres littéraires ou philosophiques l'ont évoqué. Il y a d'abord ces portraits assez laborieux tracés par des clercs comme Mathieu de Vendôme : celui de la belle Hélène, comparant ses dents à l'ivoire, son front au lait, son cou à la neige, ses yeux aux étoiles, ses lèvres aux roses, et parcourant ainsi un corps sans défaut, sans oublier « la demeure délicieuse de Vénus » ; à quoi répond d'ailleurs l'antithèse d'Hélène, Béroé la laide, au teint livide, au visage horrible, œuvre d'une nature déficiente, d'aspect sordide, etc. Exercices d'école plus ou moins inspirés d'Ovide sur lesquels tranchent les poèmes d'un Baudri de Bourgueil en latin, d'un Chrétien de Troyes et nombres d'autres poètes en français ; ainsi Enide telle qu'elle apparaît à Erec :

De vrai vous dis qu'Iseut la blonde
N'eut cheveux si blonds ni luisants :
Auprès d'eux ils seraient néant.
Elle avait plus que fleur de lys
Clair et blanc le front et le vis (visage) ;
Sur la blancheur, par grand merveille,
D'une couleur fraîche et vermeille
Que nature lui eût donnée
Etait la face enluminée.
Les yeux si grand clarté rendaient
Qu'à deux étoiles ressemblaient...
Ainsi Enide était plus belle
Que nulle dame ni pucelle
Qui fût trouvée en tout le monde.

Visiblement, l'idéal de beauté est clair et blond ; on peut penser que dans cette vie de plein air qu'avaient la plus grande partie des femmes comme des hommes, en un temps où l'on circule énormément bien que les moyens de transport fussent rares, où l'on vit beaucoup en contact avec la nature, les teints hâlés étaient fréquents et partant moins appréciés. Ainsi la belle Euriant est-elle décrite dans le *Roman de la Violette:*

> Gente fut de corps et adroite,
> Par flancs déliés et étroite.

Silhouette svelte donc, aux hanches souples :

> Hanches eut basses sous la ceinture,
> Et moult fut de belle stature
> Chef eut crêpé, luisant et saur,
> De couleur ressemblait d'or.

La chevelure frisée et dorée sera l'apanage de la plupart des héroïnes de roman : souvenons-nous d'Iseult la blonde !

> Front eut blanc com(me) verre poli...
> Elle avait les sourcils brunets,
> Les yeux avait et clairs et nets,
> Le nez avait droit et traitis (étroit, fin)...
> La rose qui naît en été
> Quand s'entrouvre la matinée
> N'est pas si bien enluminée
> Comme elle eut la bouche et la face.

On pourrait poursuivre et retrouver un peu partout le même type ; ainsi, dans l'une des versions du *Roman d'Alexandre,* le héros se plaît à évoquer, la nuit, Soredamor,

> ses yeux clairs qui
> Semblent deux chandelles qui ardent (brûlent).

Il revoit en songe :

> Le nez bien fait, et le clair vis (visage)
> Où la rose couvre le lys

Et où un peu elle l'efface
Pour mieux enluminer la face[39].

A multiplier les citations, c'est toujours, à quelque chose près le même type féminin qui se dégage et qu'on retrouvera du reste jusque dans les œuvres de la Renaissance. La beauté féminine sera inépuisablement commentée, et ce non seulement par des poètes comme André le Chapelain (pour qui l'amour est « une passion innée procédant de la vision et d'une pensée démesurée de la beauté de l'autre sexe »), mais ce qui peut surprendre davantage, par des philosophes, voire des théologiens ; un Guibert de Nogent voit dans la beauté de la femme un miroir direct et immédiat, quoique imparfait et périssable, de l'infinie et immuable beauté de Dieu. Plus encore, un Hugues de Saint-Victor considère que la beauté du monde visible est un reflet de la beauté du monde invisible, et sa conception est celle de toute son époque, ce XIIe siècle amoureux de toute beauté. « Les formes visibles sont images de l'invisible beauté... Toutes choses visibles nous sont proposées pour nous instruire symboliquement ; elles sont par conséquent symbole, signe, image de l'invisible beauté de Dieu. » Il y voit même une sorte de principe dynamique, et, un siècle plus tard, Vincent de Beauvais le répétera après lui : « L'apparence des choses visibles, en provoquant notre sensibilité et notre attention, ne comble pas à vrai dire notre désir, mais incite à rechercher l'image du Créateur et à désirer sa beauté. » Sans manquer de mettre l'accent sur la distance de l'un à l'autre, un Guillaume de Saint-Thierry, ce cistercien mystique, ne s'écriait pas moins : « Ô Amour, duquel est nommé tout amour, même charnel et dégénéré ! » De même que pour saint Bernard lui-même l'amour naturel et instinctif des biens de la vie se développe en deux sens, vers la *caritas* ou la *cupiditas*. On ne peut comprendre l'époque sans pénétrer cette notion extraordinairement positive et dynamique d'un élan dans lequel on ne dissocie pas, comme on le fera plus tard, le sensible du spirituel. En chaque homme s'opère le clivage entre les ondes supérieures et les ondes inférieures que relate la Genèse au second jour de la Création ; en chacun, les capacités d'amour peuvent devenir charité ou cupidité, tendre au respect ou à l'exploitation de l'autre ; en chacun aussi, les « deux hommes en moi » que sentait un saint Paul peuvent être transcendés, parvenir à une unité à la fois exaltante et pacifiante, dont est l'image celle qui s'opère dans l'étreinte amoureuse entre l'homme et la femme.

4

« L'amour, cette invention du XIIᵉ siècle... »

« Je tiens pour certain que tous les biens de cette vie sont donnés par Dieu pour faire votre volonté et celle des autres dames. Il est évident et pour ma raison absolument clair que les hommes ne sont rien, qu'ils sont incapables de boire à la source du bien s'ils ne sont pas mus par les femmes. Toutefois, les femmes étant l'origine et la cause de tout bien, et Dieu leur ayant donné une si grande prérogative, il faut qu'elles se montrent telles que la vertu de ceux qui font le bien incite les autres à en faire autant ; si leur lumière n'éclaire personne, elle sera comme la bougie dans les ténèbres (éteinte), qui ne chasse ni n'attire personne. Ainsi, il est manifeste que chacun doit s'efforcer de servir les dames afin qu'il puisse être illuminé de leur grâce ; et elles doivent faire de leur mieux pour conserver les cœurs des bons dans les bonnes actions et honorer les bons pour leur mérite. Parce que tout le bien que font les êtres vivants est fait par l'amour des femmes, pour être loué par elles, et pouvoir se vanter des dons qu'elles font, sans lesquels rien n'est fait dans cette vie qui soit digne d'éloge. »

Cette pétition de principe est lancée dans un ouvrage bien connu, reflétant parfaitement la mentalité du XIIᵉ siècle, le *Traité de l'amour* d'André le Chapelain[40] : ouvrage savant, rédigé en latin par un clerc attaché à la comtesse Marie de Champagne, fille d'Aliénor d'Aquitaine et de son premier époux, le roi de France Louis VII ; ouvrage, ajoutons-le, assez déroutant pour nous. Il se dit inspiré de *L'Art d'aimer* d'Ovide, mais ses conceptions n'ont plus grand-chose à voir avec celles du poète antique et prennent leur source uniquement dans les usages de la société féodale. Le nœud, la page essentielle, qui fait le centre de l'ouvrage, est probablement ce tableau élaboré par le Chapelain, d'un Palais d'amour au milieu du monde, où trône l'amour. Trois portes dans ce palais, devant lesquelles sont groupées les dames : devant la première, celles qui écoutent la voix d'amour ; devant la seconde, celles qui refusent de l'écouter ; devant la troisième, celles qui n'écoutent que le désir, qui sont mues seulement par la sexualité. Seules les premières sont honorées par les chevaliers ; les autres sont abandonnées à leur sort. « Seules les femmes qui entrent dans l'ordre de la chevalerie d'amour sont jugées dignes d'éloges par les hommes et pour leur probité sont renommées dans toutes les cours. Tout ce qu'on voit s'accomplir de grand dans le siècle est inconcevable s'il ne tire son origine de l'amour. » Et d'expliquer : « S'il n'était pas possible aux hommes d'ouvrir aux dames, lorsqu'ils le veulent, les secrets de leur cœur, l'amour périrait entièrement, lui que chacun reconnaît comme source et origine de tout bien ; et nul ne pourrait venir à l'aide des autres ; toutes les œuvres de courtoisie demeureraient inconnues aux hommes. »

Ces « œuvres de courtoisie », quelles sont-elles ? Nous abordons là une doctrine pour nous assez déconcertante, à travers laquelle peuvent être perçus, sentis, les mœurs et les coutumes d'une société, celle qui précisément a érigé en valeur absolue la courtoisie. Qu'est-ce que la courtoisie ? Que doit-on faire pour être courtois et répondre aux exigences de l'étrange doctrine à travers laquelle s'expriment les mœurs et les coutumes de toute une société ? A trois reprises André le Chapelain revient sur la question et énonce règles et théories de cet art délicat.

Une première fois — et c'est tout à fait significatif — une noble dame explique à un homme du peuple, donc de condition inférieure à elle, ce qu'il doit faire, quelle conduite tenir s'il veut mériter son amour. Ici se révèle pleinement la dame éducatrice de l'Occident, et sous un jour inattendu puisque dans la société féodale, qu'on sait par ailleurs très hiérarchisée, le premier énoncé des règles de la courtoisie se trouve précisément combler la distance entre la « haute dame » et l'« homme du commun ».

La première des « œuvres de courtoisie », c'est ce que la dame appelle la largesse (la générosité) : « Qui veut être jugé digne de militer dans l'armée d'amour, il doit d'abord n'avoir aucune trace d'avarice, mais se répandre en largesses et autant que possible étendre cette largesse à tous. » Entendons, bien sûr, générosité morale autant que matérielle : celui qui veut être un amant véritable selon les règles de courtoisie doit révérer son seigneur, ne jamais blasphémer Dieu ni les saints, être humble envers tous et servir tout le monde, ne dire du mal de personne (les médisants sont exclus des châteaux de courtoisie), ne pas mentir, ne se moquer de personne, surtout pas des malheureux, éviter les querelles, et faire son possible pour réconcilier ceux qui se disputent. On lui concède, en fait de distractions, le jeu de dés, mais avec modération : qu'il lise plutôt, qu'il étudie ou se fasse raconter les hauts faits des anciens. Il lui faut aussi être courageux, hardi, ingénieux. Il ne doit pas être l'amant de plusieurs femmes, mais le serviteur dévoué d'une seule. Il doit se vêtir et se parer de façon raisonnable, être sage, aimable et doux envers tout le monde.

Une seconde fois, André le Chapelain répète les règles d'amour, mais alors sous forme de douze sentences énoncées par le roi d'amour lui-même.

Enfin elles sont redites une troisième fois, à l'occasion d'un conte qui tient une large partie de l'ouvrage ; André le Chapelain y détaille les aventures d'un chevalier de Bretagne qui, à la cour du roi Arthur, après sa victoire dans les épreuves qu'on lui a imposées, en a recueilli le prix. C'est ce qu'il nomme le prix de l'Epervier : de la perche de l'épervier, il a détaché une charte, où est inscrite la règle d'amour. Le ton en est à peu près le même :

I. Le mariage n'est pas une excuse valable pour ne pas aimer.

II. Qui n'est pas jaloux ne peut aimer.

III. Personne ne peut être lié par deux amours.

IV. L'amour croît ou diminue sans cesse.

V. Ce qu'un amant prend de l'autre contre sa volonté n'a pas de saveur, etc.

Il est aussi question de l'avarice, de ce qu'on ne peut aimer une personne qu'on ne pourrait épouser, que celui qui aime doit en garder le secret, qu'un amour facile est méprisable, que la difficulté en augmente le prix, que « Amour ne peut rien refuser à l'amour »...

En fait, le ton plus développé, plus précieux aussi de ce dernier recueil de préceptes n'ajoute rien en substance aux deux autres.

Le traité donne ensuite divers modèles de conversations entre personnes, bien entendu de sexes différents, mais aussi de différentes conditions : comment un seigneur doit s'adresser à une dame suivant qu'elle est de condition supérieure, égale où inférieure à la sienne ; et réciproquement, comment une dame doit répondre aux diverses invitations d'amour ; ou encore comment un homme du peuple doit s'adresser à une femme noble, situation inverse de celle que nous avons vue précédemment. Il ne manque pas d'insister sur un aspect de l'amour courtois : à savoir que la noblesse véritable est celle des mœurs et des manières, et qu'elle vaut infiniment plus en courtoisie que celle de la naissance : celui ou celle qui est prié d'amour ne doit pas demander si celui qui l'aime est noble ou non de naissance, mais s'il l'emporte sur les autres en bonnes mœurs et en « probité ». Ce terme, qui revient maintes fois, s'applique à celui ou celle qui a fait la preuve de sa valeur. A plusieurs reprises cette noblesse de courtoisie reviendra dans les dialogues imaginaires du *Traité de l'amour*. C'est l'un des thèmes fondamentaux de la courtoisie que l'amour vrai affine l'homme et la femme et que les obstacles rencontrés ne font qu'exalter leur noblesse et leur valeur. Il est bien clair aux yeux du Chapelain « qu'il convient mieux à qui est noble dans ses mœurs de se choisir un amant de mœurs nobles que de chercher quelqu'un de haut placé, mais inculte » et à l'inverse, il s'indigne contre les femmes qui se donnent le nom de dame, de demoiselle « seulement parce qu'elles sont d'origine noble ou épouses d'un gentilhomme ; mais, ajoute-t-il, la seule sagesse et la noblesse des mœurs rendent la femme digne d'un tel titre ».

Ainsi, née dans les cours, c'est-à-dire au château, la courtoisie n'est pourtant pas seulement affaire de naissance; bien plutôt de manières, d'éducation, d'une finesse acquise et que l'amour développe parce que c'est essentiellement l'amour qui l'a suscitée.

Une étude approfondie (d'autres l'ont faite) appellerait de longs développements à propos de l'ouvrage d'André le Chapelain[41], sorte de somme amoureuse qui d'ailleurs comporte aussi sa contrepartie: car, si ses deux premiers chapitres développent l'éloge de l'amour, le troisième, lui, met vivement en garde contre ses dangers et dissuade le correspondant auquel s'adresse le livre de suivre la voie complaisamment exaltée dans les deux premières parties. Toujours est-il que de l'ensemble se dégage sur les relations entre l'homme et la femme toute une éthique qui est aussi une esthétique. Un code, dirait-on, si ce terme n'excluait cette sorte de raffinement, et aussi de mouvement, au-delà des règles; ou encore un idéal qu'on pourrait qualifier de culturel, d'artistique: un soin d'orfèvre à perfectionner son esprit, sa personne, pour atteindre à l'élégance souhaitée.

Le *Traité de l'amour* d'André le Chapelain est un guide très sûr pour connaître la courtoisie, ses exigences, ses préceptes et ses usages. Mais ce n'est pas, tant s'en faut, l'unique source.

A parcourir les lettres du temps, on trouve, sous les formes les plus variées, de la poésie la plus haute aux simples divertissements, le témoignage de ce qui oriente toute une société, lui donne sa teinte originale, la marque comme un sceau. C'est encore et toujours la courtoisie, ou si l'on préfère la chevalerie, qui s'exprime dans les cours d'amour.

Qu'étaient ces fameuses «cours d'amour»? La question a fait couler des flots d'encre et suscité des commentaires qui eussent fort étonné sans doute les contemporains de Guillaume le Troubadour ou de la reine Aliénor. On a ainsi cru, prenant au pied de la lettre le terme de «cour» et la forme des jugements rendus, qu'il s'agissait de véritables tribunaux devant lesquels comparaissaient les amants, émettant des verdicts auxquels ils devaient se soumettre dans leurs rapports mutuels.

On a même émis l'idée que les femmes n'assistaient pas à ces cours d'amour ! Alors que, précisément, tous les textes du temps les montrent exerçant dans ces cours les fonctions de « juge » et qu'à la limite on pourrait même se demander s'il ne s'agissait pas simplement d'une sorte de jeu de société, et de société surtout féminine.

C'est d'ailleurs principalement par l'ouvrage d'André le Chapelain que nous connaissons les cours d'amour ; il rapporte plusieurs jugements émis par de hautes dames qui nous sont bien connues historiquement, comme Aliénor d'Aquitaine, Adèle de Champagne, Ermengarde de Narbonne ou encore Marie de Champagne, fille d'Aliénor, laquelle eut, comme sa mère, un rôle de premier plan dans les milieux littéraires du temps et exerça sur les lettres et la vie en général, dans les cours, une influence profonde. Et il a fallu une singulière méconnaissance de la vie aux temps féodaux pour que puissent circuler des erreurs comme celles auxquelles nous avons fait allusion. En réalité il en est de la « cour » et du « jugement » comme de l'hommage féodal. L'une des fonctions du seigneur était de rendre la justice ; c'était même sa fonction essentielle après la défense du domaine et de « ses hommes », ceux qui lui étaient attachés par un lien personnel.

Aussi a-t-on imaginé la dame exerçant, à l'image du seigneur, une sorte de fonction judiciaire en ce domaine, attirant entre tous, de la relation amoureuse. Le jugement d'amour, la cour d'amour, sont les compléments et équivalents de la fidélité, de l'hommage vassalique, tels que les exprime aussi la poésie des troubadours ; que ces jugements soient rendus par des femmes montre seulement à quel point la transformation de la femme en suzeraine était familière à la mentalité du temps.

Et ces jugements émis dans les cours d'amour répondent aux règles énoncées dans l'ouvrage d'André le Chapelain. Ils développent toute une casuistique amoureuse : un cas suscite un débat suivi de jugement. Imitation, presque parodique, de la cour de justice, dans laquelle d'ailleurs plus d'une fois des femmes ont joué effectivement le rôle du juge lorsqu'elles se trouvaient à la tête d'un domaine seigneurial comme ce fut le cas pour Aliénor ou pour Blanche de Castille. Le correspondant auquel s'adresse André le Chapelain et qu'il nomme Gautier est instruit par lui de façon à être «jugé digne de discuter dans une cour d'amour». Dames et Chevaliers examinent les cas qui leur sont soumis, en discutent et recourent au besoin à l'arbitrage de ceux, ou surtout de celles, qui sont réputés les plus experts en courtoisie, cette forme haute et raffinée des rapports amoureux.

On peut, sans trop de difficulté, imaginer ces assises «pour rire», à la manière des cours solennelles que tiennent les suzerains à Noël, à Pâques ou en d'autres occasions, et auxquelles leurs vassaux sont convoqués afin de régler ensemble les litiges, de prendre les décisions intéressant le domaine. A Poitiers, à Troyes, toute une jeunesse s'assemble autour d'Aliénor ou de sa fille: leurs enfants avec leur époux ou épouse, fiancé ou promise, les fils et filles de barons de passage à la cour, et, gravitant autour de ce jeune monde, poètes et ménestrels, sans oublier les ménestrelles; l'auteur de la *Vie de Guillaume le Maréchal* a évoqué de ces réunions bruyantes à l'occasion d'une fête ou d'un tournoi. Mais si, au tournoi, les exploits des chevaliers captivent l'attention, ce sont les dames qui lors des cours d'amour sont le centre de la société. Cela, dans un cadre tel que la chambre d'Adèle de Blois. On imagine sur les murs des tentures ou, pourquoi pas? des tapisseries comme celles de la fameuse *Dame à la licorne* — en tout cas évoquant, dans les couleurs que l'on aime à l'époque, des légendes chevaleresques, des scènes de courtoisie, de chasse, de rencontre auprès d'une fontaine, sur des fonds fleuris. L'une des dames énonce un cas, par exemple l'un de ceux que cite André le Chapelain: «Quelqu'un qui jouit d'un amour comblé demande avec insistance l'amour d'une autre femme, tout comme s'il était libre de son premier amour; celle-ci lui accorde pleinement les désirs de son cœur, qu'il lui avait demandés de façon fort pressante. Lui, une fois pris le fruit de son ardeur, requiert à nouveau les faveurs de la première dame et se refuse à la seconde. Quelle doit être la sanction pour cet homme criminel?» Entre autres jugements, le Chapelain a retenu celui de la comtesse de Flandre: «L'homme qui a usé d'une pareille fraude mérite d'être entièrement privé de l'amour de toutes les deux et ne doit plus jouir à l'avenir des faveurs d'aucune honnête femme, car c'est la volupté désordonnée qui règne en lui, volupté qui est absolument ennemie de l'amour.»

Autre question : l'absence. «L'absence ne doit pas être un empêchement à l'amour, s'accorde-t-on à répondre, et l'amante dont l'amant est absent serait gravement coupable si elle le trompait pendant ce temps; le fait qu'elle ne lui envoie ni lettre ni message peut être seulement une ruse de femme pour éprouver l'amour de cet homme lorsqu'il est au loin; cela peut être aussi prudence pour elle, dans la crainte que quelqu'un n'aille ouvrir ses lettres et découvrir leur amour.»

Parfois, les questions sont posées à l'une des dames en raison de son expérience et rapportées comme des modèles de réflexion, témoin cet autre passage du Chapelain : «Il fut demandé à la reine Aliénor quel amour on devait choisir de préférence : celui d'un homme jeune, ou de quelqu'un déjà avancé en âge. Avec une admirable subtilité, elle répondit que "l'amour, bon ou meilleur, ne se mesure pas à l'âge, mais à la qualité de l'homme, à l'honnêteté et à la délicatesse de ses mœurs. Cependant, par un instinct naturel, les hommes jeunes préfèrent généralement se livrer à l'amour de femmes plus âgées, plutôt qu'à celui de jeunettes de même âge qu'eux; au contraire, les hommes plus âgés préfèrent l'étreinte de filles jeunes et leurs baisers, plutôt que ceux de femmes plus avancées en âge; inversement une femme, qu'elle soit jeune ou plus âgée, recherche plutôt les faveurs des jeunes gens que d'hommes plus âgés. A quoi cela tient-il ? Il me semble que c'est une question d'ordre physique".»

C'est au cours de semblables conversations qu'ont pu être prononcés quelques «mots» qui ont fait date, tel celui-ci : «l'amour, un peu de miel que l'on cueille sur des ronces.»

Quand l'assemblée ne peut se mettre d'accord, il arrive qu'on ait recours à l'arbitrage de dames qui, absentes, ont donné par écrit leur avis; il en est ainsi de la lettre fameuse de Marie de Champagne à qui on avait demandé s'il pouvait y avoir amour entre deux époux.

« Nous disons et affirmons de ferme façon (formule juridique ici employée de cette manière semi-parodique propre aux cours d'amour) que l'amour ne peut pas manifester son pouvoir entre deux époux, car ceux qui aiment sont tenus l'un envers l'autre de façon gratuite et sans aucune raison de nécessité ; les époux sont tenus d'obéir dûment à leurs volontés mutuelles et en rien ils ne se doivent refuser l'un à l'autre en quoi que ce soit ; d'autre part, en quoi croîtra leur honneur s'ils ne jouissent de leur enlacement à la manière des amants, si en rien la probité de l'un et de l'autre n'en peut être améliorée, puisque rien d'autre ne se passe dans la conduite qu'ils observent que ce qu'ils se sont promis en droit. C'est pourquoi, selon ce raisonnement, nous assurons ce que nous enseigne le précepte d'amour, à savoir que : aucune situation conjugale ne permet de recevoir la couronne d'amour, si ce n'est que des liens ont été ajoutés hors du mariage au sein de la milice d'amour. »

Il est évident que cette casuistique elle-même suffirait à empêcher de prendre au sérieux, comme on l'a fait, la « cour d'amour » et d'y voir autre chose qu'un jeu délicieux et subtil qui, aux yeux des moralistes, pourra paraître risqué, mais qui enrichit d'une nuance nouvelle et raffinée les relations entre l'homme et la femme. Il y a l'amour conjugal, un lien stable, et auquel — Marie de Champagne y insiste — ni l'un ni l'autre des époux ne doit se dérober, et il y a cette autre forme d'amour dont il est dit expressément que rien ne lui nuit plus que la volupté, et qui se nomme courtoisie. En ce domaine, la femme règne, commande, exige ; elle porte des ordonnances et des jugements ; les uns et les autres supposent de la part de ceux qui l'entourent une forme de soumission, une observance amoureuse sans défaut, mais encore un raffinement, dans les mœurs et l'expression, qui incite à se dépasser continuellement ; la courtoisie est comme un état second de l'amour ; elle implique en tout cas que l'on distingue ce qui mérite le nom d'amour de ce qui, dans l'état de mariage ou dans des relations extra-conjugales, est uniquement sexualité.

On peut voir un équivalent poétique de ce badinage des cours d'amour dans les « jeux-partis ». Deux poètes se répondent en strophes alternées : dialogues en vers auxquels on donne aussi le nom de tensons, qui dit bien ce qu'il veut dire, car la tenson, dans le langage courant, c'est la discussion, voire la dispute. Lorsque s'élèvent des contestations, que ce soit à la cour seigneuriale ou plus tard à l'université, on parlera de « tensons, litiges et discords » ; d'ailleurs le terme « dispute » désigne aussi bien, comme aujourd'hui, la discussion un peu vive qu'un exercice d'école tout à fait classique qui consiste à mettre en discussion une thèse quelconque sur laquelle plusieurs s'expriment avant de parvenir ou non à une synthèse.

Dans ces jeux-partis il arrive que le ton monte, qu'il y ait dispute, sur un mode blessant, voire injurieux ; mais la plupart des tensons qui nous sont restées débattent d'une question amoureuse ; elles sont en somme l'expression poétique des jugements édictés par les cours d'amour :

« Doit-on blâmer davantage celui qui se vante de faveurs qu'on ne lui a pas accordées, ou celui qui clame celles qu'il a reçues ? »

Ou encore : « Qu'est-ce qui rend un amant plus heureux : l'espérance de jouir ou la jouissance elle-même ? »

Ou encore : « L'amour réserve-t-il à ses fidèles plus de joie ou plus de souffrance ? »

Parfois encore le ton est décidément ironique, avec visiblement l'intention d'amuser :

« Si vous aviez un rendez-vous la nuit avec votre maîtresse, préféreriez-vous me voir sortir de chez elle, vous y entrant, ou m'y voir entrer, vous sortant ? »

Ou encore : « Une dame assise entre trois soupirants gratifie l'un d'une œillade, le second d'un serrement de main, le troisième d'une pression du pied : lequel a été le plus favorisé ? »

Certaines œuvres littéraires sont fondées entièrement sur le schéma du jeu-parti, ainsi le fameux « concile de Remiremont » dans lequel le débat consiste à savoir si l'on doit préférer en amour le clerc ou le chevalier[42].

Simples divertissements que ces cours d'amour et ces jeux poétiques. Du moins nous permettent-ils de saisir à quoi s'intéressent ceux qui y prennent part. Et il est évident que leur centre d'intérêt est ce que sociologues et psychologues d'aujourd'hui appelleraient la relation homme-femme.

Or, ce même intérêt pour la relation amoureuse va beaucoup plus loin que des jeux de société. Toute l'invention poétique et romanesque de l'époque féodale en est imprégnée. A peine pourrait-on excepter la littérature épique, cycles de Charlemagne, de Guillaume d'Orange et autres chansons de geste nées de la croisade, qui mettent en scène des exploits guerriers, des combattants héroïques ; monde masculin, encore que les figures féminines n'en soient pas absentes, qu'il s'agisse de la belle Aude dans *La Chanson de Roland* ou de l'héroïque Guibourg dans *La Chanson de Guillaume.* En revanche, une inspiration absolument neuve et originale anime, d'une part, la poésie lyrique du temps, de l'autre, ce genre totalement inédit, création absolue, sans racines antiques, qu'est le roman, idyllique ou chevaleresque. Il s'agit là de formes très hautes de la poésie dont on n'oserait plus aujourd'hui nier l'importance, encore que soit maigre la place qui leur est réservée dans les programmes scolaires. Combien d'écoliers auront eu l'occasion, au cours des études secondaires, de lire ne fût-ce que quelques lignes de Bernard de Ventadour, ou du Roman de Tristan et Yseult ?

Notre propos n'est pas de traiter l'histoire littéraire ; nous ne nous attacherons donc ici qu'à ce qui touche la femme dans cette production poétique, si variée d'expression, si singulière dans son inspiration. A plusieurs reprises déjà, nous avons fait allusion à la poésie lyrique qui trouve son épanouissement le plus achevé, le plus complet, en langue d'oc— en *lemozi* comme on dit alors (par opposition à *roman* qui désigne la langue d'oïl).

C'est avec Guillaume, VIIe comte de Poitiers, IXe duc d'Aquitaine, qu'éclate cette veine de la poésie courtoise qui a cheminé dans les lettres latines, de façon certes un peu scolaire, teintée, quant au style, d'une influence antique dont un Hildebert de Lavardin, par exemple, avait quelque mal à se dégager ; du moins la veine est-elle originale, héritière de cette tradition courtoise dont les premières esquisses s'ébauchaient, nous l'avons vu, dans les poèmes que Fortunat adressait à la reine Radegonde et à Agnès l'abbesse de Sainte-Croix vers la fin du VIe siècle.

Nous évoquerons plus loin, à grands traits, l'évolution de Guillaume d'Aquitaine, véritable génie créateur qui, d'une source déjà existante, sut faire jaillir une poésie de magnifique venue, capable de donner naissance à toute une lignée de poètes qui suffiraient à illustrer notre XIIe siècle et à en faire un grand siècle littéraire. L'image de la femme déjà entrevue avant lui dans la poésie latine, il a eu le mérite de la transposer dans une langue familière, avec un talent inégalé. Plongé lui-même dans la vie féodale dont il était l'un des représentants les plus puissants et les plus éminents, il n'avait aucune peine à opérer cette transposition du service seigneurial au service d'amour.

Car tel est bien le trait essentiel de la poésie courtoise : née dans la société féodale, elle en est l'émanation. L'essence même du lien féodal, liant seigneur et vassal, était un engagement de fidélité réciproque, l'un offrant son aide, l'autre sa protection. Et c'est une semblable promesse qui unit le poète à la dame. Celle-ci est pour lui « le seigneur » ; il lui voue fidélité ; toute sa vie, tous ses actes, tous ses poèmes lui seront offerts en hommage. Le terme « hommage » est aussi celui qui désigne le geste du vassal s'agenouillant devant le seigneur pour en recevoir le baiser qui symbolise la paix, et constitue un engagement d'amour mutuel. La dame est donc pour lui la suzeraine ; il s'abandonne à sa volonté et trouvera toute sa joie à l'accomplir, dût-il en souffrir. De façon bien significative d'ailleurs, il lui donne un surnom masculin : la dame est *le* seigneur. Quant à l'usage même du surnom, outre que cette pratique est courante à l'époque (songeons aux Plant-à-genêt, Court-Mantel, Beauclerc)... il s'avère indispensable pour conserver le secret dû à la dame. Ce secret qui ménage son honneur et fait de leur amour, pour le poète, un trésor caché.

Cette dame si haut placée dans l'esprit du poète inspire naturellement le respect. Mieux encore : une sorte de crainte révérencielle. Elle est inaccessible ; le poète s'humilie toujours devant elle, soit qu'il s'agisse effectivement d'une dame de haute noblesse (mais nous avons vu, dans les dialogues d'André le Chapelain, que les différences sociales sont gommées par «la chevalerie d'amour»), soit que le poète estime infranchissable la distance qui le sépare d'elle, en raison même de l'admiration qu'il lui a vouée.

Au départ de ce thème, on verra développer toutes les nuances de l'amour. Il est porté à sa perfection par le merveilleux Bernard de Ventadour. Chez un Jaufré Rudel, il pourra être tour à tour sensuel ou d'un raffinement tel qu'on se demandera s'il ne fait pas allusion à un amour purement surnaturel. Chanté par Peire Vidal ou Bertrand de Born, il sera jovial, voire cynique, tandis qu'il dépassera entièrement les limites de l'amour sexuel chez Folquet de Marseille qui adresse ses stances à la Vierge, la dame par excellence, ou chez quelques-uns des troubadours du XIIIe siècle, comme Sordel, Guilhem de Montanhagol ou Guiraut Riquier, qu'on peut considérer comme le dernier d'entre eux.

Certains commentateurs se sont épuisés à tirer une «doctrine» de l'amour courtois, son essence consistant pour les uns à être purement platonique, pour les autres à parvenir aux fins normales et habituelles de l'amour entre homme et femme. Il semble bien qu'en réalité semblable classification soit sans objet, et, disons-le, sans grand intérêt. Les troubadours ne paraissent pas avoir éprouvé le besoin de se plier à une règle; ils font partie d'une société qui estime certaines valeurs, et le genre littéraire qui les séduit exige que ces valeurs soient respectées. Il serait tout à fait vain de vouloir réduire leur art à quelque définition.

Au reste, chacun d'eux marque de sa tendance personnelle l'inspiration qui leur est commune. Il en est de la poésie courtoise comme des thèmes d'ornements qui soulignent les arcades ou illustrent les chapiteaux des églises du même temps: leur répertoire est toujours semblable, mais chacun est sans cesse réinventé.

Né à la même époque, promis à un avenir plus riche encore que la poésie lyrique, le roman s'exprime à peu près uniquement en langue d'oïl. C'est une création absolue, une nouveauté totale et encore une fois sans racine dans les lettres antiques. Sa trame est tout entière fournie par l'intrigue amoureuse qui suscite les divers épisodes de l'action. Pour apprécier, on peut se reporter en esprit aux récits — histoire, poésie épique, etc. — auxquels avaient pu donner lieu chez les Grecs et les Romains les exploits d'Alexandre le Grand, et de leur comparer le *Roman d'Alexandre.* A travers les nombreuses versions et les remaniements du thème, c'est un chevalier qui est évoqué, le héros chrétien et courtois dont on détaille l'éducation, les «enfances», et il suffira pour marquer la distance entre le conquérant et le héros romanesque de rappeler que c'est dans l'une des versions de l'*Alexandre* qu'on trouve les vers fameux :

Avec dames parler courtoisement d'amour.

Le thème fourni par l'Antiquité est entièrement remodelé : ne subsistent que quelques noms de l'histoire ou de l'épopée ; de même, dans le *Roman de Troie,* les amours de Troïlus, fils de Priam, et de Briseïs, fille du devin Calchas, tiennent la première place : l'intrigue amoureuse a complètement supplanté les épisodes guerriers, et la femme tient le premier rôle. L'exploration du cœur féminin intéresse avant tout le poète, et c'est la description des héroïnes qui passe au premier plan.

Le contraste entre lettres antiques et lettres féodales est plus saisissant encore lorsque celles-ci s'inspirent directement d'un auteur grec ou latin. Ainsi Ovide dont *L'Art d'aimer* a été assidûment pratiqué par les poètes des XIe-XIIe siècles, ou encore les récits tel que le fameux *Pyrame et Thisbé,* éternellement repris et destiné à renaître au XVIe siècle sous les traits de Roméo et Juliette. Le roman idyllique qui fleurit sur ce thème à l'époque féodale n'emprunte que la trame et les noms des deux héros à la source antique. Myrrha Lot-Borodine, spécialiste du roman médiéval, a analysé avec une extrême finesse le délicat poème du XIIe siècle, en montrant ce qui fait son originalité : le roman idyllique grec, né tardivement entre le IIe et le Ve siècle de notre ère, décrit entre deux êtres, «non pas une lente éclosion de l'amour, mais le secret apprentissage de la volupté»; alors qu'aux temps féodaux, des romans tels qu'*Aucassin et Nicolette, Floire et Blanchefleur, Galeran de Bretagne,* et tant d'autres œuvres moins connues, développent la naissance d'un sentiment délicat, une sorte de tendresse joyeuse et confiante entre des êtres jeunes, que leur rencontre éveille à l'amour dans une sorte de naïveté émue; toutes les initiatives en ce domaine appartiennent à la femme, encore que la violence même de l'amour y soit le propre de l'homme; comme le dit Aucassin à Nicolette: «La femme ne peut pas aimer l'homme autant que l'homme aime la femme; car l'amour de la femme est à la pointe de ses cils, à la pointe du bouton de son sein, à la pointe de l'orteil de ses pieds, mais l'amour de l'homme est planté au fond de son cœur et il n'en peut sortir.» A la femme revient le soin d'insuffler à son partenaire l'esprit de courtoisie qui tempérera de respect cette violence native. Et de montrer «l'abîme qui sépare les deux mondes», antique d'une part, féodal de l'autre, en comparant l'enseignement galant du poète romain à ses adaptations médiévales; «l'un est érotique, l'autre sentimental», pour conclure: «Il est certain que la passion amoureuse vivant d'une vie immortelle au sein même de la nature n'est restée étrangère à aucune race, à aucune nation. Mais la force mystérieuse qui a élevé la femme au rang d'une reine, qui a connu l'amour comme un art, comme une philosophie, comme une religion enfin, c'est l'élan de l'âme médiévale, c'est l'esprit même de l'Europe romane et chrétienne[43].»

La conclusion prend toute sa portée lorsqu'on passe du roman idyllique au roman de chevalerie; et ici l'invention joue sur les deux registres de la poésie et de la réalité. Il ne s'agit plus seulement de réalité amoureuse, de fleurs de langage, de procédés littéraires. Impossible d'oublier, en évoquant Tristan, Perceval ou Lancelot, que la chevalerie est une institution, un ordre avec des règles exigeantes. Elle développe toute une éthique qui vise à une certaine maîtrise de l'homme sur lui-même. Ce n'est pas la non-violence; il ne s'agit nullement pour l'homme fort de mépriser la force; on lui demande au contraire de la développer: le chevalier est d'abord un sportif; on ne manquerait même pas d'exemples qui révèlent en lui le goût du record, la soif de l'exploit : l'histoire des tournois, plus encore celle des combats, en Terre sainte par exemple, montre plus d'une fois des témérités individuelles ou collectives qui la plupart du temps ont mal tourné, comme la charge de Robert d'Artois, le frère de Saint Louis, à la Mansourah, qui commence par une éclatante victoire et s'achève sur un massacre dans lequel eût péri toute l'armée chrétienne si l'héroïsme du roi de France n'avait redressé la situation.

Mais à cet homme fort, il est demandé de mettre sa force au service du faible. Et cet impératif est à peu près unique dans l'histoire des civilisations. La chevalerie exige du chevalier qu'il se dépasse lui-même, que son épée soit instrument non de pouvoir, mais de justice. Cela dénotait une certaine confiance en l'homme, qui en plus d'un cas fut déçue (tous les chevaliers n'ont pas été dignes, tant s'en faut, de l'ordre de chevalerie), mais qui n'en donne pas moins sa note propre à la société féodale.

Or, il est important pour notre propos de constater que c'est cette éthique que développe le roman de chevalerie, sans la séparer de l'éthique courtoise.

En ce sens le roman fameux, immortel, et renouvelé de nos jours grâce à Eric Rohmer, *Perceval le Gallois,* est à lui seul une sorte de résumé de l'éducation courtoise. Quand Perceval quitte le château où sa mère a voulu le préserver de tout contact avec le monde extérieur, c'est pour répondre à cet attrait irrésistible qu'a provoqué en lui la vue de quelques chevaliers. Mais il ignore tout du comportement chevaleresque et se conduit comme un lourdaud, brutal, étourdi, dépourvu de manières ; c'est peu à peu qu'il se formera simultanément à la chevalerie et à la courtoisie. Son éducation, il la doit à la fois au seigneur rencontré, Gornemant, et à la dame qui affine en lui ce qui n'était que pulsion instinctive ; enfin, son initiation ne sera complète qu'avec l'ermite qui le met sur la voie d'une découverte plus haute encore, celle d'une spiritualité mystique dévoilant le sens de la procession du Graal dont il a été le spectateur muet, cloué de stupéfaction.

Les romans de chevalerie développent presque tous une

initiation, ou en tout cas un dépassement du même genre, amenant le héros, sous l'influence de la femme expressément présente, active, détenant même le ressort de l'intrigue, à un effort sur lui-même, à une victoire dont l'amour est à la fois le point de départ et le prix. Dans *Erec,* ce roman qui commence où finissent en général les romans, à savoir par le mariage des protagonistes, Erec et Enide, l'action est engagée par cette dernière qui souffre de voir son époux, tout occupé de leur mutuel amour, devenir inférieur à lui-même, se refuser aux exploits qui doivent être la vie du chevalier; à son initiative commence le cycle d'aventures qui les mènera l'un et l'autre à provoquer la «joie» de la cour en devenant eux-mêmes le couple modèle, celui du Chevalier et de la Dame, ensemble au service des autres.

Dans *Yvain ou le chevalier au lion* ce sera l'épreuve de fidélité; pour avoir manqué de revenir au terme fixé par la dame, le chevalier devra encourir des épreuves surhumaines jusqu'au délire, à la folie.

Dans *Lancelot ou le conte de la Charrette,* l'initiative de la dame est plus marquée encore: la reine Genièvre exigera de Lancelot l'épreuve suprême: qu'il passe pour lâche; sur son ordre, il devra combattre «au pire», se laisser vaincre par simple soumission à son vouloir, pour ensuite combattre «au mieux» et montrer pleinement sa vaillance et sa «valeur».

Ainsi au cœur même de l'exploit, du courage que déploie le chevalier, se trouve magnifié le pouvoir de la dame. Il y aurait de longs et captivants développements à faire sur ce thème, l'un de ceux toutefois qui ont été le plus souvent abordés, le mieux étudiés, l'histoire littéraire étant beaucoup plus connue et pratiquée que celle des mœurs et de la société. Les ouvrages de Reto Bezzola, de Rita Lejeune, de René Louis, de Myrrha Lot-Borodine ont admirablement éclairci ce qui est la sève même de toute poésie lyrique ou romanesque, de langue d'oc et de langue d'oïl, à l'époque féodale. L'amour y transfigure ce désir qui est «l'immuable fond de la nature humaine»; ce primat de l'amour suscite le «service d'amour», qui est «quête», exaltation de la femme, tandis que dans l'ordre de l'agir il engendre la chevalerie, à la fois don et dépassement : Lancelot est père de Galaad, avec qui l'aventure humaine se trouve transfigurée et achevée ; l'un et l'autre sont nés du culte de la dame.

5

Fontevraud

Si étonnant que cela puisse paraître, c'est l'histoire d'une abbaye qui nous fournit la plus complète et la plus convaincante illustration de ce pouvoir nouveau de la femme qui s'épanouit entre les XIe et XIIe siècles pour régner jusqu'à la fin du XIIIe. Fleur d'une civilisation, la courtoisie n'est nulle part mieux sentie qu'à Fontevraud par la vie qui l'anime, par les personnages qui s'y rattachent. Reto Bezzola l'avait parfaitement compris ; et c'est lui qui le premier a étudié et mis en valeur cet ordre de Fontevaud auquel il faut s'arrêter quelque temps si l'on veut saisir ce que signifiait pour la société féodale, au-delà même de l'expression littéraire, la vie courtoise.

L'ordre de Fontevraud

Le 31 août 1119, l'abbaye Sainte-Marie de Fontevraud reçoit un visiteur illustre entre tous : le pape Calixte II. En présence d'une foule de prélats, de barons, de gens d'Eglise et de gens du peuple, pressés sur son passage, il vient en personne procéder à la consécration du maître-autel de l'abbaye toute neuve, et toute jeune encore.

En ce début du XIIe siècle, le pape n'est pas le personnage austère et lointain qu'ont connu notre génération et celles qui l'ont précédée ; il ressemblerait plutôt à un Jean-Paul II parcourant les continents et visitant infatigablement la Chrétienté. D'ailleurs, il s'agit d'un Bourguignon, qui avant d'être élevé au souverain pontificat a été archevêque de Vienne, et qui, sensible au renouveau religieux qui se manifeste en France, ne peut manquer d'encourager les fondations comme celle de Fontevraud. Son prédécesseur, Urbain II, avait lui aussi, vingt-cinq ans plus tôt, entrepris tout un périple au cours duquel il avait exhorté les « Francs » à prendre les armes pour libérer Jérusalem — ce que nous appelons la première croisade — avec un succès inespéré.

Néanmoins la venue d'un pape dans ce coin de l'Anjou était pour tous un événement. Une trace sensible en est restée, en l'espèce la première charte de confirmation de l'ordre, que Calixte II devait édicter deux mois après son passage dans l'abbaye alors qu'il résidait à Marmoutiers.

L'église dans laquelle il a été reçu est très probablement celle que visitent aujourd'hui les touristes, avec sa haute et vaste nef surmontée de coupoles comme on en voit beaucoup en Angoumois et en Saintonge, avec les grandes arcades qui composent un ensemble à la fois austère et lumineux, privé actuellement de la couleur des fresques et des vitraux ; du moins la pierre dans sa nudité met-elle en valeur la noblesse des lignes et la beauté des volumes. Et lorsque après avoir descendu quelques marches, on se trouve dans l'ombre fraîche de la nef, le chœur apparaît, orbe rayonnant, rythmé de hautes colonnes, dans la clarté que dispensent des fenêtres invisibles.

Pour accueillir le pape sur le seuil de l'église, une jeune femme de vingt-six ans, Pétronille de Chemillé, abbesse de Fontevraud.

En cette année 1119, elle se trouvait depuis quatre ans déjà à la tête de l'ordre de Fontevraud fondé par le très fameux Robert d'Arbrissel. Cet ordre auquel le pape Calixe II témoignait une sollicitude particulière en venant consacrer lui-même l'autel de son abbaye pourrait nous sembler, en notre XXe siècle, assez déconcertant. Il s'agit d'un ordre double, comportant moines et moniales ; aussi deux séries de bâtiments s'élèvent-ils, entre lesquels l'église abbatiale (90 m de long sur 16 de large pour la nef et 40 pour le transept) domine et rassemble à la fois les deux parties du monastère. Elle est le seul lieu où hommes et femmes se retrouvent, pour la prière et les offices liturgiques. La règle est stricte sur ce point. Aucun moine ne peut pénétrer dans la partie réservée aux moniales et réciproquement. Lorsqu'une religieuse est mourante, on la transporte dans l'église, et c'est là qu'un moine l'assiste et qu'elle reçoit les derniers sacrements.

Fontevraud regroupe en ce début du XIIe siècle trois cents moniales et soixante ou soixante-dix moines ; mais déjà l'ordre a essaimé ; vers les années 1140-1150, un contemporain, et non des moindres puisqu'il s'agit de Suger, abbé de Saint-Denis, estime à cinq mille le nombre de ses membres. Or, c'est une abbesse qui est à leur tête, et non un abbé. Les moines qui entrent dans l'ordre lui doivent obéissance et font profession entre ses mains.

« Sachez-le, frères très chers, tout ce que j'ai bâti en ce monde, je l'ai fait pour le bien de nos moniales ; je leur ai consacré toute la force de mes facultés, et, qui plus est, je me suis soumis moi-même et mes disciples à leur service pour le bien de nos âmes. J'ai donc décidé avec votre conseil que, de mon vivant, c'est une abbesse qui dirigerait cette congrégation ; qu'après ma mort personne n'aille oser contredire à ces dispositions que j'ai prises » — ainsi s'exprimait dans ses dernières volontés, à propos de Fontevraud, le fondateur de l'ordre, Robert d'Arbrissel. De surcroît, les statuts qu'il avait établis précisaient que cette abbesse devait être non une vierge, mais une veuve ayant eu l'expérience du mariage ; il assimilait le service des moines à celui de saint Jean l'Evangéliste auprès de la Vierge Marie que le Christ lui avait confiée du haut de la Croix : « Voici ta mère. » Et c'est pourquoi, entre autres raisons, il avait choisi Pétronille de Craon qui, deux ans après la mort de son époux le sire de Chemillé, était entrée à vingt-deux ans à Fontevraud.

Ce fondateur d'ordre qui exprimait avec tant de force cette volonté pour nous si étrange de soumettre des moines au magistère d'une abbesse est né en Bretagne, à Arbressec (Ille-et-Vilaine) en 1050 ; il a d'abord étudié dans diverses écoles, certainement à Paris et aussi à Rennes. Devenu prêtre, il fait preuve d'un grand zèle de réformateur en cette époque de réveil de l'Eglise après une profonde décadence ; il combat la simonie (l'achat à prix d'argent de charges ecclésiastique, cette plaie de l'Église carolingienne) ; il s'attaque aussi au mariage des prêtres : il savait de quoi il parlait, étant lui-même le fils d'un prêtre nommé Damalochius. A Angers, où il lie connaissance avec Marbode, auteur de nombreux poèmes et traités scientifiques, le désir commence à le hanter d'une vie plus austère, plus entièrement consacrée à Dieu. Il devient ermite dans la forêt de Craon (Maine).

Mais comme il arrive souvent à ceux qui cherchent Dieu dans la solitude, il se trouve bientôt rejoint par de nombreux imitateurs qui deviennent ses fidèles. L'Eglise d'alors, rénovée et purifiée par la Réforme grégorienne, qui l'a soustraite aux pouvoirs temporels, à la tutelle des seigneurs, du roi, de l'empereur — lesquels, à l'époque de Charlemagne et plus encore de ses descendants, s'étaient habitués à considérer les évêques et curés comme leurs agents et leurs fonctionnaires — est bientôt gagnée par une extraordinaire ferveur que manifestent les créations d'ordres nouveaux : la Chartreuse, Cîteaux, Grandmont, etc. Celui de Fontevraud occupe dans ce contexte une place importante. Autour de Robert, des groupes de jeunes et de moins jeunes se forment bientôt spontanément, si bien qu'un jour l'ardent ermite sent la nécessité de fixer dans un monastère les compagnons qui l'entourent ; le sire Renaud de Craon en facilite la fondation en lui octroyant une terre où s'élèvera Sainte-Marie de la Roé en 1096[44].

Le pape Urbain II, alors en France, entend parler de Robert d'Arbrissel ; très préoccupé lui-même de la réforme de l'Eglise autant que de la libération des Lieux saints, il tient à le voir personnellement, confirme sa fondation et le presse de continuer à prêcher pour seconder ses propres efforts. Robert se consacre donc à la prédication, et bientôt les disciples affluent de nouveau, au point de former une troupe presque inquiètante d'hommes et de femmes en quête de vie spirituelle, groupés autour d'un guide à l'allure insolite.

« On dit que tu as quitté l'habit régulier et que tu vas, un cilice à découvert sur ton corps, avec un vieux manteau troué, les jambes à demi nues, la barbe hirsute, les cheveux coupés en rond sur le front, nu-pieds au milieu de la foule, offrant à ceux qui te voient un singulier spectacle... », lui écrivit son ami Marbode, devenu évêque de Rennes.

On peut sans trop de difficulté, en notre deuxième moitié du XXe siècle, imaginer Robert d'Arbrissel et son accoutrement digne des hippies de notre temps. La foule qui le suit n'a pas un aspect beaucoup plus rassurant : « Vêtus d'oripeaux de toutes couleurs, reconnaissables à leur barbe touffue... Si on leur demande ce qu'ils sont, ils répondent : les disciples du maître. » Foule composite au surplus : « Beaucoup d'hommes de toutes conditions accouraient ; et s'assemblaient aussi des femmes, pauvres ou nobles, veuves ou vierges, vieilles ou adolescentes, prostituées ou de celles qui méprisent les hommes. » Le soir venu, on campe le long des routes, les hommes d'un côté, les femmes de l'autre, le « maître » au milieu, dans une promiscuité qu'on ne manque pas de lui reprocher. L'un de ses amis, Geoffroy, abbé de la Trinité de Vendôme, lui écrira, sarcastique : « Tu as trouvé là un genre de martyre inédit, mais inefficace ; car ce qu'on ose contre raison ne peut jamais être ni utile, ni fructueux ; c'est pure présomption. » En effet — est-il besoin de le préciser ? — Robert mène au milieu de cette foule disparate une vie de parfaite chasteté.

Jusqu'à sa mort, Robert d'Arbrissel restera plus ou moins un errant, un habitué des grands chemins ; ses tournées auront alors pour objet la visite de ses diverses fondations. Et, nous l'avons dit, elles sont nombreuses : lorsqu'en 1105 le pape Pascal II confirme la fondation de l'ordre de Fontevraud, celui-ci compte déjà six autres couvents. Quatorze ans plus tard, lors de la venue de Calixte II, s'y sont ajoutés deux monastères en Poitou, deux en Limousin, ceux de Cadouin en Périgord, Haute-Bruyère près de Paris, Vausichard dans le Maine, Orsan dans le Berry, Sainte-Marie-de-l'Hôpital à Orléans, l'Espinasse à Toulouse et une dizaine d'autres en Bretagne.

Extraordinaire fécondité donc. On peut d'ailleurs constater le pouvoir d'attraction de Fontevraud aux abbesses qui nous sont connues parce qu'elles concernent des filles et femmes de haute naissance, de celles qui font parler d'elles. La première prieure à qui Robert d'Arbrissel confia le soin de diriger la congrégation qui naissait de cette troupe incohérente groupée autour de lui fut Hersende de Champagne. Femme du seigneur de Montsoreau, elle demeurait à une demi-heure environ de la vallée de Fontevraud, jusqu'alors terre déserte et inhabitée. Désireuse de voir le prédicateur dont on parlait tant dans la contrée, elle s'y rendit et resta dans son entourage.

C'est un peu ce qui arriva vers la même époque à Pétronille de Chemillé, que nous avons déjà évoquée. Cette jeune veuve, fameuse pour sa beauté et son intelligence, était apparentée aux comtes d'Anjou. Le jour où, par simple curiosité, elle va à Fontevraud, elle y demeure. Sa sœur Agnès de Craon, avec leur tante Milésine, lui font visite : toutes deux prennent le voile. Fontevraud est un endroit dangereux que les parents redoutent pour leurs enfants, que les époux craignent l'un pour l'autre. Du moins serait-ce la réaction de notre temps. En fait, lorsque Agnès des Aïs passe à son tour à Fontevraud avec son mari Alard, en dépit de leur grand amour mutuel, ils se séparent ; le comte Aïs fera don au nouvel ordre de la terre d'Orsan, et son ex-épouse Agnès en sera la première prieure ; plus tard, elle ira en Espagne fonder le couvent de Vega, dont elle sera la première abbesse. Et quand Ausgarde de Roannais manifeste l'intention d'entrer à Fontevraud, ses parents instituent le couvent de Beaulieu en Auvergne dont elle deviendra prieure. Il en sera de même pour Agnès de Montreuil, pour la fille de Pierre Achard, Sophicie. Les annales des premiers temps de Fontevraud font ainsi défiler toute une litanie de prénoms féminins aux consonances pleines de charme : Isabelle de Conches-Toesny, Jeanne Payenne, Denise de Montfort, Philippa de Poitiers et sa fille Audéarde, Alice de Bourgogne, Juliane de Breteuil, Basilie de Dreux, Sybille et Mahaut de Courtenay, Mathilde de Bohême, combien d'autres...

Bertrade

Une arrivée fit surtout sensation : celle de Bertrade de Montfort en 1114. Son nom évoquait pour les contemporains une série de scandales ; ses amours avaient alimenté les conversations un peu à la manière des mariages successifs aujourd'hui de telle actrice tapageuse ou telle héritière d'un magnat américain.

Bertrade avait épousé un très haut seigneur, Foulques d'Anjou, surnommé le Réchin. Encore un de ces sobriquets chers à l'époque. Le Réchin signifie le réchigné, le mécontent, le maussade. Et Foulques eut quelque raison de l'être. Follement épris de sa femme Bertrade, il s'est vu impudemment bafoué par elle. Or il fallait que le pouvoir de Bertrade fût grand : Foulques n'était pas un novice, puisque, après la mort de sa première femme, il en avait successivement épousé et répudié trois autres : Ermengarde de Bourbon, Orengarde de Châtelaillon et Mantie de Brienne. Bertrade seule avait fixé cet inconstant, lui inspirant une passion sans frein, et bientôt sans espoir, car elle avait, elle, pris pour amant le roi de France en personne, Philippe Ier.

Le charme slave avait opéré sans doute : Philippe n'était-il pas le fils de cette très belle Anne de Kiev que son père avait envoyé chercher sur les rives du Dniepr ? En prenant de l'âge, il avait pris aussi quelque corpulence ; on le décrit comme un gros homme sensuel et égoïste. Toujours est-il que Bertrade le trouvait à son goût puisqu'elle se laissa complaisamment enlever par lui, lors d'un séjour que le roi fit à Tours chez son imprudent vassal : « Le roi lui parla, écrit un chroniqueur, et lui proposa de devenir reine. Cette très mauvaise femme, oubliant toute sagesse, suit le roi la nuit suivante, qui l'emmena à Orléans » ; là eurent lieu ce qu'il appelle « des noces scélérates » ; ensuite de quoi Bertrade donna au roi deux fils, l'un appelé Philippe comme son père et l'autre Florus comme un héros de roman.

Tous deux s'affichaient sans la moindre gêne. Et pourtant ils n'avaient pas tardé à tomber sous le coup des sanctions ecclésiastiques : tout roi qu'il fût, Philippe avait été excommunié ; on lui intima l'ordre de reprendre sa femme légitime Berthe de Frise, et comme il persistait à garder Bertrade son royaume fut mis en interdit.

« Entends-tu comme ils nous chassent ? » disait Philippe à Bertrade, les cloches s'étant remises à sonner après leur départ d'une ville. On cessait en effet de célébrer les offices, et donc de sonner les cloches, quand le seigneur était excommunié. Un jour, Bertrade, furieuse de trouver toutes les églises fermées sur son passage, avait fait enfoncer les portes de l'une d'elles et avait enjoint à un prêtre contraint ou complaisant de dire la messe devant elle. C'est d'ailleurs une attitude bien significative de l'époque que celle du pape Urbain II qui, sur le territoire même du roi de France, commence par l'excommunier en ouvrant à Clermont, en 1095, le concile qui décide de la première croisade.

Non seulement ni évêque ni pape n'avaient pu venir à bout de l'entêtement de Bertrade, mais elle continuait de subjuguer son époux. Foulques d'Anjou, qui s'était d'abord répandu en menaces contre le roi, prétendant le contraindre par les armes (les comtes d'Anjou étaient, il est vrai, beaucoup plus riches et puissants que le roi qui n'avait, matériellement parlant, que les ressources d'un assez chétif domaine), avait fini par se calmer bon gré, mal gré. Bertrade était de ces femmes dont l'attrait, la séduction qu'elles exercent, relèvent du « charme » un peu dans le sens que donnent au terme les traités de sorcellerie. Cette fascination de Foulques par Bertrade, tous ses familiers purent la constater certain soir où, en son château d'Angers, le 10 octobre 1106, Foulques la reçut en même temps que le roi. « Elle l'avait si bien radouci, devait plus tard raconter Suger dans sa *Vie de Louis VI le Gros,* qu'il continuait à la vénérer comme sa dame, qu'il venait le plus souvent s'asseoir à ses pieds sur son escabeau et se pliait en tout à sa volonté. » Et d'ajouter qu'il s'agissait là d'une femme entre toutes pleine de pouvoir, très experte en l'art féminin de savoir se faire admirer.

Le roi Philippe allait mourir deux ans après cette soirée mémorable où Bertrade avait siégé au banquet entre son mari et son royal amant. Elle avait alors tranquillement regagné le comté d'Anjou et retrouvé sa place auprès du Réchin. Son habileté lui avait permis d'obtenir de Philippe Ier, pour leur fils Foulques le jeune qui vivait près d'elle à la cour royale, la main d'Erembourge du Maine, jusqu'alors fiancée au frère aîné de Foulques et héritier d'Anjou, Geoffroy Martel; celui-ci eut le bon esprit de mourir en 1106 après s'être révolté contre son père qu'il accusait — non sans cause — de vouloir le déshériter.

Et c'est cette même Bertrade qui en 1114 se présentait à Fontevraud pour y prendre le voile... Elle était, dit un chroniqueur, Guillaume de Malmesbury, «encore jeune et en pleine santé, sa beauté parfaitement préservée».

Bertrade s'était rendue plusieurs fois à l'abbaye et lui avait fait des donations à maintes reprises. A présent, elle faisait don de sa personne. On imagine une surprise à la mesure des scandales de jadis.

L'année suivante, pour la fête de Noël 1115, Robert d'Arbrissel lui-même l'installait comme prieure du couvent de Notre-Dame de Haute-Bruyère, sur un domaine que Bertrade avait autrefois légué à l'abbaye. Elle n'y était pas seule. Sa sœur Isabelle, fille comme elle de Simon Ier de Montfort, l'accompagnait. Une véritable amazone. Elle avait épousé Raoul de Toesny, d'une famille normande des plus illustres. Raoul n'avait-il pas été le porte-étendard de Guillaume le Conquérant à la bataille de Hastings? Il figure à ce titre sur la *Tapisserie de Bayeux*. Très belle, généreuse et gaie, elle avait aussi la riposte prompte et la moquerie facile. Le chroniqueur Orderic Vital s'est fait l'écho d'une violente querelle qui s'envenima rapidement entre la comtesse d'Evreux, Helvise, et Isabelle de Toesny, due, raconte-t-il, aux «paroles outrageantes» de celle-ci: «deux dames fort belles, dit-il, mais indiscrètes et violentes». Elles appartenaient pourtant toutes deux à la haute noblesse, Helvise (ou Héloïse) étant petite-fille, par sa mère Adélaïde, du roi de France Robert le Pieux; quant aux Montfort, de très haute souche, ils devaient faire parler d'eux dans l'histoire. Orderic Vital ne donne pas le détail de leurs disputes, mais nous raconte comment ces querelles de mots n'avaient pas tardé à dégénérer en voies de fait, et, comme l'une et l'autre avaient tout pouvoir sur leurs maris, on en était venu des insultes à la guerre féodale. Pendant trois ans, Guillaume II d'Evreux, mari d'Helvise, et Raoul de Conches-Toesny, soutenus chacun par leurs vassaux respectifs, menèrent une suite d'assauts et de dévastations qui se termina par la victoire de Raoul ou plutôt d'Isabelle. Celle-ci a les faveurs du chroniqueur qui raconte avec admiration qu'elle ne craignait pas d'endosser la cotte de mailles et de combattre à cheval comme un homme : « Elle ne le cédait en intrépidité ni aux chevaliers couverts de leur haubert, ni aux soldats armés de javelots. » Et de poursuivre, dans un style nourri de réminiscences antiques : « Elle égala Lampédone et Margésippe, Hippolyte et Penthésilée, et les autres reines guerrières des Amazones dont... on rapporte les combats... et qui pendant quinze ans soumirent les Asiatiques au pouvoir de leurs armes. » On peut conclure, à travers l'emphase de cette description, que les deux filles de Simon de Montfort, en leur genre différent, étaient des maîtresses femmes et que, si l'une se dépensait en amours illicites, l'autre ne mettait pas moins d'ardeur à faire la guerre.

Ce sont ces deux dames qui un jour, alors qu'elles sont encore en plein éclat, se présentent à Fontevraud, demandant humblement à Robert d'Arbrissel de les admettre parmi ses moniales !

A la réflexion, on comprend mieux que Robert d'Arbrissel ait décidé de soumettre ses moines à des femmes douées de telles personnalités, comptant sur la grâce pour qu'elles mettent au service de Dieu autant de zèle et de fougue qu'elles en avaient mis au service de leurs passions. Dans le cas de Bertrade, il ne se trompait pas ; le chroniqueur Guillaume de Malmesbury écrit « qu'elle ne tarda guère à déserter la vie présente, car, sans doute par la Providence divine, son corps de femme délicate ne put supporter les rigueurs de la vie religieuse ». Ce qui prouve qu'elle ne se ménageait aucunement dans sa nouvelle existence.

On imagine la portée de tels exemples dans une société où, par ailleurs, la Réforme grégorienne opérait, après les relâchements des IXe-Xe siècles, un renouveau profond.

Aussi bien, en ce tournant du XIe siècle, voit-on les situations les plus extrêmes se côtoyer. La scène que relate Orderic Vital et qui s'est passée au château de Conches en présence d'Isabelle révèle assez les préoccupations profondes de ces êtres pour qui Dieu est présent au cœur même des débordements auxquels les portent la passion ou l'ambition. « Un jour, raconte-t-il, des chevaliers oisifs jouaient et causaient ensemble dans la salle du château de Conches. Ils s'entretenaient, comme c'est l'usage, de différents sujets en présence de Madame Isabelle. L'un d'eux dit : " J'ai eu dernièrement un rêve dont j'ai été fort effrayé ; je voyais le Seigneur attaché à la croix, son corps totalement livide, se tourmentant beaucoup dans l'excès de ses angoisses et me considérant d'un regard sévère. " Dur présage pour le rêveur. Après lui, Baudouin, fils d'Eustache de Boulogne (il ne sait pas qu'il portera le premier la couronne de roi de Jérusalem) prend la parole à son tour : « Moi aussi, dernièrement, j'ai vu en songe Notre-Seigneur Jésus pendant à la croix, mais brillant et beau, souriant agréablement, me bénissant de la main droite et faisant avec bonté le signe de la croix sur ma tête. » Chacun s'accorde à penser qu'un tel rêve annonce « la douceur de grandes grâces ». Alors le jeune Roger, fils de Raoul et Isabelle de Montfort, déclare qu'il connaît « un homme qui n'est pas loin d'ici » (c'est de lui-même qu'il parle), qui a été favorisé d'une vision sublime ; sa mère insiste pour qu'il s'explique ; le garçon rougit, se tait ; enfin, pressé par tous les assistants, il se décide à poursuivre : « Un certain homme a vu dernièrement en songe le Seigneur Jésus qui lui imposait les mains sur la tête, le bénissant avec clémence et l'appelant par ces mots : " Viens promptement à moi, mon bien-aimé, je te donnerai les joies de la vie. " Assurément, poursuit-il, celui que je connais n'a pas longtemps à vivre dans cette vie. » Or, conclut Orderic Vital, « le premier chevalier qui avait parlé mourut bientôt après dans un combat, sans confession ni viatique ; Baudouin se croisa et devint comte et roi de Jérusalem ; quant à Roger, il tomba malade et mourut la même année ».

Ce Roger, fils d'Isabelle et de Raoul, avait fondé à Conches le couvent de Châtillon. Et l'on imagine que son souvenir a dû influer sur la décision de sa mère quand elle se rendit plus tard à Fontevraud.

Lorsqu'on lit les chroniques de l'époque et qu'on se penche sur les détails de l'histoire en ces premiers siècles de la civilisation féodale, une remarque s'impose : la forte personnalité de la plupart des femmes face à leurs partenaires masculins. Philippe Ier et Foulques le Réchin font pâle figure à côté de Bertrade qui les manœuvre à son gré et finalement se trouve capable d'un repentir que ne connaissent ni son époux ni son amant. Philippe s'est essentiellement signalé par sa complète absence dans le grand mouvement qui secoue alors l'Europe : « le passage outre-mer » pour secourir les chrétiens de Palestine et libérer les Lieux saints. Quant à Foulques, ses mariages successifs pour finir dans le rôle du mari trompé et transi en font un personnage plutôt falot. Du point de vue de la chronique, le malheureux, qui était affublé d'oignons et durillons disgracieux, est surtout connu pour avoir lancé la mode des « pigaces », ces souliers à bout relevé, œuvre d'un certain Robert, attaché à la cour du roi d'Angleterre et qu'on surnomma aussitôt le « cornard » ; c'était, avant la lettre, les chaussures à la poulaine dont la mode sévit de nouveau au XVe siècle : le bout des souliers, démesurément allongé et rempli d'étoupe, se recourbe comme une corne de bélier. Orderic Vital estime semblable usage comme extravagant et aussi répréhensible que la mode des longs cheveux importée alors d'Angleterre. Il stigmatise toute une jeunesse turbulente qui s'abandonne à la mollesse féminine, précisément pour mieux séduire les femmes : « Autrefois ne portaient barbe et cheveux longs que les pénitents, les captifs, les pèlerins [...] à présent ce sont presque tous les gens du peuple qui vont cheveux en cascade, barbus à souhait [...] ils se frisent les cheveux au fer, ils couvrent leur tête d'un turban, sans bonnet... »

Et l'on peut penser que cette description, qui pourrait s'appliquer presque sans changement à certaines modes récentes, ne signifie pour lui rien de bon quant aux temps nouveaux : « Ce qu'autrefois les gens honorables auraient jugé parfaitement honteux... est considéré aujourd'hui comme pratique hautement honorable. »

Semblables diatribes, on le sait, font partie de la littérature de tous les temps ou presque, mais on ne peut s'empêcher de relever ici ce qui est nouveau : le goût de plaire aux femmes. Et de leur plaire en adoptant des critères féminins de séduction : recherche et raffinement dans le vêtement et la coiffure, attrait pour tout ce qui peut parer et embellir ; une sorte de coquetterie généralisée, dictée par celles dont on souhaite attirer les regards.

Orderic Vital n'est pas seul à relever ce trait nouveau de société. On lit les mêmes reproches sous la plume de Malmesbury, qui blâme vivement les chevaliers de l'entourage de Henri Ier Bauclerc parce qu'avec leurs cheveux flottants ils semblent vouloir rivaliser avec les femmes. L'évêque de Sées, Serlon, « un des plus éloquents prélats normands », qui comparait ces êtres aux cheveux longs et aux chaussures recourbées aux sauterelles de l'Apocalypse, fit de tels reproches au roi sur sa tenue que celui-ci, convaincu, se laissa tondre par le prélat qui avait caché des ciseaux dans ses manches !

Ce souci de plaire aux femmes, nous le retrouvons ailleurs, suscitant dans la vie et dans les lettres des élans plus puissants que des modes passagères ou que l'indignation des chroniqueurs qui nous les décrivent. Sans quitter les abords de l'abbatiale de Fontevraud, d'autres silhouettes féminines surgissent, dignes d'attirer l'attention bien au-delà du temps où elles vécurent.

Ermengarde

En entrant à Fontevraud, Bertrade de Montfort avait retrouvé Ermengarde, la fille aînée que son époux, Foulques d'Anjou, avait eue de son premier mariage avec Audéarde de Beaugency. Figure séduisante entre toutes que cette Angevine très belle et un peu instable, dont l'existence devait être plus mouvementée encore que celle de sa belle-mère.

Comme tant d'autres, Ermengarde allait être attirée dans le sillage de Robert d'Arbrissel. On a conservé une lettre que l'ardent prêcheur lui écrivit ; elle est toute remplie d'exhortations non à entrer au couvent, mais au contraire à rester dans le siècle, au milieu d'une société dont il fait un sombre tableau : « Personne ne fait le bien, personne ne dit le bien, tous contredisent à la vérité ; il n'y a ni vérité, ni miséricorde, ni connaissance sur cette terre. » Et le saint homme multiplie les conseils animés à la fois de sens pratique et de sens mystique : « Votre volonté serait de quitter le monde, de renoncer à vous-même, et de suivre nue le Christ nu sur la Croix. Mais priez Seigneur votre Dieu que sa volonté soit faite, et non la vôtre... Ne cherchez pas à changer de lieu ni d'habitude. Ayez toujours Dieu dans votre cœur à la ville, à la cour, dans votre lit d'ivoire, sous vos habits précieux, à l'armée, au conseil, dans les festins. Aimez et Dieu sera partout avec vous... Comme vous avez beaucoup d'affaires qui vous occupent, faites des prières courtes... Écartez toute vanité, toute affectation, et tenez-vous discrètement dans la vérité... Soyez miséricordieuse envers les pauvres, mais surtout envers les plus pauvres... Gardez une juste mesure en tout, dans l'abstinence, dans les jeûnes, dans les veilles, dans les prières. Mangez, buvez, dormez seulement autant qu'il est nécessaire pour supporter la fatigue, non dans votre intérêt, mais dans celui du prochain. » Les lettres de Robert d'Arbrissel sont toutes imprégnées d'une robuste sagesse ; elles reflètent aussi le mode de lecture de l'Évangile familier à son époque : « Il est écrit de Notre-Seigneur Jésus-Christ qu'il passait la nuit en prière sur les montagnes et qu'il faisait des miracles dans les villes pendant le jour. Prier la nuit avec le Seigneur sur la montagne, c'est aimer Dieu de toute l'affection de son cœur. Faire des miracles dans les villes avec le Seigneur pendant le jour, c'est vivre pour être utile au prochain. »

Or, en 1112, le second mari d'Ermengarde, Alain Fergant, duc de Bretagne, dont elle avait eu trois enfants, se faisait moine à l'abbaye Saint-Sauveur de Redon. Il laissait son duché de Bretagne à leur fils aîné Conan III. Dès lors, rien ne s'opposait plus à ce qu'Ermengarde de son côté entrât à Fontevraud. Elle prit le voile.

C'est l'occasion pour nous de saisir ce que pouvaient être les relations entre la femme et le poète en ce début du XIIe siècle. Lorsqu'elle entre à Fontevraud, Ermengarde reçoit ce qu'on a appelé « un impressionnant hommage poétique », une épître en vers, fort belle. Son auteur n'est autre que Marbode, évêque de Rennes, l'ami de Robert d'Arbrissel, dont il a été déjà fait mention ; c'est un vieillard de soixante-dix-sept ans, mais il n'en a pas moins trouvé, pour rendre hommage à à la beauté de la duchesse de Bretagne, les accents les plus délicats. Marbode nous est bien connu par ailleurs ; il a longtemps enseigné à Angers, où lui-même avait fait ses études avant d'être appelé à l'évêché de Rennes en 1096. A peu près inconnue de nos jours, son œuvre en son temps a joui d'une très grande vogue. Il a composé en effet le plus ancien traité sur les pierres précieuses, *Le Lapidaire,* donnant naissance à un véritable genre littéraire dans lequel les vertus des pierres, leurs pouvoirs magiques, leur correspondance avec « les couleurs et les sons » sont prétexte à des évocations parfois déconcertantes, toujours poétiques ; son succès auprès des contemporains en a fait l'une des œuvres le plus souvent recopiées à l'époque ; on en connaît plus de cent trente manuscrits ; il a fait l'objet de toutes sortes de traductions et adaptations : en français (on en a fait six traductions différentes), en provençal, en italien, en espagnol et jusqu'en danois, en irlandais et en hébreu.

Ce n'était donc pas un jeune poète inexpérimenté qui s'adressait à Ermengarde. Il reste que pour nous cet élan poétique d'un évêque s'adressant à une femme est étonnant.

Fille de Foulques, honneur du pays d'Armorique
Belle, chaste, pudique, candide, claire et fraîche,
Si tu n'avais subi le lit conjugal et le travail d'enfants,
A mes yeux tu pourrais incarner Cynthia (Diane)...
Au cortège des épousées, on te prendrait pour déesse,
Une parmi les premières, O trop belle que tu es!
Mais cette beauté qui est tienne, fille de prince, épouse de prince,
Passera comme fumée et bientôt sera poussière...
On admire ton harmonieux visage, et il est précieux,
Mais ou mort ou vieillesse en détruiront le prix.
Cet éclat brillant de lumière, qui blesse les regards,
Et cette blonde chevelure, l'un et l'autre seront cendres,
On dit de toi que nulle femme ne te vaut,
Si experte en paroles, avisée en conseil:
Cela aussi te manquera, et n'en demeurera que fable.
La fable parle aussi de ceux qui furent jadis éloquents.
[...] De telles richesses ne sont pour nul perpétuelles.
Elles vont avec le monde, elles tombent avec qui tombe;
Mais que tu aimes le Christ, que tu méprises ce monde,
Que vêtements et nourriture te soient celui des pauvres,
Cela te fait et belle et précieuse au Seigneur,
Ni mort, ni vieillesse n'en détruiront le prix[45]...

Dire que l'on qualifia les textes latins de cette époque de «basse latinité»!

Que se passa-t-il par la suite ? En 1119, quand son second mari, Alain Fergant, mourut, le chroniqueur Orderic Vital nous rapporte qu'au cours d'un concile tenu à Reims, la même année, Ermengarde porta plainte contre Guillaume de Poitiers, son premier époux plus connu sous le nom de Guillaume le Troubadour, l'accusant de l'avoir autrefois délaissée pour une vicomtesse de Châtellerault qui portait le prénom prédestiné de Dangerosa.

Effectivement, ce n'était un secret pour personne que Guillaume depuis des années avait pour maîtresse celle qu'on appelait aussi la Maubergeonne (sorte de diminutif peut-être ou de corruption populaire du nom d'Amalberge).

Si elle ne provient pas simplement d'une erreur de la part du chroniqueur, cette intervention d'Ermengarde est doublement surprenante: d'abord parce que, encore une fois, la liaison de Guillaume le Troubadour était de notoriété publique : il s'était même fait déjà excommunier pour cela, sans aucun effet d'ailleurs ; ensuite parce que Guillaume, peu après s'être séparé d'Ermengarde, avait épousé Philippa de Toulouse et en avait eu six enfants. Mais précisément Philippa venait de mourir. Et de mourir à Fontevraud où, lasse de la conduite de son époux, elle s'était retirée quatre ans auparavant, bientôt rejointe d'ailleurs par l'une de ses filles, Audéarde. Peut-être sa mort avait-elle amenée Ermengarde en dépit de son entrée à Fontevraud, à faire cette tentative — si discutable ! — pour reprendre sa place auprès de son premier époux ? Il reste que cette étonnante démarche dénote chez la comtesse de Bretagne une certaine instabilité : elle n'était pas pour rien la fille de Foulques l'Angevin ! Il se peut aussi que la mort de Robert d'Arbrissel, survenue l'année précédente, le 25 février 1117, l'ait quelque peu désorientée. La disparition de celui qui avait été son père spirituel, d'abord pour l'encourager à demeurer dans le siècle, puis pour l'accueillir au couvent, est, de fait, si durement ressentie par Ermengarde qu'elle quitte Fontevraud et qu'on la voit dès lors demeurer à la cour de son fils Conan III de Bretagne. Cette conduite fut sévèrement jugée ; l'abbé de la Trinité de Vendôme, Geoffroy, lui écrivit une lettre pleine de reproches. Sans effet, apparemment.

Un autre événement, familial cette fois, allait émouvoir la duchesse Ermengarde : son demi-frère Foulques V, comte d'Anjou (le fils de Bertrade), avait décidé de faire « le saint voyage de Jérusalem ». Personnalité très remarquable que ce prince auquel le chroniqueur officiel des comtes d'Anjou ne trouve à reprocher que ses cheveux roux — il s'empresse d'ailleurs d'ajouter : « comme David » — et sa mauvaise mémoire (il oubliait d'une entrevue à l'autre le nom des gens qu'il avait rencontrés). Il accumule pour le décrire les expressions les plus sympathiques (encore qu'il ne puisse décidément tolérer les cheveux roux...) : « Fidèle, doux, affable (contrairement à ce que sont les gens roux en général !), bon et miséricordieux, généreux dans ses actes de pitié et dans la distribution des aumônes... Très expérimenté dans l'art militaire, patient et prudent dans les peines de la guerre... » Or, ce comte d'Anjou si doué, en pleine jeunesse, en pleine puissance, abandonne son beau domaine pour prendre la croix. A Jérusalem, ses compagnons, le sachant veuf, lui demandent de devenir l'époux de la jeune Mélisande, fille d'une princesse arménienne et du roi Baudouin II ; ce qui signifie qu'il se consacrera désormais à la défense du royaume de Jérusalem si durement reconquis une trentaine d'années auparavant. Ce qu'il fera. A la mort de Baudouin II, en 1131, il ceindra cette couronne de Jérusalem faite plutôt d'épines que de roses, tandis que son fils Geoffroy le Bel deviendra comte d'Anjou.

Ermengarde semble avoir été très émue par le départ de son frère, même si, à l'époque, ni lui ni elle ne se doutaient qu'il fût définitif et signifiât l'abandon du domaine angevin. On la voit faire une donation à Fontevraud, et c'est peu après qu'ébranlée par la grande voix de saint Bernard, elle le suit à Dijon et reprend le voile, cette fois parmi les cisterciennes du prieuré de Larrey.

« O si tu pouvais lire en mon cœur cet amour pour toi que Dieu a daigné y inscrire de son doigt ! Tu comprendrais certes que ni langue ni plume ne suffiraient à exprimer ce qu'en ma moelle la plus intime l'esprit de Dieu a pu imprimer ! Maintenant même je te suis proche par l'esprit, bien qu'absent par le corps. Il ne dépend ni de toi ni de moi que je te sois effectivement présent ; mais il y a au plus profond de toi-même un moyen de me deviner si tu ne sais pas encore ce que je te dis : entre en ton cœur, tu y verras le mien, et accorde-moi autant d'amour envers toi que tu sentiras qu'il en est en toi envers moi... »

Ce n'est pas l'épître d'un troubadour à sa dame : c'est une lettre de saint Bernard à Ermengarde[46]. Celui auquel certains historiens ont fait une réputation de dureté si bien établie qu'on se le représente comme une sorte de puritain, austère et misogyne, celui dont un Augustin Fliche, généralement mieux inspiré, écrivait que « la femme lui était toujours apparue comme l'incarnation du démon », saint Bernard, a su trouver pour Ermengarde le ton même de la poésie courtoise. Une autre de ses lettres, répondant à la sienne, commence par : « j'ai reçu les délices de mon cœur » ;

et il ajoute : « Crois bien que je m'irrite de mes occupations, qui m'empêchent de ce qui me pourrait convenir : que je te voie. » Précisons qu'à l'époque Ermengarde a soixante ans et que Bernard est un homme dans la force de l'âge : quarante ans. Mais s'il eut la sainteté austère, celui-ci n'en a pas moins su trouver, lorsqu'il s'adressait aux femmes, les accents de son temps.

Quant à Ermengarde, son orientation cistercienne se confirmait alors. Et pourtant, on la voit quitter le prieuré de Larrey. Mais c'est pour entreprendre, à l'appel de son frère, devenu le roi Foulques de Jérusalem, le pèlerinage de Terre sainte. En 1132, elle s'embarque en compagnie de quelques religieuses cisterciennes et passe trois années à parcourir la Palestine pour se fixer quelque temps à Naplouse (Nablus) : c'est l'ancienne Sichem, la cité biblique au creux d'une vallée de Samarie, face à laquelle se trouvait le puits de Jacob où le Christ rencontra la Samaritaine ; à cet emplacement, la mère de Constantin, sainte Hélène, avait fait édifier, dit-on, l'église Saint-Sauveur dont les invasions arabes n'avaient laissé que des ruines. Ermengarde s'emploie à les relever, puis regagne la France. Elle fonde un couvent de religieuses cisterciennes à Berzé, près de Nantes, puis s'établit au couvent de Saint-Sauveur de Redon où son second époux, Alain, le duc de Bretagne, avait vécu ses dernières années ; c'est auprès de lui qu'elle demande à être inhumée lorsqu'elle meurt en 1147 ou 1149.

Une âme très haute, marquée, certes, de quelque instabilité mais aussi de cette capacité de dépassement qui caractérise l'époque, telle nous apparaît Ermengarde de Bretagne. L'évocation de sa vie, si rapide soit-elle, met en lumière un aspect inhabituel des relations entre la femme et les hommes d'Église en ce début du XIIe siècle : qu'il s'agisse de Robert d'Arbrissel, de l'évêque Marbode de Rennes ou de l'abbé Bernard de Clairvaux, à ces trois hommes d'Église éminents et d'une sainteté insoupçonnable, elle a inspiré des accents que n'eût pas désavoués Fortunat, l'évêque-poète de Poitiers, lorsque lui-même s'adressait à la reine Radegonde en termes délicats où la tendresse le dispute au respect :

Où se cache ma lumière loin de mes yeux errants
Ne se laissant prendre à mon regard ?
J'examine tout : airs, fleuves, terre ;
Puisque je ne te vois, tout cela m'est peu.
Le ciel peut bien être serein, loin les nuages,
Pour moi, si tu es absente, le jour est sans soleil.

La courtoisie n'est pas alors le privilège de petits cercles : celui du seigneur, de la dame, du château. Elle est devenue populaire, elle imprègne les foules, y compris celle des clercs et des moines qu'on nous a si souvent dépeints comme hostiles à la femme. Elle illumine la pensée des hommes d'Église les plus austères, des réformateurs les plus rigoureux ; toute la société féodale baignera dans cette poésie faite de respect et d'amour.

Les deux Mathilde

«*Amita mea*», ma tante, c'est ainsi que la reine Aliénor appelle l'abbesse de Fontevraud lorsqu'elle rend visite au monastère peu de temps après son remariage avec Henri Plantagenêt en 1152.

Pétronille de Chemillé était morte le 4 avril 1149 après avoir dirigé pendant trente-cinq ans le double monastère. Les moniales avaient alors désigné pour lui succéder Mathilde d'Anjou. Celle-ci, fille de Foulques V et par conséquent nièce d'Ermengarde de Bretagne, avait eu une étrange destinée. Elle était entrée à onze ans à Fontevraud : peut-être avec le désir de prendre le voile, ou seulement pour y recevoir l'instruction dispensée par les religieuses. Au bout de quelques mois néanmoins son père la réclamait : Mathilde avait été demandée en mariage par le roi d'Angleterre Henri Ier pour son fils aîné Guillaume Adelin (*Aetheling*, terme qui désigne l'héritier né de roi et de reine), destiné au trône d'Angleterre. Le mariage eut lieu en 1118 ; Mathilde avait treize ans, son époux en avait seize.

La même année, un premier deuil allait assombrir la cour d'Angleterre. L'épouse d'Henri Ier, la reine Edith, fille de Malcolm et Marguerite d'Ecosse, était morte. En recevant la couronne d'Angleterre, elle avait adopté le nom de Mathilde, plus familier aux Anglais. Reine très aimée, très instruite, passionnée de musique, accueillant avec une générosité qu'on trouvait même prodigue toute sortes d'hôtes, mais surtout les clercs et les musiciens, elle s'était fait une large renommée et voyait affluer autour d'elle, d'après Guillaume de Malmesbury, tous ceux qui s'étaient rendus fameux par leurs poèmes et leurs chansons. Marbode de Rennes, Hildebert de Lavardin, les deux plus célèbres poètes du temps, lui ont adressé plusieurs de leurs œuvres dont une dizaine nous sont connues. De fait, la cour d'Angleterre était alors le centre d'une extrême activité littéraire, encouragée par le roi lui-même, cet Henri Ier qui méritait largement son surnom de Beau-clerc. Un clerc, à l'époque, ce n'est pas, comme nous serions tentés de le croire, un membre du clergé, mais celui qui a étudié, aux écoles, la grammaire et les autres « arts libéraux »; bref, un lettré. Henri « s'intéressait à tout », dit de lui Orderic Vital ; non seulement aux auteurs anciens, mais aussi, notamment, aux animaux, à toutes « les merveilles des pays étrangers ». Dans son parc de Woodstock, il avait rassemblé toute une faune exotique : des lions, des léopards, des tigres, des chameaux.

Or ce roi si doué allait connaître un destin dramatique ; déjà durement atteint par la mort de son épouse, il lui fallut endurer pire encore, le désastre de la *Blanche-Nef.*

C'était au mois de décembre, l'an 1120. Le roi d'Angleterre avait gagné Barfleur et s'apprêtait à s'embarquer pour son domaine insulaire, avec sa famille. Il était déjà monté à bord ; on allait donner l'ordre de dresser les voiles, quand se présenta le patron d'un vaisseau appelé la *Blanche-Nef.* « Mon père a autrefois piloté le navire sur lequel votre père a fait voile pour Hastings », et le brave homme d'insister pour avoir l'honneur de conduire le roi. Henri, ne voulant pas le désobliger, suggéra que la *Blanche-Nef* prît à son bord la jeunesse qui l'entourait : ses fils, sa fille, et leur suite. Mathilde d'Anjou, pourtant, voulut demeurer auprès de son beau-père. Toute une joyeuse compagnie envahit la *Blanche-Nef:* en tout quelque trois cents jeunes gens et jeunes filles, dont l'héritier du trône Guillaume, Richard de Chester son demi-frère, un garçon « d'une extrême beauté, aimable à tous », l'un des onze bâtards d'Henri Beauclerc, avec sa jeune épouse de dix-neuf ans.

La traversée prenait une allure de fête ; les jeunes princes avaient fait distribuer du vin aux matelots, généreusement semble-t-il. Le temps était calme pour la saison et la lune était dans son plein ; voulant rattraper le vaisseau du roi, parti le premier, on força l'allure. Or, à l'endroit où se dresse aujourd'hui le phare de Gatteville, par suite d'une manœuvre imprudente, le navire donna sur un écueil. En une minute, il sombrait. Du premier vaisseau on entendit un grand cri, qu'on attribua à l'excitation des jeunes gens.

Deux hommes seulement réussirent à s'accrocher à la

grande vergue — seule épave de la *Blanche-Nef*. Le pilote, dégrisé, reparut à la surface : « Où est le fils du roi ? » Comprenant l'étendue du désastre, il se laissa couler à pic. L'un des deux survivants accrochés à la vergue était Béroud, un boucher de Rouen, que son justaucorps en peau de mouton préserva en cette nuit glacée au cours de laquelle mourut son compagnon. C'est par lui qu'on devait connaître les détails du drame.

Noyés les chevaliers, noyé l'héritier du roi ;
L'Angleterre pleure, sa noblesse est morte.
La vie joyeuse des jeunes, la vie mûre des hommes.
La vie chaste des filles, tout a péri, l'onde a tout englouti.
Noyé ce fils unique de roi.
Espoir unique d'un royaume :
Deuil et douleur pour l'un et l'autre.
Nul n'a pleuré sur lui, nul ami ne lui ferma les yeux,
Ni pompes solennelles, ni tombeau dans la terre ;
Sa tombe : non le marbre, mais le ventre d'un poisson,
Pour plainte le murmure de l'eau, pour parfum l'âcreté des flots.
Une mort indigne a frappé celui qui eût été digne de vivre davantage.
En l'évoquant, je ne puis que pleurer...

D'autres poèmes en forme de plaintes, *planctus* (en langue d'oc on dira *planh*) ont dépeint l'événement :

> Humiliée l'Angleterre, jadis gloire des terres :
> Sur les flots la voilà soudain noyée, noyée la nef.
> Celle dont la gloire rayonnait sur le monde entier
> Subit l'éclipse, son soleil l'ayant délaissée...

Guillaume mort, il ne restait à Henri, comme descendance légitime, que les deux Mathilde, sa fille et sa belle-fille.

Celle-ci voulut reprendre à Fontevraud la vie religieuse à laquelle on était venu l'arracher. Fiancée à onze ans, veuve à quatorze, elle remplissait l'une des conditions posées par Robert d'Arbrissel pour diriger le double monastère : être veuve et non vierge. Quant à ses dispositions intérieures,

1

'ildegarde de Bingen, religieuse et visionnaire, conseillère des papes et des empereurs. Devant d'autel brodé. *I*[e] siècle.

2

«Dame Ysiphile, laquelle trouva l'art de filer le coton».
Martin Lefranc, Le Champion des dames. *XV*[e] *siècle.*

3

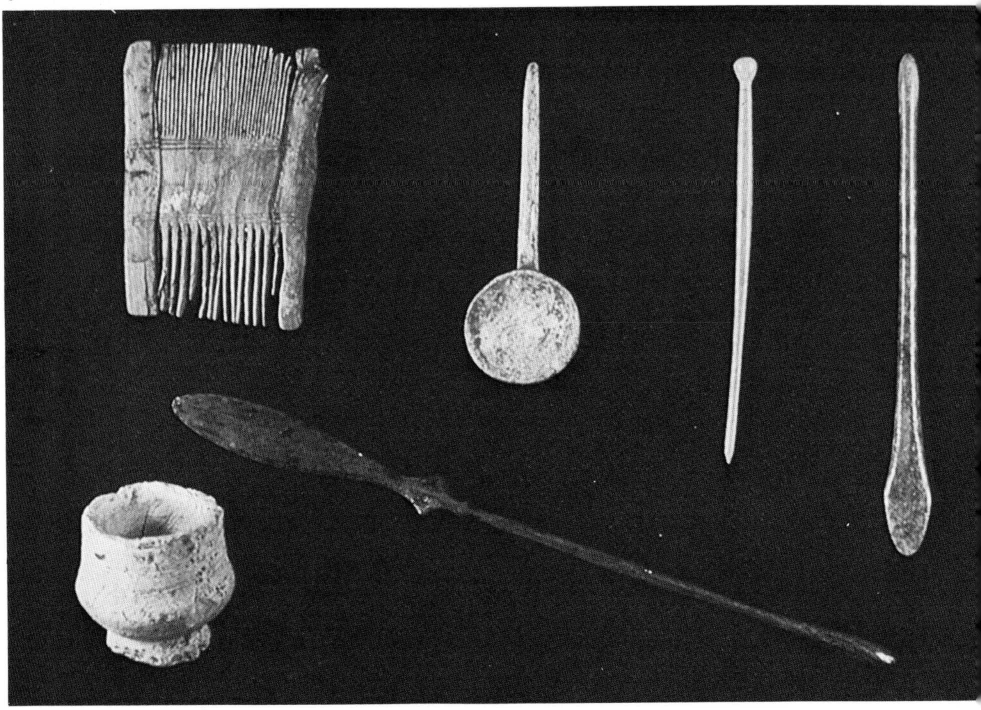

Dès l'aube de notre civilisation, on trouve réuni tout l'arsenal de la beauté féminine : épingles, pot à fard, spatule etc. IIe siècle.

Et voici les ustensiles de cuisine : une marmite à trois pieds, un vase allant au feu. IIe siècle.

4

5

ne superbe plaque-boucle, ornée de spirales et entrelacs, typique de l'époque mérovingienne.

6

racelet et plaques d'ornement en or, à entrelacs et spirales. Les fouilles nous révèlent le raffinement des bijoux ce temps. VIe siècle.

7

« Theodiecheldis », dit l'inscription gravée : c'est la tombe de Telchilde, abbesse de Jouarre (Seine-et-Marne). VIIe sièc

8

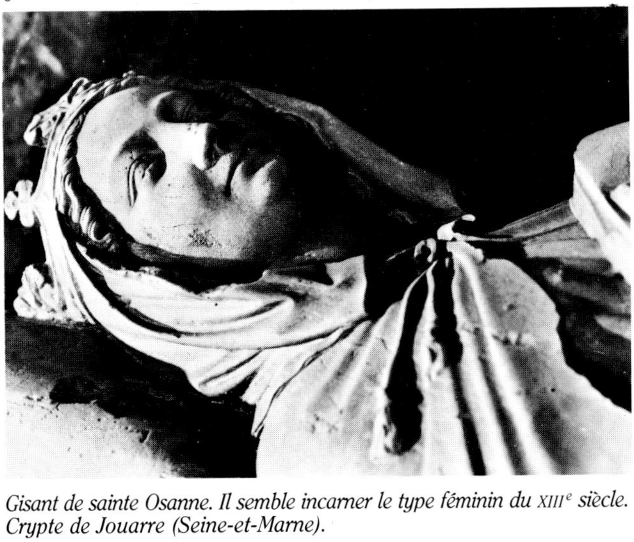

Gisant de sainte Osanne. Il semble incarner le type féminin du XIIIe siècle. Crypte de Jouarre (Seine-et-Marne).

a bouillie d'orge cuit dans la marmite, au coin de la cheminée. Tacuinum sanitatis, *traité de médecine. XV*[e] *siècle.*

La chaste Suzanne, l'héroïne biblique du chant de Daniel, est ici évoquée dans le décor du parc d'un château du XVe *siècle, peut-être par l'enlumineur Jean Colombe.*

Les grandes inventions techniques : le collier d'épaules, la charrue à coutre et soc métalliques. La Somme le Roi, *Frère Laurent.* XIIe *siècle.*

Les quatre vertus cardinales figurées, ici, par quatre femmes : prudence, tempérance, force, justice. Les miniatures du manuscrit. La Somme le Roi, *dont elles proviennent, ont été peintes à Pontoise en 1295.*

13

La boutique du marchand d'épices. La légende détaille les vertus de la coriandre qui éclaircit le sang. Traité de médecine. XVe *siècle.*

Cueillette et mouture du sénevé, ou graine de moutarde, utilisée en pharmacie. Traité de médecine. XVe siècle.

15

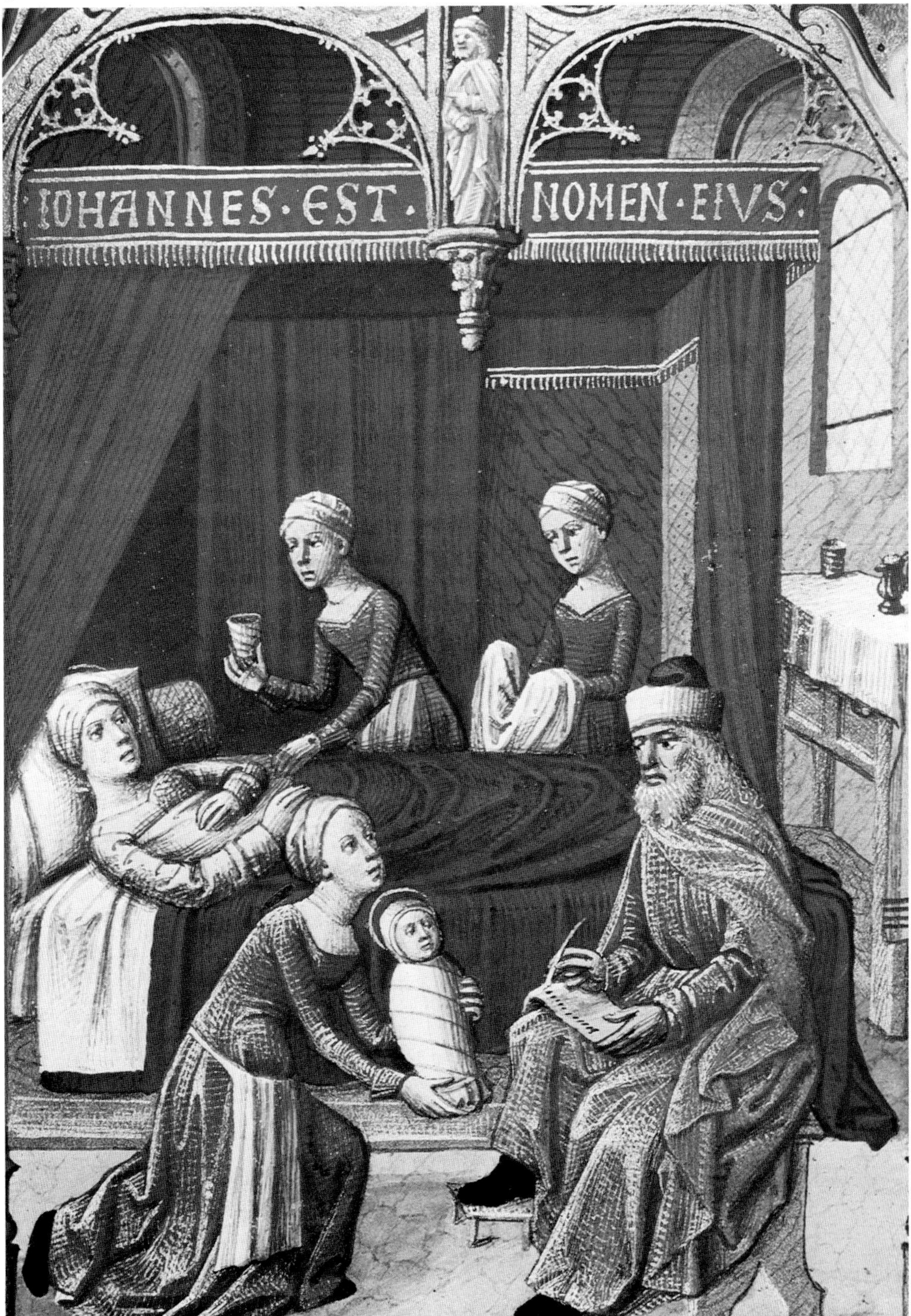

La naissance de saint Jean-Baptiste ; on présente l'enfant à Zacharie son père qui, devenu muet à la suite de la vision qu'il a eue dans le Temple, écrit sur une tablette : Jean est son nom. XVe *siècle.*

Juge, plaideur et plaideuse. La femme pouvait plaider en justice. La miniature illustre le Décret *de Gratien, célèbre compilation des ordonnances du droit canonique.*

«Comment le roi Philippe de France épousa Marie, sœur du duc de Brabant». Il s'agit de Philippe III le Hardi, fils de Saint Louis. Le mariage eut lieu le 21 août 1274. La miniature est due à Loyset Liédet, deux siècles plus tard (1462).

18

Maugis d'Aigremont fait sa cour à la belle Oriande dans un jardin du château ; la fontaine, les ifs taillés, les vêtements somptueux composent un tableau d'élégance raffinée. Roman de Renaud de Montauban, *dans un manuscrit du* XV*e siècle illustré par Loyset Liédet.*

19

Le retour du chevalier : double scène dont l'une se passe sur le seuil, l'autre à l'intérieur de la maison dont le mur disparaît, selon un procédé familier aux enlumineurs auxquels il permet une « mise en scène simultanée ». Roman de Renaud de Montauban. XV*e siècle.*

La belle Oriande prend congé du chevalier qu'elle envoie au combat. Autre illustration tirée du Roman de Renaud de Montauban. *XV*[e] *siècle.*

20

21

Cette gracieuse chevauchée à l'orée d'une forêt, dans un paysage de collines, de cascades et de châteaux, évoque, dans un calendrier liturgique, le mois de mai. XVe *siècle.*

22

Un antiféminisme malicieux apparaît dans cette vignette : le visage de la femme est séduisant, l'arrière-train redoutable ! XIVᵉ siècle.

23

Un cas qui doit être soumis à l'évêque : une femme qui était adultère souhaite épouser son amant à la mort de son époux. L'image résume la situation. Au premier plan, le lit du mort autour duquel brûlent des cierges. Décret de Gratien. *XIVᵉ siècle.*

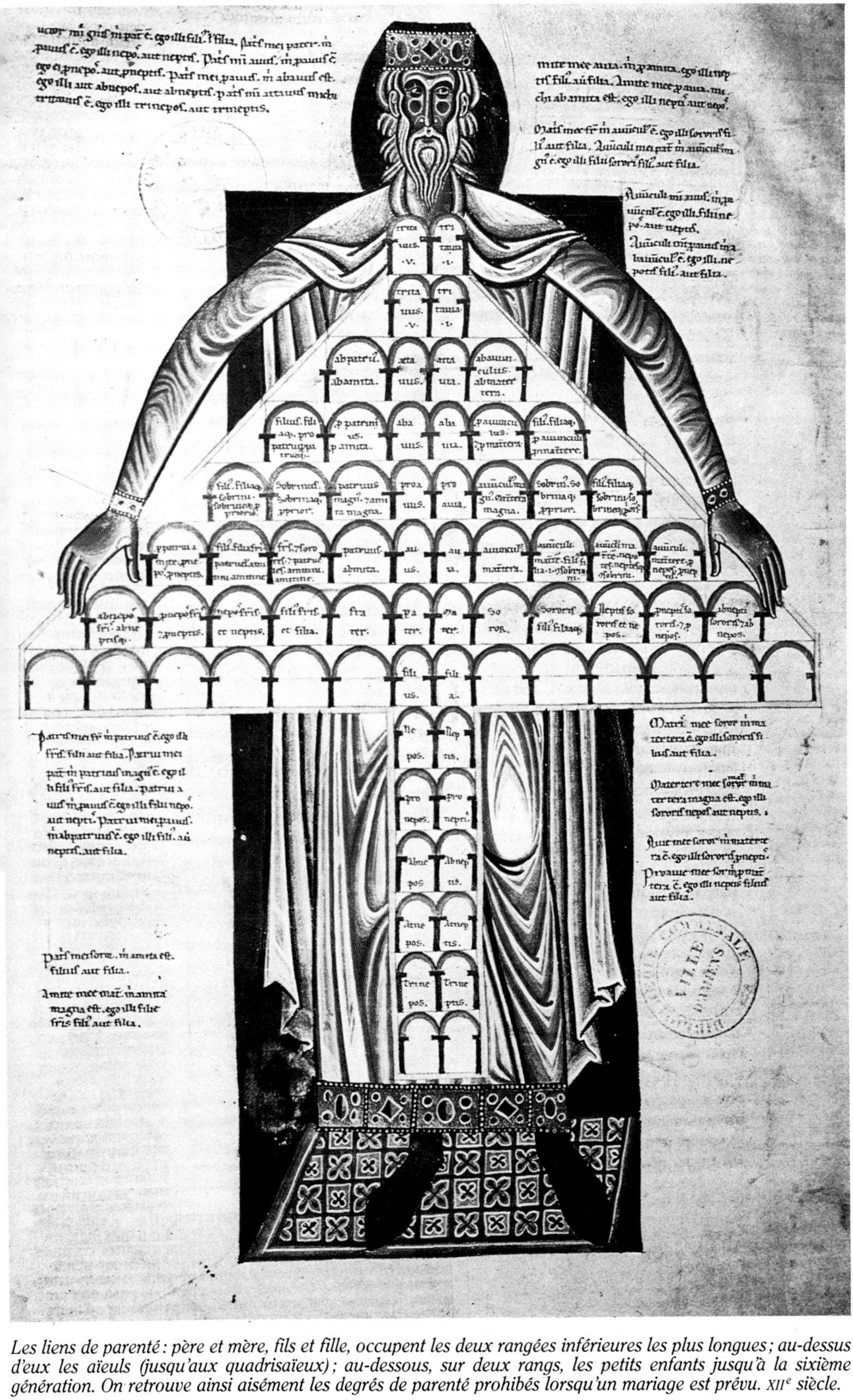

Les liens de parenté : père et mère, fils et fille, occupent les deux rangées inférieures les plus longues ; au-dessus d'eux les aïeuls (jusqu'aux quadrisaïeux) ; au-dessous, sur deux rangs, les petits enfants jusqu'à la sixième génération. On retrouve ainsi aisément les degrés de parenté prohibés lorsqu'un mariage est prévu. XIIe siècle.

25

Cette vignette, au trait si moderne, se trouve dans la bible de Clairmarais, en marge du livre de Jonas; la femme, sans doute en pèlerinage, porte son enfant sur le dos suivant un usage immémorial; mère et enfant sont bien protégés des intempéries. XIVe *siècle.*

Cérémonie de fiançailles dans la famille des princes de Hainaut. XVe *siècle.*

26

27

Le mariage : le rôle du prêtre comme témoin est ici nettement affirmé. XVe *siècle.*

ne autre représentation du mariage au XVe *siècle.* Décret *de Gratien. Ce* Décret *joue un peu le rôle de notre code civil.*

28

29

Les joies de l'existence : la vie dans le mariage. Traité de médecine. XVe siècle.

Naissance de Louis, futur Louis VIII, fils d'Isabelle de Hainaut, épouse de Philippe-Auguste. Très blonde et très belle, elle légua cette beauté à son fils et aussi à son petit-fils Saint Louis. Histoire des nobles princes de Hainaut, *Jacques de Guise. XVe siècle.*

31

«Explicit Liber Premiorum ego Dulcia scripsi et suscripsi istum librum».
«Fin du Livre des Préliminaires; *moi, Dulcia, ai écrit et souscrit ce livre».*
Dulcia est une moniale de l'abbaye de Saint-Jean de Laon; la précieuse mention indique qu'elle a été la copiste de l'ouvrage : «Proemia» d'Isidore de Séville, IXe *siècle.*

32

Les neuf muses; elles sont toutes munies d'instruments de musique. Martin Le Franc, Le Champion des dames. XVe *siècle.*

33

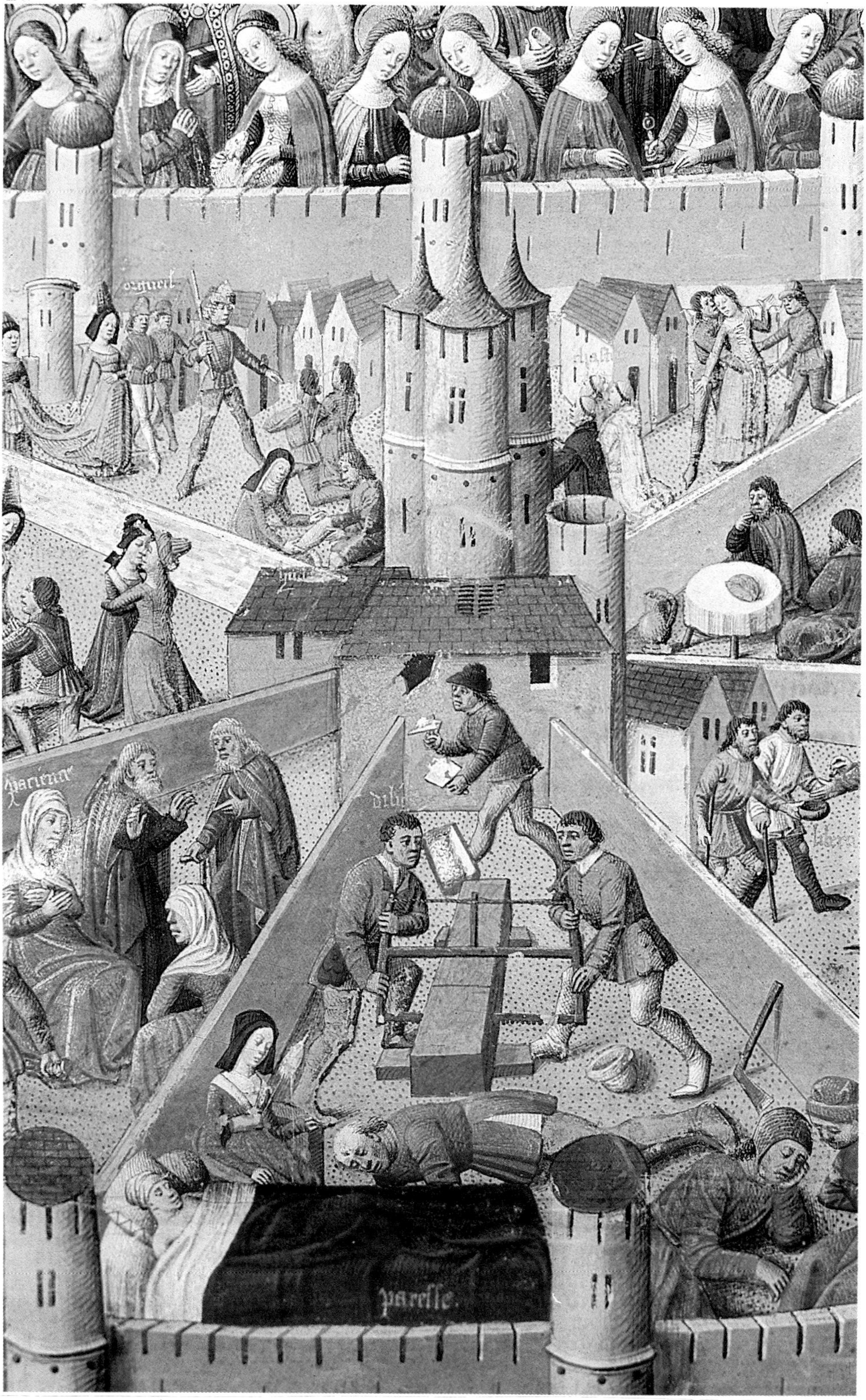

Les vertus et les vices; au premier plan la paresse (des gens qui sommeillent), avec la vertu opposée incarnée par des charpentiers et un maçon au travail. La Cité de Dieu, *saint Augustin.* XVe *siècle.*

34

Le tissage est considéré comme un métier d'homme, mais bien des femmes auront tissé sur un petit métier; ainsi celle-ci, que le texte nomme Yragne (ce qui évoque « araigne », la tisseuse par excellence !). Le Champion des dames. *XVᵉ siècle.*

35

La « miresse », gynécologue de l'époque, explique à une patiente les désagréments évoqués sous la métaphore poétique des fleurs blanches. Traité de médecine de Rhazès.

Les travaux des champs : labourer, semer, sont réservés aux hommes ; la femme est occupée à filer. XVe siècle.

Après trente années d'occupation anglaise (1418-1449), les échevins de Rouen ont pris soin de reconstituer leur bibliothèque. Ici un exemplaire d'Aristote, L'Ethique à Nicomaque*, illustré d'une scène de vie quotidienne : boutiques de savetier et d'orfèvre.* XVe *siècle.*

Le sceau de Raymond de Mondragon : scène d'hommage rendu par le vassal à son suzerain, ici une suzeraine. XIIe *siècle.*

39

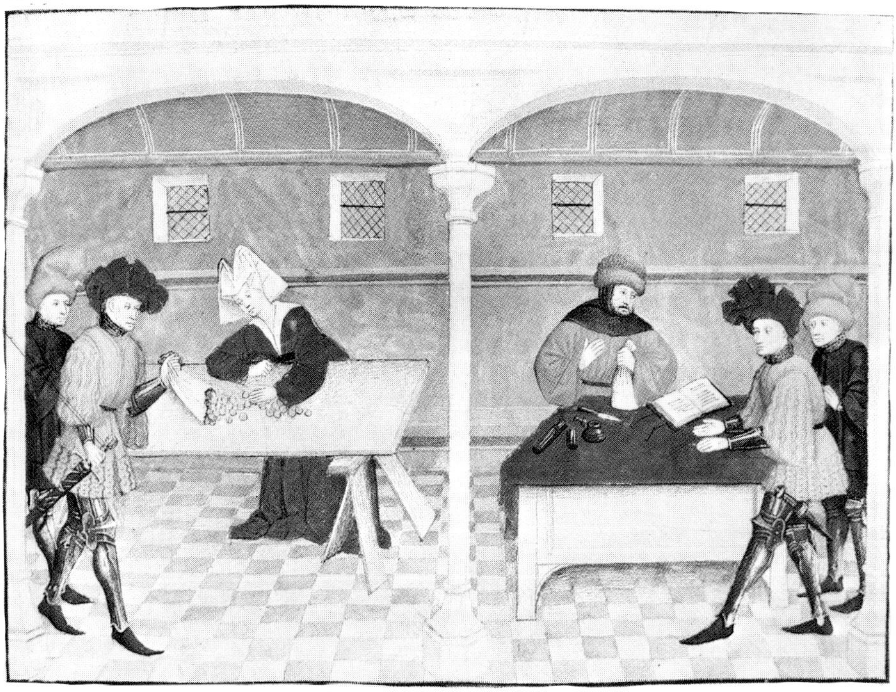

Le banquier avance l'argent, mais c'est la « banquière » qui encaisse les remboursements. Cette miniature illustre un manuscrit de l'œuvre de Boccace copié en 1432 pour les ducs de Bourgogne.

40

L'entrepôt du drapier et son intérieur : sur la table couverte d'une nappe blanche, de la vaisselle d'étain, assiette, aiguière, verres, etc. Le lit soigneusement fait est dissimulé à demi par des rideaux. XVe siècle.

L'échoppe du boulanger; son épouse se tient devant la porte; à gauche, le four. Ce boulanger doit être aussi tavernier car il propose visiblement une rasade à ses clients. XVe *siècle.*

Trois personnages des comédies de Térence: le vieillard, la servante, le valet; il s'agit du fameux Térence des ducs, *qui appartint au duc de Berry; son premier propriétaire n'était autre que Louis de Guyenne, l'un des fils de Charles VII, mort en 1415.*

43

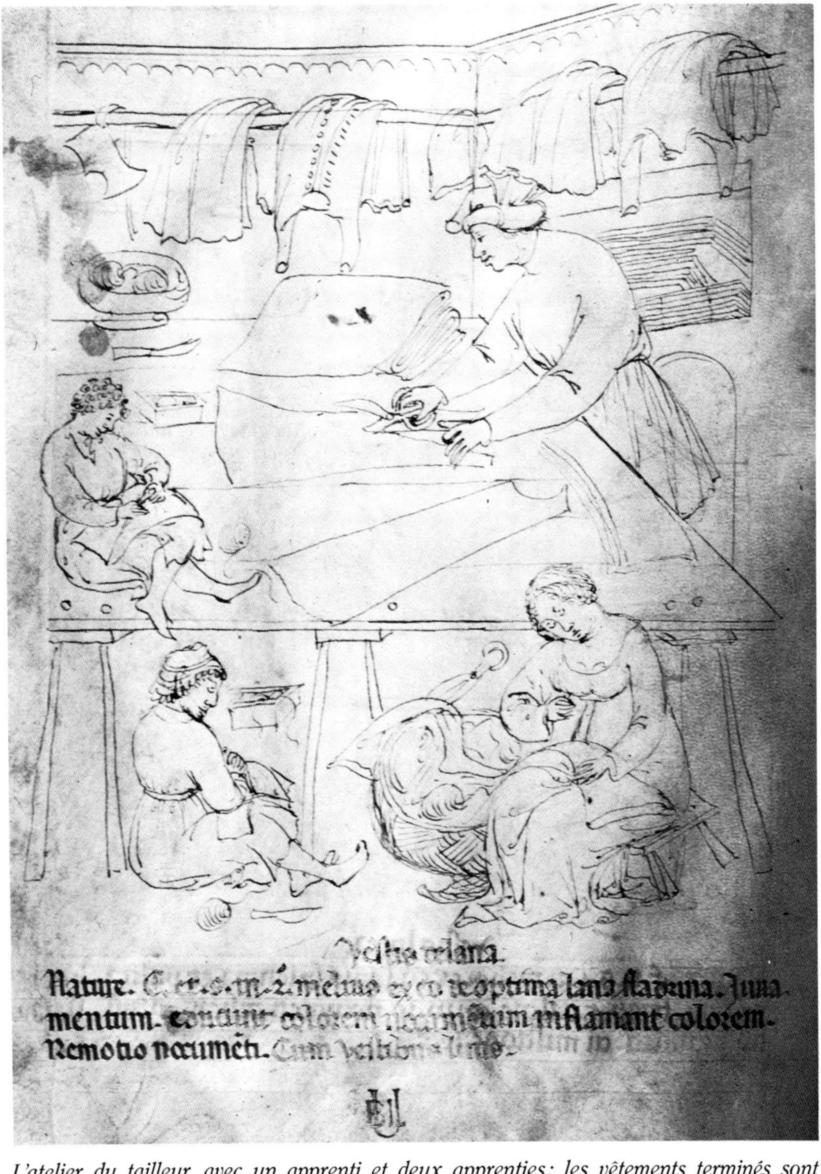

L'atelier du tailleur, avec un apprenti et deux apprenties; les vêtements terminés sont accrochés le long des murs sur un bâton suspendu. Traité de médecine. XVe *siècle.*

44

Des femmes – elles ont la quenouille en main – regardent travailler les ouvriers du bois ; la scène est censée représenter la construction de l'Arche de Noé.

45

La «cantinière» ; les scènes de combat, qui se multiplient aux XIVe-XVe siècles, montrent parfois des femmes dont le rôle est de porter à boire aux combattants ; comme eux, elles protègent leur tête d'un casque de métal.

Il était fréquent que des parents confient leur enfant à des clercs pour son éducation ; mais ici l'évêque a exigé pour cela une somme d'argent qu'on lui présente dans une bourse exagérément grossie : c'est donc un cas de simonie (exiger de l'argent pour son ministère). Traité de droit canonique.

47

« Voici Nature qui est dans sa forge et pense des choses ». L'universitaire Jean de Meung attribue à « Nature » la première place dans son œuvre : la seconde partie du Roman de la Rose. *XIIIe siècle.*

48

Abstinence et Faux-Semblant (représenté par un moine) viennent trouver Malebouche. Les allégories se succèdent dans la seconde partie du Roman de la Rose. *Jean de Meung. XIIIe siècle.*

49

Une femme battue. Ici s'étale la misogynie de l'universitaire Jean de Meung, en complet contraste avec la tradition courtoise qui animait la première partie du Roman de la Rose, *due à Guillaume de Lorris.*

Jalousie, personnifiée par une femme, amène l'homme, mû par «mâle soupçon», à tenter de franchir les tours fortifiées du château. Le Roman de la Rose. *XIII*[e] *siècle.*

51

Christine de Pisan, poétesse et historienne, reçoit dans son « étude » la visite de Minerve, déesse de la sagesse (« et comme moi, femme italienne », lui dit-elle). Son manuscrit repose sur un pupitre incliné ; à côté, l'écritoire. XVe siècle.

52

Le dernier poème de Christine de Pisan a été écrit pour célébrer les victoires de la femme la plus célèbre de l'histoire, Jeanne d'Arc. Ici la plus ancienne figuration datée de l'héroïne (1441, dix ans après le bûcher de Rouen) ; le texte l'assimile aux femmes de la Bible, Esther, Judith et Déborah.

nul doute qu'elles n'aient répondu sincèrement à ce qui avait été son premier appel. Une lettre que lui adresse le poète Hildebert de Lavardin en témoigne. Aussi, en 1149, après Pétronille de Chemillé, fut-elle élue, à trente-quatre ans, comme abbesse. Elle devait le rester jusqu'à sa mort survenue cinq ans plus tard.

Par cette femme au destin si étrange, que la mort tragique de son jeune époux avait fait passer « du roi des Angles au roi des Anges », trouvent un écho à Fontevraud les événements qui agitent l'Angleterre de ce temps et qui n'auront leur dénouement que l'année même de sa mort, 1154. Elle-même et sa demi-sœur Juliane (venue la rejoindre à l'abbaye après s'être séparée de son époux Eustache de Breteuil) étaient unies par les liens de famille les plus proches avec tout ce qui comptait dans les destinées de l'Angleterre, le royaume au-delà des mers, qui lui avait été promis, et où les femmes jouent un rôle prépondérant.

Quant à l'autre Mathilde, son père Henri Ier Beauclerc l'avait fiancée à sept ans à l'empereur d'Allemagne Henri V. Selon l'usage, elle quitta donc l'Angleterre pour être élevée à la cour de son futur époux, de trente-deux ans son aîné. L'empereur devait mourir en 1126, laissant une jeune veuve de vingt-quatre ans, sans enfant. Mathilde regagna l'Angleterre. « L'impératrice », comme la surnommait la cour, aurait souhaité demeurer libre. Mais Henri Beauclerc, inquiet de n'avoir plus de descendance, intervint pour lui faire épouser Geoffroy le Bel, le fils de Foulques V d'Anjou. Sa famille se trouvait décidément liée à celle de l'Angevin.

Cette union n'était pas du tout du goût de Mathilde : mariée une première fois avec un prince beaucoup plus âgé qu'elle, elle se retrouvait avec un époux de quinze ans ; au surplus, elle qui avait porté la couronne impériale n'avait plus affaire qu'à un jeune baron dont le territoire, si plaisant fût-il, ne pouvait satisfaire ses ambitions. Geoffroy a cependant laissé aux contemporains un souvenir sympathique :

Grand chevalier et fort et bel
Et preux et sage et enquérant :
Prince ne fut nul plus vaillant.

Il n'en eut pas moins quelque mal à fixer son irascible épouse, bien qu'en tant que mari il eût fait ses preuves, puisqu'il la rendit mère du futur Henri Plantagenêt, lequel en garda toute sa vie le surnom de Fitz-Empress, fils de l'impératrice.

La maternité n'assagit pas Mathilde. Non contente de traiter Geoffroy avec une impudente désinvolture, elle déserta, pendant deux ans, le domicile conjugal. Ses frasques, au dire des contemporains, désespéraient Henri Beauclerc déjà si éprouvé.

Le roi d'Angleterre demeurait à jamais marqué par son deuil ; on prétend qu'on ne le vit plus jamais sourire après le désastre de la *Blanche-Nef.* Pourtant Henri Ier devait se remarier, cédant aux objurgations de l'archevêque de Cantorbéry, Raoul, qui, connaissant le souverain, l'adjurait de reprendre épouse plutôt que de mener la vie dissolue qu'atteste le nombre de ses bâtards. Henri épousa Aélis de Louvain.

Les poètes vantent sa beauté, sa sérénité aussi, qui lui fut bien nécessaire, car le roi espérait d'elle un héritier qu'elle ne put lui donner. L'évêque du Mans, Hildebert de Lavardin, tente de la réconforter de ce qui la rend profondément malheureuse, tout en lui recommandant le soin des pauvres et des miséreux de son domaine ; il la dépeint d'humeur toujours égale : ni joyeuse dans le bonheur, ni triste dans le malheur...

« La beauté ne l'a pas rendue frivole, ni la couronne orgueilleuse... »

Princesse cultivée, c'est à elle que seront adressées les premières œuvres poétiques en langue vulgaire :

> Madame Aélis la reine
> Par qui vaudra la loi divine,
> Par qui croîtra la loi de terre (terrestre),
> Et sera éteinte la guerre,
> Pour les armes d'Henri le roi
> Grâce au conseil (sagesse) qui est en toi...

Tel est l'hommage que lui rend la dédicace de la traduction

française du *Voyage de saint Brendan,* sorte de roman fantastique composé par un clerc nommé Benoît en 1122 ; deux ou trois ans plus tard, un autre clerc, Philippe de Thaon, renchérissait en lui dédiant son *Bestiaire,* qui décrit le monde animal, vrai ou supposé, en donnant la signification symbolique des mœurs ou des usages qu'il prête tant au lion qu'à la fourmi ou à la calandre fabuleuse.

Les deux premières œuvres en langage anglo-normand qui ont vu le jour à la cour d'Angleterre, sont donc nées sous l'égide d'une femme, une reine qui aura ainsi préparé les voies à l'admirable épanouissement que connaîtra la littérature « bretonne » sous le règne d'Aliénor d'Aquitaine.

Sensible aux lettres et à la poésie, l'Angleterre, en cette première moitié du XIIe siècle, n'était pas moins agitée de remous politiques qui allaient arracher à ses amours l'impétueuse Mathilde, l'« impératrice ».

Aélis n'ayant pas donné d'enfant à son époux, c'est elle qui reste, en effet, seule fille et légitime héritière du Beauclerc, qui demande d'ailleurs à ses vassaux de lui jurer fidélité en 1135. En dépit de ce serment, quand Henri meurt, son neveu Étienne de Blois, petit-fils du Conquérant par sa mère Adèle, passe la Manche et va se faire couronner, soutenu en cela par son frère Henri, évêque de Winchester. Mais Mathilde n'est pas femme à se laisser évincer.

Ses contemporains la décrivent comme dure, autoritaire, arrogante. On ne saurait, en tout cas, lui dénier la ténacité. Le roi Etienne ayant pris le pouvoir en dépit de la résistance des bourgeois de Douvres qui lui ont fermé leurs portes, et de ceux de Cantorbéry qui se sont aussi opposés à son entrée, Mathilde « l'impératrice » n'a plus qu'à recourir aux armes pour faire reconnaître ses droits. Elle va être encouragée en particulier par son demi-frère, l'un des bâtards d'Henri Ier, né d'une princesse galloise ; Robert de Gloucester, type même du parfait chevalier, avait été choisi par Henri pour accompagner « l'impératrice » à Rouen, lorsqu'elle avait épousé en secondes noces, comme on l'a vu, Geoffroy le Bel. Dans la succession à la couronne d'Angleterre, il se fait son champion et pendant trois ans, bien qu'ayant prêté hommage à Etienne pour ses domaines personnels, tente de ramener à la raison ce prince aimable, courtois, plein de mérite, qui avait su gagner le cœur de ses sujets. Pourtant, dès 1138, sous l'influence d'un de ses familiers, Guillaume d'Ypres, « le mauvais génie du roi », Étienne confisque les domaines de Robert, qui aussitôt lui retire son hommage ; désormais sont en place tous les éléments d'une guerre civile qui ne pouvait manquer d'éclater. Mathilde, ayant passé la mer et débarqué à Arundel le 30 septembre 1139, avec l'appui de Robert de Gloucester, une bataille décisive est livrée à Lincoln, en 1140, au cours de laquelle le roi Etienne est fait prisonnier. Mais « l'impératrice » ne sut pas exploiter sa victoire ; ou plutôt son caractère personnel ne lui conserva pas les bonnes dispositions de ses sujets. « Elle manifesta immédiatement les plus grands airs ; d'un orgueil démesuré, ne montrant ni dans ses mouvements ni dans sa démarche l'humilité d'une douceur féminine, mais marchant et parlant de façon plus hautaine et plus arrogante que d'habitude, comme si, par là, elle se faisait la reine de toute l'Angleterre et devait en avoir toute la gloire. »

Ainsi s'exprime l'auteur, il est vrai partial, des *Gesta Stephani,* sans doute le chapelain de l'évêque de Winchester, frère et support du roi Étienne ; et il ajoute : « dépouillant les citoyens de Londres (ils avaient pris, eux, le parti d'Etienne) venus se plaindre du tribut qu'elle avait imposé... Tandis que les citoyens parlaient, elle, l'œil farouche, le front barré d'une ride, sans rien sur son visage qui rappelât la douceur féminine, éclata d'une colère intolérable. » Mathilde professait en politique des maximes dénuées d'illusion comme d'indulgence ; s'il faut en croire l'annaliste Gautier Map, elle aurait muni son fils de préceptes solidement réalistes : « Fais briller le prix devant leurs yeux (ceux de ses sujets), mais prends garde de le retirer avant qu'ils y aient goûté. Ainsi tu les garderas zélés et tu les trouveras pleins de dévouement quand tu auras besoin d'eux. » C'est une stratégie de gouvernement qu'en d'autres temps on nommera « le fouet et la pomme », et qu'alors on appelle la méthode du « faucon affamé ».

De toute évidence une maîtresse femme, mais plus douée pour la lutte que pour la courtoisie. Elle allait en donner la preuve lors des hostilités qui éclatent et qui d'abord tournent à son avantage : à la bataille de Lincoln, donc, son rival Etienne de Blois est fait prisonnier ; mais Mathilde essuie de sérieux revers par la suite ; quelque temps après, c'est Robert de Gloucester, son champion, qui est fait prisonnier par les partisans d'Etienne. Il ne reste plus qu'à les échanger l'un contre l'autre. La situation n'en demeure pas moins inquiétante : Mathilde se trouve assiégée dans Oxford, elle est à deux doigts d'être capturée à son tour. Elle s'échappe de nuit, en plein hiver, presque seule, parvient à traverser les lignes de l'assiégeant et réussit à regagner la Normandie. L'Angleterre est livrée à l'anarchie ; à l'est, on reconnaît la royauté d'Étienne, à l'ouest on reste fidèle à Mathilde ; mais, du nord au sud, nulle autorité véritable. Les barons ne songent qu'à profiter de cette instabilité ; on a pu en citer quelques-uns, comme Geoffroy de Mandeville qui, arrachant tantôt à l'un, tantôt à l'autre des concurrents des concessions appréciables en échange d'une promesse de « fidélité », parvient à se tailler un fief confortable.

Pourtant, la ténacité de Mathilde va en fin de compte aboutir à un résultat positif. En 1147, son fils Henri se présente en Angleterre pour y faire valoir ses droits. Il a quinze ans, des ressources insignifiantes. Comble de malchance, son oncle Robert de Gloucester meurt cette même année. Henri, payant d'audace, s'adresse à son adversaire, au roi Etienne, qui — contre le conseil des grands, précise la chronique — fait un geste chevaleresque, lui envoyant des secours au lieu de le repousser. Il est vrai qu'Etienne n'a que des déconvenues avec son propre fils Eustache de Boulogne qui fait tout pour décourager ses partisans. Aussi, quand il meurt en 1153, au soulagement général, Etienne de Blois promet la couronne à Henri que les Anglais appellent Fitz-Empress, et l'histoire Henri Plantagenêt. Depuis un an déjà, celui-ci est l'époux d'Aliénor d'Aquitaine. Devenu comte d'Anjou et duc de Normandie à la mort de son père en 1151, il avait rejoint à Poitiers celle qui venait de se séparer de son premier mari, le roi de France, et l'avait épousée, à la stupeur générale.

Aliénor, à trente ans, commence une nouvelle existence.

En effet, la mort d'Etienne de Blois ne tarde pas à lui valoir une seconde couronne qu'elle reçoit aux côtés d'Henri, à Westminster, le 19 décembre 1154.

En entrant dans la famille de son nouvel époux — l'élu de son cœur, celui qu'elle s'était choisi — Aliénor d'Aquitaine faisait connaissance avec deux personnalités féminines à la destinée différente mais également romanesque, qui, par un caprice du sort, se trouvaient porter le même nom de Mathilde, d'ailleurs très répandu à l'époque. Ces deux Mathilde projetaient leur silhouette sur son futur royaume d'Angleterre, l'une et l'autre bien caractérisée : la première, douce et forte, était la tante de son époux, l'autre, dure et autoritaire, sa propre belle-mère.

Laquelle de ces deux Mathilde, celle qui aurait dû être reine, celle qui aurait pu être reine, emporte-t-elle la sympathie d'Aliénor ? D'emblée, l'histoire l'indique : la première visite du couple, juste après leur mariage, est pour Fontevraud, où Aliénor salue l'abbesse, sa tante, de cet *amita mea* si tendre et respectueux. Et durant son existence, aussi longue que mouvementée, Aliénor demeurera fidèle à ce haut lieu de Fontevraud.

Les chartes de la reine Aliénor

« Après avoir été séparée de mon seigneur Louis, très illustre roi des Francs, pour cause de parenté, et avoir été unie en mariage à mon seigneur Henri, très noble consul des Angevins, poussée par une divine inspiration, j'ai souhaité rendre visite à l'assemblée des saintes vierges de Fontevraud, et ce que j'avais dans l'esprit, avec l'aide de la grâce de Dieu, j'ai pu l'accomplir. Je suis donc venue, conduite par Dieu, à Fontevraud, et j'ai franchi le seuil du chapitre de ces vierges, et là, le cœur ému, j'ai approuvé, concédé et confirmé tout ce que mon père et mes ancêtres avaient donné à Dieu et à l'église de Fontevraud, et principalement cette aumône de 500 sous de monnaie poitevine, comme mon seigneur le roi des Francs, alors mon époux, et moi-même l'avions donné, selon ce que ses écrits et les miens l'ont décrit et montré. » Tels sont les termes du texte « officiel » qui conclut la première visite d'Aliénor à Fontevraud.

On ne peut qu'être frappé de l'accent tout personnel que revêt cet acte, en soi assez banal et très courant, qui consiste à confirmer une première donation faite à un monastère. Aliénor semble y clamer le bonheur de sa nouvelle union, qui certainement comblait son cœur en même temps que ses ambitions. Cela peut paraître paradoxal si l'on songe qu'elle venait de faire définitivement abandon d'une couronne. Nul doute pourtant qu'elle pressentait qu'avec cet époux jeune, remuant, et qui avait déjà proclamé de la façon la plus éclatante ses visées sur le royaume d'Angleterre, elle aurait à jouer elle-même un rôle plus personnel qu'auprès de Louis VII, qui l'avait éloignée, du temps de leur mariage, de toute activité politique. Elle ne devait pas être déçue, puisque les années qui allaient suivre devaient être des années pleinement fécondes : non seulement elle donne naissance à huit enfants, mais elle se révèle administratrice infatigable ; le grand nombre de lettres et chartes émanant d'elle montre à l'envi quelle attention elle porte, à la fois à ses domaines personnels et au royaume tout entier.

On a en effet conservé, originaux ou copies, de nombreuses chartes d'Aliénor d'Aquitaine, dont l'ensemble nous révèle ce qu'a pu être l'activité d'une reine en cette seconde moitié du XIIe siècle. Et c'est à travers celles-ci que nous évoquerons Aliénor. Cette approche très particulière peut paraître surprenante. Cependant — sans même tenir compte du scrupule que j'aurais à reprendre ce que j'ai écrit ailleurs — l'analyse de ces actes de donations est tentante et elle se justifie à bien des égards. D'une part, ces documents sont fort peu connus du public, alors même que les dons officiels à des établissements religieux sont un des traits caractéristiques de l'époque : pour Aliénor, comme pour la plupart de ses contemporains, ils marquent chacune des étapes importantes de leur vie. D'autre part, Fontevraud, le bénéficiaire privilégié de ses libéralités, est le lieu qui, continûment, indéfectiblement, relie cette reine, toujours en mouvement, à son passé et à son avenir.

Ainsi cet acte, scellé à l'occasion de son récent mariage, non seulement la relie à son passé immédiat, à son ex-époux, et à la croisade qu'ils ont organisée et suivie ensemble, mais encore la rattache à son passé lointain, à son grand-père.

On sait comment le premier, ou en tout cas le plus connu de nos troubadours, Guillaume IX d'Aquitaine, dont il a été question plus haut, poète prodigieusement doué, grand amateur de femmes, d'abord paillard et d'une sensualité débridée en poésie comme en prose, s'était répandu en moqueries sur Robert d'Arbrissel et les foules qu'il drainait vers Fontevraud, où se côtoyaient grandes dames et prostituées. Pourtant, peu à peu ébranlé par une ferveur qui gagnait jusqu'à sa propre femme Philippa et sa fille Audéarde, le poète licencieux avait changé de ton ; à la surprise générale, il avait fait don de la terre de l'Orbestier à un disciple de Robert, nommé Fouchier, sur ses propriétés entourant le château de Talmond, l'un des lieux de chasse préférés des ducs d'Aquitaine, puis avait fondé une abbaye, la Maison-Dieu de Saint-Morillon, ordre semi-chevaleresque et semi-religieux, ce qui était, en 1107, d'une grande originalité.

Ces deux donations étaient peu de chose en regard des libéralités des grands seigneurs à l'époque : elles n'en produisirent pas moins forte impression, venant de cet « ennemi de toute pudeur et sainteté[47] », selon l'avis de Geoffroy le Gros, « de caractère bouffon et lascif [...] vautré dans le bourbier des vices » pour Guillaume de Malmesbury, que néanmoins Orderic Vital trouve « audacieux, preux et de caractère extrêmement joyeux, surpassant les histrions les plus plaisants dans ses multiples plaisanteries ».

Guillaume poussait très loin ses audaces, puisqu'on l'avait vu s'affronter tantôt à l'évêque de Poitiers, tantôt à l'évêque d'Angoulême, dans des scènes parfois violentes puisque, dans le premier cas, le duc, saisissant le prélat par les cheveux, l'avait menacé de l'épée.

Le revirement de cet insolent suzerain était donc de taille. Rita Lejeune, l'éminente médiéviste, professeur à l'université de Liège, l'a admirablement résumé : « Ce puissant seigneur, en effet, qui se distingue de ses contemporains par son irrévérence déclarée à l'égard de l'Eglise et de la religion, et qui s'amusa longtemps à afficher envers les femmes un libertinage cynique, commença d'abord par se gausser, dans ses *cansos,* des succès éclatants que l'esprit de Fontevraud exerçait dans son entourage féminin immédiat ; mais, après, il laissa transparaître, dans des poèmes étonnants de modernisme à leur époque, les symptômes d'un mysticisme mondain, et, bientôt, les signes éclatants d'une exaltation amoureuse où la femme, soudain sublimée, se présentait comme la suzeraine dans le couple : l'amour courtois venait de s'affirmer[48]... »

Aliénor, elle, perpétuait donc ce qui était devenu comme une tradition dans sa lignée en se rendant à Fontevraud ; avec elle, l'attachement pour cette abbaye, dans laquelle la femme jouait un rôle éminent, va s'amplifier et s'accentuer au point de marquer toute sa vie de reine. Ainsi, en 1152 ou 1153, Aliénor confirme la donation faite par Renaud de Saint-Valéry de 20 livres de Rouen prises sur les revenus du port de Dieppe pour permettre au monastère d'acheter des harengs à la Saint-Michel : le caractère à la fois très modeste et très concret de cette décision est bien typique de l'époque.

Quelques années plus tard, entre 1155 et 1158, Aliénor prend une initiative d'une tout autre portée en installant un monastère de l'ordre de Fontevraud à Westwood en Angleterre dont elle est désormais reine.

Plus tard, vers 1162, Aliénor et son époux Henri II, qui partage son affection pour Fontevraud, approuvent les conventions passées entre le monastère et les habitants d'Angers au sujet du péage des Ponts-de-Cé qui est un lieu de grande circulation et donc de fort rapport.

On note encore de nombreuses confirmations : 1164, celle d'un don de 35 livres fait directement sur les ressources de l'Echiquier (la Chambre des comptes des rois d'Angleterre) ; 60 livrées de terres prises sur le manoir de Leighton à Bedford ; le droit de foire concédé aux religieuses de Eaton appartenant à l'ordre de Fontevraud. Cette poussière de droits et concessions, qui fait alors la trame de l'existence quotidienne des collectivités comme des particuliers, tout infimes qu'ils nous paraissent, n'en font pas moins vivre une foule de gens.

Si les petites aumônes émaillent indistinctement la vie d'Aliénor, les grandes fondations ponctuent solennellement les temps forts de son existence. Nous l'avons vu en 1146 et 1152. Marquée par une très généreuse donation, l'année 1170 est une date capitale pour Aliénor et pour Henri : celle des accords de Montmirail (qui d'ailleurs ne préviendront pas la fin dramatique des rapports de celui-ci avec Thomas Becket).

En présence du roi de France, Henri II se reconnaissait son sujet et son vassal pour toutes ses possessions sur le continent, et répartissait entre ses enfants les divers territoires du royaume Plantagenêt. De ces accords qui avaient eu lieu pour l'Epiphanie de 1170 (6 janvier), Aliénor était absente et elle n'allait pas tarder à prendre sa revanche en faisant à son tour acte de politique personnelle : pour Pâques de la même année, elle instaure solennellement, comme duc d'Aquitaine et comte de Poitou, son second fils Richard, celui que plus tard on nommera Cœur de Lion.

Dans l'esprit d'Aliénor, la cérémonie n'eût pas été complète si elle n'avait été suivie d'une donation solennelle à l'abbaye de Fontevraud. Elle y associe ses fils et aussi son époux (dont elle est de plus en plus éloignée à l'époque, puisque c'est le temps où il la trompe ouvertement avec la belle Rosemonde). L'acte porte sur plusieurs terres, en particulier l'une sur la route royale qui va de «Bella Villa» à Chizé, et sur les bois *d'Argathum* (Argy ?).

Cette très généreuse fondation — la plus importante qui fut faite en faveur de Fontevraud — sera suivie d'une multitude de libéralités plus modestes, mais toujours plus nombreuses. Aliénor confirme la redevance en blé que l'abbaye emmagasinait à Angers et à Saumur, où elle possédait des greniers (nous dirions : des silos), accorde des franchises à quatre hommes du fournil (four à pains et boulangerie), que les religieuses de Fontevraud possèdent à Loudun, verse 100 livres de rente sur les revenus d'Angers et de Loudun pour le service de la cuisine de Fontevraud.

En fait, toutes ces donations remontent au temps où Aliénor ne paraît plus guère en Angleterre et reprend résolument son titre de duchesse d'Aquitaine, comtesse de Poitiers. C'est aussi l'époque où elle soulève ses Etats contre le pouvoir devenu despotique d'Henri Plantagenêt. En 1173, la révolte, qui couve partout, animée par la reine et incarnée en ses fils Henri le Jeune et Richard, éclatera ouvertement. Elle ne sera matée par Henri II que l'année suivante, lorsque, surprise en vêtements d'homme au milieu d'une petite escorte de Poitevins, au moment où elle tente de gagner les terres de son premier époux, Louis VII roi de France, la reine Aliénor est faite prisonnière.

Dix ans vont s'écouler pour elle dans la solitude, sous une étroite surveillance, dans divers châteaux d'Angleterre. Elle ne reprendra place à la cour que pour la Noël de l'an 1184. Entre-temps, son fils aîné Henri, le jeune roi, est mort, morte aussi la belle Rosemonde dont la présence avait consommé l'éloignement d'Henri et Aliénor. Une sorte de trêve de Noël voit donc Aliénor reparaître auprès de son époux, qui pour la circonstance lui a fait don d'une très belle robe d'écarlate. L'un et l'autre tiennent comme autrefois leur cour de Noël, entourés de leurs vassaux ; Aliénor aussitôt donne à Fontevraud 100 livres de rente, assis sur les biens de la prévôté de

Poitiers, et perçus moitié dans cette ville, moitié à Marcilly près de Benon (Charente-Maritime) ; en ce dernier lieu, c'est la vigne de Benon qui sert d'assiette à cette rente. L'année suivante, Henri II lui-même confirmera solennellement le geste de son épouse, qui reste d'ailleurs sous étroite surveillance.

Quatre ans plus tard, il meurt. Son fils Richard — le bien-aimé — a envoyé son fidèle Guillaume le Maréchal en Angleterre avec mission de libérer Aliénor ; il la trouve « déjà délivrée, à Winchester, et plus grande dame que jamais ». Aliénor désormais va réintégrer la vie active. Mieux, c'est elle qui pratiquement gouvernera l'Angleterre, son fils Richard, dont elle a préparé le couronnement, n'ayant en tête que l'expédition en Terre sainte où il va se couvrir de gloire. Dès 1190, nouveau don, celui-là de 35 livres de rente sur l'Échiquier de Londres. Elle aura aussi l'occasion de mettre un terme aux démêlés entre le monastère et la ville de Saumur par deux chartes de 1193, signées l'une à Winchester, l'autre à Westminster. C'est l'époque où, Richard étant prisonnier, Aliénor déploie toute son activité et toute son initiative pour le faire relâcher ; entre autres elle adresse au pape Célestin III la lettre fameuse dans laquelle elle s'intitule « par la colère de Dieu, reine d'Angleterre », le suppliant « de se montrer père envers une mère malheureuse ». A vrai dire, ces objurgations ne prennent pas uniquement la forme d'une supplique : « De votre arbitrage et de la clémence de votre pouvoir dépendent ce que le peuple appelle de ses vœux, et si votre main ne saisit promptement le jugement, tout le tragique de ce mal en reviendra à vous... Notre roi est dans les fers et partout les angoisses le pressent... Ce qui attriste publiquement l'Église et excite le murmure du peuple ne contribue pas médiocrement à porter atteinte à votre réputation : que, dans un tel conflit, au milieu de tant de larmes, de tant de supplications, vous n'ayez pas envoyé un seul messager de votre part à ces princes... » (d'Autriche et d'Allemagne qui détiennent Richard après son retour de croisade).

Elle finit par arracher son fils aux griffes de l'empereur, allant elle-même porter la rançon exigée. Aliénor, considérant que son fils n'a plus besoin d'elle, décide de se retirer à Fontevraud. Hélas ! Richard est mortellement blessé d'une flèche qui lui est décochée lors du siège mené contre le château de Châlus. Se sentant mourir, il fait appeler sa mère. Elle a alors quelque soixante-quinze ans, quand un messager lui apprend que Richard, moribond, la réclame. Aliénor demande à l'abbesse de Fontevraud (veuve du comte de Champagne et donc une parente), d'aller personnellement annoncer la triste nouvelle à l'épouse de Richard, la reine Bérengère, et de prévenir aussi le seul et dernier fils qui lui reste, Jean sans Terre. Elle-même, accompagnée de l'abbé de Turpenay, Lucas, l'un de ses familiers, prend en toute hâte la route du Limousin pour recevoir le dernier soupir du fils tant aimé, le 6 avril 1199.

Quelques jours plus tard, le dimanche des Rameaux, 11 avril, elle est de retour à Fontevraud où elle conduit les funérailles de Richard. Celui-ci, en effet, a demandé que son cœur soit envoyé à la cathédrale de Rouen, mais que lui-même soit inhumé dans l'abbaye où son gisant est toujours en place à côté de celui de son père.

Lors de l'enterrement de Richard, on assiste à une scène pathétique : Guillaume de Mauzé, un seigneur d'Aquitaine à qui Richard avait enlevé son domaine de Marans, se jette aux pieds d'Aliénor, la suppliant de le lui rendre. Elle y consent, mais pose une condition : que Guillaume fasse sur ce domaine une rente de 100 livres à Fontevraud pour les robes des religieuses. Elle-même remet au monastère la villa de Jaulnay, spécifiant que son revenu est pour la cuisine de Fontevraud. Un peu plus tard, le 4 mai, elle fonde à Fontevraud même la chapellenie de Saint-Laurent pour Roger, religieux de Fontevraud qui remplissait auprès d'elle les fonctions de chapelain. L'acte est dressé à Poitiers où elle se trouve alors, ayant entrepris une extraordinaire tournée dans ses Etats personnels pour y assurer son autorité à la mort de son fils. Par la même occasion, elle accorde au monastère une rente de 10 livres de monnaie poitevine par égard pour sa petite-fille Alix (fille d'Alix de Blois, qu'elle avait eue de son premier époux, après leur retour de croisade) qui avait pris le voile, toujours à Fontevraud ; et, enfin, ajoutant à tant de bienfaits, elle donne à l'abbaye une maison et un four sis à Poitiers.

Et c'est à Fontevraud que reviendra la reine après avoir connu au cours de ce voyage dans ses domaines une étape pathétique entre toutes : à Rouen, le 30 juillet 1199, après avoir assisté son fils, voilà qu'elle doit recueillir le dernier souffle de sa fille Jeanne. Celle-ci, veuve du roi de Sicile, avait épousé, en octobre 1196, le comte de Toulouse, Raymond VI, triste personnage, sorte de Barbe-Bleue qui en était avec elle à sa quatrième épouse. Le première était morte, mais les deux autres survivaient, l'une enfermée par ses soins dans un couvent cathare, l'autre répudiée au bout de quelques mois ; Jeanne lui avait donné un fils, le futur Raymond VII, et se trouvait de nouveau enceinte ; mais épuisée, délaissée par son époux, déçue par lui et mise en danger par ses vassaux du Lauraguais sans cesse en révolte contre leur seigneur, qui à vrai dire n'inspirait guère le dévouement, l'idée lui était venue d'aller chercher un peu de réconfort auprès de son frère Richard, et c'est en chemin qu'elle avait appris sa mort. Brisée, exténuée, elle avait pu rejoindre enfin Aliénor ; l'une et l'autre étaient remontées sur Rouen après quelques jours passés à Fontevraud. Parvenue dans la cité normande, Jeanne, décidément à bout de forces, avait dû s'aliter et, comprenant que, pour elle aussi, la mort était proche, elle avait fait son testament, puis demandé, à la stupéfaction générale, de prendre à son tour le voile à Fontevraud. Son entourage avait tenté de la dissuader : elle avait trente-quatre ans, elle était mariée et après son accouchement pouvait se rétablir. Mais Jeanne était douée de la ténacité propre aux Plantagenêts, et il avait fallu s'exécuter devant cette volonté d'une mourante. Elle avait donc reçu le voile et prononcé ses vœux, quand, le moment venu, sa mère lui ferma les yeux, après qu'elle eut été accouchée d'une fille, qui ne vécut que le temps d'être baptisée.

Aliénor allait accomplir alors son dernier geste de reine. A quatre-vingts ans ou presque, elle franchissait les Pyrénées pour aller chercher au-delà des monts une de ses petites-filles, qui serait unie à l'héritier du roi de France et contribuerait à la paix, faisant le lien entre les deux royaumes : celui des lys et celui des Plantagenêts. Aliénor de Castille, seule survivante de ses dix enfants (avec l'inquiétant, néfaste et ténébreux Jean sans Terre), avait trois filles : l'aînée, Bérengère, déjà fiancée avec l'héritier du royaume de Léon ; Urraca, la seconde, primitivement promise à Louis de France, et Blanca, la dernière. Or, c'est Blanca, âgée de onze à douze ans, qui passe les Pyrénées pour devenir la reine Blanche. Nous savons par les récits contemporains que c'est Aliénor qui a fait triompher ce choix, et l'on ne peut que s'incliner devant son discernement lorsqu'on sait de quelle qualité allait être en France le règne de la reine Blanche et quelle énergie elle devait déployer dans ses fonctions. Blanche domine toute la première moitié du XIIIe siècle, absolument comme Aliénor avait dominé la seconde moitié du XIIe. De sa grand-mère, elle a hérité un sens politique averti, un jugement sagace, une inflexible énergie, tout en étant une femme aimable, très courtisée, lettrée, poète elle-même et musicienne, très aimée enfin de son peuple qui a vu en elle l'incarnation même de la justice. Le rayonnement de la reine Blanche est celui même de notre XIIIe siècle.

Blanche épouse donc Louis de France, le 23 mai 1200, dans la localité de Port-Mort en Normandie ; mais Aliénor n'assiste pas aux noces. Sur le chemin du retour, sentant son projet le plus cher en bonne voie, elle laisse Blanche continuer son voyage sous l'égide de l'archevêque de Bordeaux, Elie de Malemort, et regagne Fontevraud, comptant bien cette fois n'en plus sortir puisqu'elle avait prévu d'y être enterrée, auprès de son époux Henri et de son fils Richard.

Elle se trompe ; il lui faut une fois de plus quitter l'abbaye bien-aimée, et pour un épisode qu'on aimerait effacer de l'histoire : l'un de ses petits-fils, Arthur de Bretagne, poussé par le roi de France, lance un défi à son oncle Jean sans Terre et fait hommage à Philippe-Auguste, non seulement pour la Bretagne elle-même, mais pour l'Anjou, le Maine, la Touraine et le Poitou, les fiefs personnels de sa grand-mère Aliénor. Puis, dans tout l'éclat de sa jeunesse provocante, avec quelques barons de l'Ouest, il se dirige sur Loudun, clamant sa volonté de prendre possession du Poitou. Aliénor ne se sentant pas à l'abri dans sa retraite veut gagner Poitiers, mais n'a que le temps d'atteindre le château de Mirebeau, qui est immédiatement investi par les deux cents chevaliers de la suite d'Arthur. Aliénor elle-même organise la défense du donjon tout en dépêchant des messagers afin de prévenir Jean sans Terre alors aux environs du Mans ; celui-ci accourt et disperse les assiégeants, faisant prisonnier Arthur et les barons qui l'entourent. Ce fut la seule victoire de son règne ; victoire due à sa mère, Aliénor d'Aquitaine.

Aliénor meurt deux ans plus tard, le 31 mars ou le 1er avril 1204. Et son beau gisant demeure à Fontevraud, dans l'abbaye animée par sa présence, comme elle avait été, tout le cours de sa vie, soutenue de ses dons.

A évoquer les seuls épisodes de cette existence — longue, riche, mouvementée — qui touchent directement à l'abbaye de Fontevraud, quelques réflexions s'imposent. Et d'abord l'étonnant pouvoir personnel de la reine. Le choix que nous avons fait, volontairement restreint à quelques chartes, familières aux érudits, mais peu accessibles, dans leur forme et dans leur fond, au grand public, montre à l'évidence que la reine dispose seule de ses biens personnels, et que c'est par sa décision propre qu'elle fait profiter de ses largesses les moniales bien-aimées. Cela, par des moyens qui sous-entendent une sorte d'administration autonome : la reine possède évidemment son propre sceau, marque de personnalité ; elle a ses secrétaires, comme son connétable, son chapelain, etc. Aucune des dispositions nécessaires à la transmission et à l'exécution des ordres, telles qu'elles existent à l'époque, ne lui ont fait défaut. Pourrait-on en dire autant de la reine Marie-Thérèse au XVIIe siècle, de Marie-Antoinette au XVIIIe, de Marie-Amélie au XIXe ?

Et l'on peut s'étonner aussi de l'objet même de ces chartes, qui sont invariablement des donations ; leur forme varie, leur portée aussi, tantôt minime (quelques sacs de blé), tantôt plus importante (une vigne, un moulin, des arpents de forêts). Ce qui est constant, c'est le geste. Il serait intéressant, en notre époque de statistiques, d'examiner de ce point de vue les actes royaux, seigneuriaux, ou même ceux de simples gens, pour y rechercher la proportion des dons : anniversaires, testaments, pèlerinages, étapes sur une route ou dans une vie, tout est alors l'occasion de don. Il y a là un trait spécifique du temps, qui ne résistera pas à la montée d'une société nouvelle, préoccupée de gain plus que de don ; cet appétit de gain, dominant désormais, ne tardera pas à supplanter les habitudes généreuses du passé. Mais cela est une autre histoire.

6

Les femmes et la vie sociale : le mariage

Offrir vous veuil, à ce désir m'allume
Joyeusement ce qu'aux amants bon semble ;
Sachez qu'Amour l'écrit en son volume,
Et c'est la fin pour quoi sommes ensemble.

...

Princesse, oyez ce que ci vous résume :
Que le mien cœur du vôtre désassemble
Jà ne sera ; tant de vous en présume,
Et c'est la fin pour quoi sommes ensemble.

Dans cette ballade dédiée par François Villon au prévôt de Paris Robert d'Estouteville et à sa femme Ambroise de Loré, le jour de leurs noces, le poète semble avoir « résumé » la conception du mariage aux temps féodaux et médiévaux. Conception qui s'est formée lentement, progressivement, au cours des siècles antérieurs ; il est donc indispensable d'en parcourir rapidement la genèse pour discerner ce qui fait le statut de la femme mariée durant ces cinq siècles qui vont approximativement du xe au xve.

Les usages des peuples dits « barbares » qui se sont installés en Gaule par les armes ou pacifiquement aux ve-vi^e^ siècles étaient de toute évidence beaucoup plus proches des coutumes celtiques que ne pouvaient l'être la loi et l'administration romaines. Si bien que, l'Empire s'étant effondré, l'osmose s'est faite sans trop de heurts, semble-t-il, entre ces Celtes, qui composent toujours l'ensemble de la population de la Gaule, et les Francs, les Burgondes, les Wisigoths qui s'y implantent.

Pour l'ensemble de ces peuples, le noyau, la structure essentielle de la société, c'est la famille, la parenté des êtres issus d'un même sang. C'est sur la solidarité créée par les liens naturels qu'elle repose, non comme à Rome sur l'autorité du père : différence qui entraîne des conséquences importantes, entre autres la stabilité du groupe familial, indestructible en droit puisque due au sang même de l'individu. La famille est donc un état de fait découlant de l'association naturelle entre parents issus d'un même ménage. Ce type de famille n'a rien à voir avec la tribu, non plus qu'avec la structure autoritaire et « monarchique » que connaissait l'Antiquité. Et, ajoutons-le, elle n'a que des points de ressemblance assez lâches avec la cellule étroite : père-mère-enfant, que nous connaissons de nos jours.

Les peuples d'origine celtique, germanique, nordique, étaient donc de par leurs coutumes, et en dépit de mœurs rudes, relativement ouverts à la nouveauté des principes évangéliques. Le régime familial les disposait à reconnaître le caractère indissoluble de l'union de l'homme et de la femme, et, chez les Francs par exemple, on constate que le *wehrgeld,* le prix du sang, est le même pour la femme et pour l'homme, ce qui implique un certain sens de leur égalité.

Or, à trois reprises, l'Evangile proclame : « Que l'homme ne sépare pas ce que Dieu a uni » (saint Matthieu v, 31-32 et xix, 3-9 ; saint Luc xvi, 18 ; saint Marc x, 2-12). La foi chrétienne, plus exigeante sur ce point que l'Ancien Testament, établissait donc la permanence de l'union de l'homme et de la femme dans une égalité totale et réciproque.

L'Église au cours des temps aura donné, aux innombrables difficultés d'ordre pratique qu'entraîne cette prescription, des réponses qui ont souvent varié selon les circonstances, mais non quant au fond. Comme le remarque Gabriel Le Bras dans la conclusion de sa longue étude[49] : « Depuis les origines du christianisme jusqu'à nos jours, la croyance fondamentale n'a point changé. Le mariage est un sacrement institué par Dieu pour procurer à la famille les grâces nécessaires. » A condition que le terme *famille* soit entendu dans son sens véritable, c'est-à-dire « que l'on y considère autant le bien de chacune des personnes qui la composent que celui de l'ensemble, cette définition est valable pour toute la chrétienté. »

C'est en cela que la conception chrétienne du mariage intéresse au premier chef l'histoire de la femme. Cette égalité établie joue en sa faveur. En un temps où l'on considère la femme comme la chose de l'homme, guère plus que l'esclave dans le monde romain, mieux protégée dans le monde « barbare », mais encore loin de l'égalité des droits, on imagine l'anomalie que peuvent constituer les affirmations évangéliques que reprend saint Paul. Car celui-ci, que l'on présente souvent comme misogyne et antiféministe convaincu, a certes multiplié à l'adresse des femmes des recommandations quant à la pudeur, au silence, à la modestie, parmi lesquelles on ne discerne pas toujours ce qui a pu n'être dicté que par les usages courants à l'époque[50] ; il y a aussi, abondamment cités, les passages bien connus de la Ire épître aux Corinthiens : « Le Chef de tout homme, c'est le Christ ; le chef de la femme, c'est l'homme ; et le chef du Christ, c'est Dieu... L'homme, lui, ne doit pas avoir la tête couverte, parce qu'il est l'image et (le reflet de) la gloire de Dieu, tandis que la femme (reflète) la gloire de l'homme. L'homme, en effet, n'a pas été tiré de la femme, mais la femme de l'homme ; et ce n'est pas l'homme qui a été créé pour la femme, mais la femme pour l'homme. Voilà pourquoi la femme doit avoir sur la tête un signe de sujétion, à cause des anges. Toutefois, la femme n'est pas séparable de l'homme ni l'homme de la femme dans le Seigneur ; car, de même que la femme a été tirée de l'homme, l'homme pareillement naît de la femme, et tout vient de Dieu. »

Il reste que nous mesurons mal aujourd'hui ce que pouvait avoir de totalement nouveau la symétrie absolue, l'égalité complète que suppose, tiré de la même épître, le résumé lapidaire qu'il fait des obligations réciproques des deux conjoints dans le mariage : « La femme n'est pas la maîtresse de son corps, il est à son mari. Le mari n'est pas davantage le maître de son corps, il est à la femme» (I Cor. VII, 4).

Ce mariage, qui rend leur union indissoluble, on en a vu l'approbation dans la scène des noces de Cana; c'est très clairement exprimé dans l'œuvre longtemps attribuée à Cyrille d'Alexandrie et que la critique moderne a rendue à Théodoret, théologien né à Antioche à la fin du IVe siècle et qui fut évêque en Syrie: «Celui qui est né d'une Vierge, qui par ses paroles et sa vie a exalté la virginité, écrit-il, voulut honorer le mariage de sa présence et lui apporter un riche cadeau afin que l'on ne vît plus dans le mariage une satisfaction donnée aux passions, afin que personne ne déclarât le mariage illicite.» Autrement dit, aux yeux des chrétiens, dès les débuts de l'Eglise, virginité et mariage sont également honorés. Dès le IIe siècle, Irénée de Lyon, face aux gnostiques, montrait que culpabiliser le mariage, voir dans la chair la cause du péché, était faire insulte au Créateur; plus encore, saint Paul donne au mariage un sens mystique: dans l'union de l'homme et de la femme, il voit le symbole de l'union du Christ et de l'Eglise. Telle est la conclusion qu'il développe dans l'épître aux Ephésiens (V, 22-33): «Que les femmes se soumettent à leur mari comme au Christ... Vous, les hommes, aimez vos femmes comme le Christ a aimé l'Église...»

Dans la vie quotidienne pourtant, le précepte se heurtait à de dures réalités. Il est vrai qu'on pourrait en dire autant d'à peu près tous les préceptes évangéliques. La vie de l'Eglise, comme celle de chaque chrétien en particulier, n'est-elle pas faite de cette difficulté à résoudre des problèmes en eux-mêmes insolubles et reconnus tels n'était le secours de la grâce? Le mariage est un exemple très significatif en ce que, pour le croyant, il apporte sa grâce en même temps que ses difficultés. Il reste que la doctrine chrétienne du mariage s'est édifiée peu à peu sur cette base fondamentale de l'union entre deux êtres sur un pied de parfaite égalité, union indissoluble et comportant pour chacun des devoirs réciproques. On mesure la distance qui séparait cette conception de celles qui régnaient dans le monde d'alors, lorsqu'on se souvient, encore une fois, que selon le droit romain la fille, perpétuelle mineure, passe de la tutelle de son père à celle de son époux, et que la femme adultère doit être punie de mort, alors que l'adultère du mari n'est pas sanctionné (sinon, très tard sous le Bas-Empire). Les adoucissements apportés aux coutumes « barbares » sont eux-mêmes significatifs. C'est ainsi qu'à la fin de l'époque franque, on ne reconnaît plus au mari le droit de tuer sa femme « que pour juste cause... » Pourtant, répétons-le, ces coutumes franques étaient, dès l'origine, comme les coutumes burgondes, plus favorables à la femme que la plupart des autres coutumes, saxonnes par exemple, et plus tard normandes. Aussi bien, le souci des hommes d'Eglise durant ce que l'on peut appeler la période franque, aux VIᵉ-VIIᵉ siècles, c'est non seulement d'adoucir les mœurs, mais aussi et surtout, tout en maintenant la stabilité du mariage, d'assurer aux futurs époux le libre consentement à l'union conjugale. Or, ce qui pouvait s'y opposer, ce n'était plus l'autorité du père, mais le poids du groupe familial.

De là l'étonnement qu'on éprouve à constater que durant cette période, ce qui préoccupe évêques, prélats ou curés, ce n'est pas le divorce (un seul texte canonique lui est consacré, lors du concile d'Orléans de 533), mais bien l'inceste. Il faut évidemment s'entendre sur le terme. Pour nous, le mot désigne des relations entre membres de la famille au sens étroit du terme, le seul que nous connaissions aujourd'hui : père, mère, enfant. A l'époque franque, comme à l'époque impériale et plus tard aux temps féodaux, il s'agit de relations conjugales entre cousins ou parents que nous considérerions aujourd'hui comme extrêmement éloignés[51]. Ainsi les conciles d'Agde (506) et Epaone (517) précisent que « lorsque quelqu'un épouse la veuve de son frère ou la sœur de sa femme décédée ou sa belle-mère, sa cousine germaine, ou une cousine issue de germains, ces mariages sont défendus, mais nous ne cassons pas ceux qui ont déjà été contractés. De plus, si quelqu'un se marie avec la veuve de son oncle du côté paternel ou du côté maternel, ou bien avec sa belle-fille, ou quiconque contracterait à l'avenir une union illicite qui doit être dissoute, aura la liberté d'en contracter ensuite une meilleure ». Les conciles de Clermont en 535, d'Orléans (538 et 541), de Paris (après 556) ajoutent à la liste précédente « la tante paternelle ou maternelle, la belle-fille ou la fille de celle-ci ». Par la suite, ceux des VIIe et VIIIe siècles reprendront les mêmes interdits, jusqu'au concile de Verberie qui, en 753, commence par fixer les degrés de parenté prohibés : « Les cousins à la troisième génération qui se marient doivent être séparés, mais ils pourront après pénitence se remarier (avec d'autres partenaires). Ceux qui se trouvent entre eux à la quatrième génération être mariés ne doivent pas être séparés, cependant à l'avenir les mariages entre cousins au quatrième degré ne sont plus autorisés. » Ces interdictions sont renouvelées à Compiègne (757), Arles (813), Mayence la même année, et plus tard encore, à maintes reprises. L'interdiction portera jusqu'au septième degré de parenté, et ce n'est finalement qu'au quatrième concile de Latran, en 1215, que l'empêchement de mariage est ramené aux quatre premiers degrés de parenté. Jusque-là, les avertissements s'étaient succédé, assortis de sanctions diverses : « Celui qui aura péché avec les deux sœurs, dit le concile de Tribur (895), passera le reste de ses jours dans la pénitence et dans la continence. La seconde des sœurs sera condamnée à la même peine, si elle savait la faute de la première. Si elle l'ignorait elle fera pénitence, mais pourra se marier. » Le mariage de deux frères avec deux sœurs était de même interdit.

Ajoutons que l'on assimile à l'inceste le mariage entre personnes unies par des liens spirituels, ceux qu'ont créés les sacrements de baptême et de confirmation : ainsi un parrain qui épouserait sa filleule tombe-t-il sous le coup des sanctions qui frappent l'inceste.

Ces prescriptions obstinément répétées ne se comprennent que si l'on tient compte des circonstances concrètes de la vie durant cette même période. La famille, c'est l'ensemble des gens vivant à un même foyer, « taillant au même chanteau (la même miche de pain), buvant au même pot » ; autrement dit, la famille « coutumière », qui persiste durant les temps féodaux et médiévaux et encore par-delà, beaucoup plus tard que nous ne serions portés à le croire, dans nos campagnes ; car c'est cette famille coutumière qu'on retrouve, par exemple, dans l'ouest et le centre de la France, encore très avant dans l'Ancien Régime sous la forme des « communautés taisibles » dont quelques-unes ont même survécu à la Révolution. Michelet a pu encore décrire en 1846 de ces vastes groupes familiaux qu'il compare à des « couvents de laboureurs mariés », dans le Morvan, le Berry, la Picardie[52].

Dans ces conditions, la dignité de la vie de famille exigeait que l'on se montrât sévère envers toute relation entre cousins, même éloignés. Les prohibitions ecclésiastiques ont incité à une certaine rectitude de conduite entre gens qui partageaient la même vie dans ces groupes familiaux souvent isolés, si l'on tient compte de l'extrême dissémination de la population dans les campagnes. Inutile d'être un sociologue très averti pour comprendre que cette vigilance prévenait les écarts et les désordres qui pouvaient facilement se produire à l'intérieur de ces « feux » où la famille, en montagne, par exemple, vivait repliée sur elle-même pendant les mois d'hiver. Les sanctions ecclésiastiques leur ont évité la sanction naturelle qui frappe les mariages consanguins ; il suffit de rappeler l'état de dégénérescence auquel en sont arrivées certaines populations qui ont refusé, dans telles îles océaniques, les unions exogamiques. Ces mesures prises par l'Eglise incitaient aussi les groupes familiaux à s'ouvrir, à s'étendre avec chaque mariage, ce qui étendait aussi le cercle de la solidarité familiale. Car si le droit de vengeance privé, pratiqué encore aux temps féodaux, permet de faire appel, pour punir une offense faite à l'un de ses membres, à tout l'ensemble du groupe familial, ce même sens de la solidarité a d'autres effets plus heureux et plus pacifiques dans la vie courante ; il paraît ainsi normal de recueillir au foyer le parent pauvre et d'y garder les gens âgés, d'y accueillir aussi bien les bâtards que les enfants légitimes.

Mais en contrepartie, le groupe familial a sans cesse tendance à empiéter sur les droits de la personne, notamment en matière de mariage qui longtemps fut affaire de famille et non d'individu. Tendance très naturelle du groupe, motivée souvent par son ambition collective : on peut en noter des survivances aujourd'hui encore par exemple dans les campagnes : le souci d'arrondir tel héritage, d'acquérir tel champ grâce à un mariage fructueux, n'a pas disparu des mœurs ; encore ne s'agit-il que d'un très pâle reflet de celles du lointain passé. Or, conciles et synodes, tout en contribuant à élargir le cercle familial, opposaient une barrière efficace au pouvoir de la famille.

On peut toujours se demander, lorsqu'on invoque l'histoire du droit, s'il ne s'agit pas de prescriptions toutes théoriques ; aussi n'est-il pas mauvais de se référer à des exemples vécus. Ces exemples, par la force des choses, concernent presque toujours de hauts personnages, ceux dont évêques, voire papes ont dû s'occuper. Ils sont d'autant plus exemplaires que, les spécialistes de l'histoire du droit l'ont souligné, rois, empereurs ou barons sont traités par les tribunaux ecclésiastiques comme de simples particuliers. Et la remarque faite à propos de la législation en général se trouve confirmée : ce sont surtout des cas d'incestes qu'on relève. L'un d'entre eux est frappant : celui du roi Robert II, qu'on appelle Robert le Pieux, le fils d'Hugues Capet.

Robert, à l'âge de dix-huit ans ou environ, épouse, pour répondre au désir de son père qui a été élu roi cette année-là (987), la veuve, « déjà âgée », disent les textes, du comte de Ponthieu, Suzanne dite Rozala, qui lui apporte en dot le château de Montreuil.

Mais, peu satisfait de cette union, Robert, deux ans plus tard (989), renvoie Suzanne, cela sans aucune réaction de la part des évêques qui l'entourent. Or, il tombe ensuite violemment amoureux de Berthe, pourtant mère de cinq enfants qu'elle a eus de son époux Eudes, comte de Blois et Chartres. Ce dernier a le bon esprit de mourir l'an 995. Aussitôt, Berthe et Robert songent à une union qui comble leurs vœux à tous les deux. Lorsque Hugues Capet, qui s'opposait à ce remariage, meurt (24 octobre 996), Robert fait aussitôt célébrer ses noces avec Berthe, en présence de plusieurs évêques, dont l'archevêque de Tours, Archambault.

Or quelqu'un s'en indigne, le pape Grégoire V, et ce qu'il reproche aux nouveaux époux, ce n'est pas le précédent mariage de Robert, mais c'est le fait qu'il est parent au troisième degré avec Berthe. L'un et l'autre, en effet, descendent par les femmes de l'empereur Henri Ier d'Allemagne, celui qu'on appelle Henri l'Oiseleur, Berthe par sa grand-mère Mathilde et sa mère Gerberge, Robert par son père Hugues dont la mère Hedwige était aussi fille de l'empereur. Un concile réuni à Paris en 997 ordonne aux deux époux de se séparer sous peine d'excommunication et appelle l'évêque Archambault et ceux qui ont assisté au mariage à venir s'expliquer à Rome. Toutefois, Berthe et Robert, très épris l'un de l'autre, demeurent ensemble, et ce n'est qu'en l'an 1005 qu'à regret le roi se décide à la quitter, moins probablement pour obéir au pape qu'à la raison d'Etat, car Berthe ne lui a pas donné d'enfant. Ce n'est pas sans étonnement que l'on constate une telle indulgence pour le premier mariage rompu, et une telle sévérité pour le second contracté dans des conditions qui sembleraient aujourd'hui fort acceptables : le troisième degré, en l'espèce, est celui d'enfants nés seulement de cousins issus de germains ; parenté certaine mais qui nous paraîtrait sans conséquence.

Les exemples abondent. Il y a celui bien connu de Guillaume de Normandie et de Mathilde de Flandre. Guillaume, âgé de quelque vingt ans, demande la main de Mathilde, fille du comte de Flandre, Baudouin V. Si les érudits ne se sont pas toujours trouvés d'accord pour établir correctement les filiations lointaines, il est avéré que Mathilde descendait comme Guillaume du premier comte de Normandie Rollon. Leur parenté n'était donc qu'au cinquième degré. Ce qui suffit néanmoins à faire interdire le mariage. Les époux passèrent outre, quitte à se brouiller quelque temps avec le clergé de Normandie. Pourtant, le fameux abbé Lanfranc du Bec-Hellouin finit par se réconcilier avec le duc et se rendit à Rome pour plaider sa cause. Une dispense fut accordée l'an 1059 avec pour condition que chacun des deux époux ferait bâtir un monastère. C'est, on le sait, l'origine des deux abbayes de Caen : l'abbaye aux Hommes (église Saint-Etienne, où plus tard le Conquérant devait être enseveli) et l'abbaye aux Dames ou église de la Trinité, où Mathilde fut inhumée.

Vers la même époque, la comtesse de Hainaut, Richilde, s'est fait excommunier par l'évêque de Cambrai pour avoir épousé un autre comte de Flandre, Baudouin VI, fils du précédent, alors qu'elle était veuve d'un de ses parents, Hermann. De même, le vicomte de Béarn, Centule IV, s'unit à une de ses parentes nommée Gisèle. On ne sait au juste à quel degré, mais les deux époux durent se séparer; Gisèle prit l'habit dans l'ordre de Cluny, Centule se remaria plusieurs années après avec Béatrice de Bigorre. Ou encore Guillaume VIII, duc d'Aquitaine et comte de Poitiers, qui a répudié sa deuxième femme dont il n'avait pas eu d'enfants, prend à quarante-cinq ans pour femme Audéarde, vingt ans, la fille de Robert, duc de Bourgogne. L'Eglise s'y oppose en raison de leur parenté; le duc d'Aquitaine dut se rendre à Rome pour obtenir la dispense nécessaire et faire légitimer le «bâtard» qu'il avait eu d'Audéarde et qui n'est autre que le futur Guillaume IX, premier de nos troubadours (1071). De nouveau en Normandie, mais un peu plus tard, Guillaume Cliton, fils du comte Robert, qui épouse Sibylle d'Anjou, voit son mariage cassé parce qu'ils descendent tous deux de Richard Ier de Normandie, soit une parenté aux cinquième et sixième degrés.

A travers la multitude de cas auxquels répondent les décisions de conciles, s'élabore toute une doctrine, et il est remarquable que, en conséquence de ce qu'était la société durant la période franque et impériale, les prescriptions canoniques relatives à l'inceste aient été beaucoup plus nombreuses que celles relatives au divorce. Au XIe siècle, les interdits ont été solennellement renouvelés lors de ce concile réuni à Rome par le pape Nicolas II le 14 avril 1059 qui fut le point de départ de la réforme grégorienne; toute union en deçà du septième degré de parenté y est déclarée incestueuse. Un peu plus tard, saint Pierre Damien composé, en 1063, un traité, *De gradibus parentele,* qui définit et précise ces divers degrés; mais, comme on peut l'attendre d'un esprit tel que le sien, il ne s'en tient pas à des mesures restrictives; toute union, dit-il, est fondée sur la charité, l'amour de Dieu et celui du prochain qui ne font qu'un aux yeux de l'Église. De même, une lettre célèbre du pape Alexandre II, rédigée la même année, reprend les notions formulées par Pierre Damien en se fondant sur le principe de fraternité qui existe entre tous les membres d'une même communauté familiale : tous étant frères, les rapports sexuels entre eux auraient un aspect incestueux ; c'est la dynamique même de la charité qui incite à rechercher le mariage hors du groupe familial.

Les prescriptions concernant le divorce n'interviennent qu'un peu plus tard, dans la première moitié du XIIe siècle. On commence, en effet, à s'inquiéter à cette époque des conséquences possibles de la sévérité à l'endroit des mariages consanguins : il devient évident, en effet, que bien des mariages se trouvent rompus, dans lesquels l'empêchement de consanguinité n'a été invoqué qu'après coup, comme prétexte à rupture. Il s'agit donc de divorces déguisés. Quand Aliénor d'Aquitaine se sépare de son premier époux, le roi de France Louis VII, il est bien évident que la parenté, qui existait réellement entre eux, n'a été invoquée par la reine après quinze ans de mariage que parce qu'elle avait d'autres projets en tête ! On cite aussi la sœur du comte de la Marche, nommée Almode, qui épouse successivement trois maris, les deux premiers s'étant séparés d'elle « pour cause de parenté ». Les évêques prennent conscience de cette difficulté dans une société qui évolue et, pour préserver le caractère indissoluble du mariage chrétien, on ramènera, au concile de Latran de 1215, l'empêchement de consanguinité au quatrième degré de parenté. Le divorce restera interdit avec pourtant un palliatif, la séparation à l'amiable, instaurée dès le concile d'Agde (506), et qui demeurera admise par la législation de l'Église jusqu'à nos jours. Ainsi a-t-on vu, au concile de Reims en 1049, le comte Thibaut de Champagne comparaître pour faire reconnaître qu'il s'est séparé de son épouse, alors que dans ce même concile on excommunie Hugues de Braine qui a répudié sa femme pour contracter une autre union. Avant cette date, conciles et synodes ont eu à examiner quelques cas de divorce, mais rarement, le plus célèbre ayant été, au IXe siècle, celui de l'empereur Lothaire Ier qui mourut sans que son mariage eût été annulé. Et on a vu comment le roi de France Philippe Ier fut excommunié à cause de son union illicite avec Bertrade de Montfort.

D'une façon générale, on est frappé de voir évêques et prélats se montrer plus indulgents, plus longs à réagir dans les cas de divorces qui peuvent leur être soumis, que dans les cas d'incestes entendus au sens que nous avons précisé : visiblement, leurs préoccupations premières visaient à soustraire la personne à une pression trop forte de l'entourage. Dans le cas du mariage des femmes, cette pression est d'autant plus à redouter que c'est par la femme que se transmettent noblesse ou servilité, du moins à l'origine ; à l'époque féodale proprement dite, la noblesse est conférée par le père, sauf dans certaines coutumes comme la Champagne ou le Barrois où elle est transmise par la mère, souvenir du temps où liberté et noblesse étaient confondues ; car, et encore à l'époque féodale, liberté et franchise viennent toujours de la mère, et c'est un aspect qu'aucun groupe familial ne pouvait négliger lorsqu'il s'agissait du mariage de l'une des femmes qui en faisaient partie.

Dès le VIIIe siècle, l'Église a écarté le consentement des parents jusqu'alors considéré comme nécessaire pour la validité du mariage (entendons : des parents, père et mère, car, nous l'avons vu, les prescriptions sur l'inceste qui tendent à écarter l'influence du groupe familial sont bien antérieures). L'autorisation du père et de la mère ne paraît plus indispensable aux yeux de l'Église, et cela de moins en moins à mesure que se dégage la valeur sacramentelle du mariage : ce sont l'époux et l'épouse qui sont les ministres du sacrement, le prêtre lui-même n'étant là que comme témoin. L'évolution est nette au cours des temps : à mesure qu'est mieux dégagé le sens du sacrement qui fait des époux eux-mêmes les ministres du mariage, on insiste sur l'importance de leur consentement réciproque aux dépens de l'approbation des pères et mères, de la famille, même aux dépens du prêtre dont la présence signifie seulement celle de l'Église entière et atteste le caractère sacré de l'union conjugale. D'abord un peu floue, hésitante et influencée durant les premiers siècles de l'Église par les habitudes normales et courantes dans le monde romain, la doctrine ou plutôt la pratique du mariage s'affermit dès le VIIIe siècle lorsque l'on écarte le consentement des parents comme condition de validité. Elle est énoncée avec une grande clarté au XIIe siècle. L'historien du droit René Metz en a bien fait ressortir les principales étapes[53] : avec un Hugues de Saint-Victor, un Pierre Lombard, l'Église dégage nettement que ce qui fait le mariage, c'est la volonté de chacun des époux de réaliser l'association conjugale[54] ; au XIIIe siècle, un Guillaume d'Auxerre formule et résume ces données. « Ce n'est pas la volonté d'habiter ensemble ni d'avoir des relations charnelles qui est cause efficiente du mariage, c'est la volonté plus générale d'établir l'association conjugale, et cette association comprend bien des choses : cohabitation, relations charnelles, services mutuels, et pouvoir de chaque époux sur le corps de l'autre. »

Le rituel généralement observé dans la cérémonie du mariage traduit à l'époque féodale ce que définissent les théologiens ; dès la date de 1072, on le trouve décrit dans un concile tenu à Rouen : les mariages seront célébrés à jeun, avant midi, en public ; les jeunes époux seront bénis par un prêtre ; avant cette bénédiction, on aura examiné avec soin la généalogie de chacun d'eux. Les formules employées par les époux sont fort simples : « je te prends à époux », « je te prends à épouse ». Ou encore : « De cet anneau je vous épouse et de mon corps je vous honore » ; en effet, et toujours à l'époque féodale, l'échange des anneaux accompagne l'échange des promesses, et cela correspond tout à fait à la mentalité d'un temps où tout se traduit par des gestes concrets, où un objet symbolique incarne en quelque sorte l'acte juridique ; ainsi, quand on vend un terrain, on remet une motte de terre ou un fétu de paille au nouvel acheteur, et c'est cette remise qui constitue l'acte de vente proprement dit ; on ne le consigne ensuite par écrit que pour mémoire. C'est en cette même époque que se répand aussi l'usage de tendre un voile — de pourpre en général — au-dessus de la tête des conjoints pendant le chant de bénédiction. Ce sont les témoins désignés du mariage qui le maintiennent au-dessus de la tête des époux, et cela indique que le rôle des témoins est désormais important ; là encore, cette symbolique naît de la mentalité du temps qui accorde une grande importance à la preuve orale, au témoignage en général ; d'autres conciles, comme celui de Lillebonne en 1080, de Nîmes en 1087, attestent que ces divers usages se sont répandus au XIe siècle pour le rituel du mariage.

Ce cérémonial qui se fixe alors a son importance aux yeux de l'Église parce qu'il permet d'écarter les mariages clandestins ; ceux-ci peuvent avoir été obtenus par la violence ou donner lieu à tromperie sur la personne tant de l'époux que de l'épouse ; d'où ce souci de publicité comme d'honnêteté à laquelle contribue la présence du prêtre, laquelle n'était pas obligatoire auparavant. Dans la pratique courante, des cas amusants ont été relevés, qu'on trouve épars, çà et là, dans les récits ou chroniques du temps : ainsi deux jeunes gens ont décidé de se marier ; le curé de leur paroisse refuse de les unir sous un prétexte ou un autre ; ils frappent alors un jour chez lui et prononcent ensemble, précipitamment, la formule rituelle avant qu'il ait le temps de repousser la porte !

Dans l'ensemble, cette doctrine du mariage chrétien, dans sa valeur de sacrement administré et vécu par les époux eux-mêmes, devait beaucoup à certains prélats comme Hincmar de Reims au IXe siècle, Abbon de Fleury au Xe, qui avaient insisté sur la part revenant aux gens mariés, aux laïcs eux-mêmes, en tout ce qui concerne l'aspect juridique du mariage ; pour Abbon en particulier, les laïcs mariés constituent même un « ordre » ; il met le mariage presque à égalité avec le sacerdoce, et par la suite, au XIIIe siècle, ces considérations qui se sont affirmées au cours des temps sont admises comme vérité courante ; elles font partie de la valeur du mariage en tant que *sacramentum,* chose sacrée.

Et c'est en réalité à une curieuse régression qu'on assistera dans la suite des temps. Car, sous l'influence de la renaissance du droit romain, qui en Italie commence à se dessiner dès le XIIe siècle et en France passe dans les mœurs et dans la pratique juridique au XVIe siècle, des tendances se font jour qui à la fois restreignent la liberté des jeunes époux et redonnent de l'importance à la juridiction uniquement cléricale en ce qui concerne le mariage.

Lors du concile de Trente, en effet, on assiste à des joutes oratoires très passionnées à propos du mariage, et les délégués français, porte-parole du pouvoir royal, se font remarquer parmi les plus acharnés pour combattre la liberté des époux et rétablir le consentement des parents en fait de mariage ; lors des sessions qui se déroulèrent entre 1547 et 1562 sur le sujet, et qui allaient être reprises en 1563, l'influence de la délégation française fut vivement sentie ; un édit de Henri II, dès 1556, avait donné aux parents le droit de déshériter ceux de leurs enfants qui se seraient mariés sans leur accord. C'était restituer, quoique partiellement, l'ancienne *patria potestas,* et il s'agissait d'obtenir de l'Église rassemblée qu'elle ratifie cette tendance, en réalité, on le voit, fort réactionnaire ; ce qui fut acquis, en tout cas, c'est toute une législation nouvelle tendant à renforcer la publicité du mariage et à la rendre obligatoire pour sa validité.

Dans les faits, cela revenait à amplifier aussi bien le rôle des parents que celui du prêtre : le mariage devait être célébré dans l'église par le curé des contractants ou un prêtre qu'il aurait autorisé, en présence d'au moins deux ou trois témoins ; le prêtre désormais interroge chacun des époux, et reçoit leur consentement ; c'est lui qui prononce les paroles de consécration suivies de la bénédiction nuptiale. On y ajoute le devoir pour ce curé de tenir correctement et régulièrement le registre paroissial, devenu de nos jours registre d'état civil. Sans renier les efforts des papes et des canonistes de l'époque féodale pour faire reconnaître que ce sont les époux eux-mêmes qui sont ministres du sacrement, ces diverses prescriptions restreignaient considérablement leur liberté ; en concluant son étude, René Metz fait remarquer que « le droit canonique médiéval était plus féministe dans la pratique que ne l'est le droit canonique contemporain » (il écrit en 1962) ; il met l'accent sur la méfiance envers la femme qui perce dans la plupart des explications de juristes et canonistes entourant ces dispositions.

Méfiances qui, du reste, s'étendent aux jeunes époux eux-mêmes, car dans le même temps se trouve reculé considérablement l'âge de la majorité qui détermine l'âge du mariage :

pour les garçons, il est fixé à vingt ans, pour les filles à dix-huit ans, cela dans l'Église universelle. En France, dans le même temps, l'âge de la majorité redevenait ce qu'il avait été à l'époque romaine : vingt-cinq ans, du moins pour les garçons, puisque le cas des filles était différent et qu'en fait elles n'étaient jamais majeures.

Or, pendant la période féodale ce n'est pas sans quelque étonnement que nous constatons que les filles sont majeures dans la plupart des coutumes à l'âge de douze ans, les garçons à quatorze ans. Cette question de la majorité, fort importante en ce qui concerne justement la validité du mariage, et pour la vie en général au sein de la société, mérite qu'on y insiste ; elle a un peu varié suivant les coutumes. Ainsi, dans certaines régions comme la Champagne, dans les familles nobles, la majorité est reculée à quinze ans pour les filles, dix-huit ans pour les garçons. Mais pour l'ensemble des familles roturières, les âges respectifs de douze et quatorze ans constituent l'usage normal ; il est curieux de constater que cet usage tient compte de la maturité plus rapide de la femme, qu'aujourd'hui on méconnaît (par exemple dans l'enseignement). Cette différence, pourtant capitale, entre les étapes du développement mental et physiologique de l'homme et de la femme, explique que celle-ci puisse acquérir plus tôt la majorité et ce que les juristes appellent la « pleine capacité ». Du reste, remarquons que cette majorité acquise très jeune n'est rendue possible en fait que parce que l'appui du groupe familial reste acquis à la fille comme au garçon tout le temps de leur existence ; ce sens de la solidarité, s'il ne manque pas d'inconvénients pour l'épanouissement de la liberté personnelle, présente aussi des avantages, car chacun sait qu'il peut compter sur l'appui de l'ensemble des membres de sa famille. Inversement, aux temps classiques où se trouve restituée l'autorité exclusive du père, l'âge de la majorité importe peu : les comédies de Molière nous font assister aux débats entre celui-ci et ses enfants, justement en ce qui concerne le mariage, avec les conséquences que l'on sait. Et c'est à cette même époque, au XVIIe siècle, que la femme prend normalement et obligatoirement le nom de son époux ; les usages variaient auparavant, soit qu'elle adopte son nom, soit qu'elle garde le sien propre : celui de son père, celui de sa mère ou un surnom qui lui est donné.

Une objection pourtant se présente à l'esprit : dans la pratique, les mariages ne sont-ils pas « arrangés » par les familles à l'époque féodale, comme ils le seront au XVIIe siècle ?

Les exemples abondent, en effet, d'enfants fiancés dès leur plus jeune âge : le fils d'Henri Plantagenêt et d'Aliénor, Henri le Jeune, à deux ou trois ans, est fiancé, en 1158, avec Marguerite, fille de Louis VII de France et de sa seconde épouse Constance ; or Marguerite n'est qu'un bébé de six mois ! La plupart des traités d'alliance comportent un ou plusieurs mariages qui paraissent alors comme une garantie de paix, et l'habitude en persistera au-delà de l'époque médiévale : insistons au passage sur le fait qu'on dispose alors de l'avenir des garçons aussi bien que de celui des filles, contrairement à ce qu'on a prétendu quelquefois. Il est hors de doute qu'en pareils cas se passe ce qui se passe encore à l'heure actuelle sur les trois quarts de notre globe et que « au lieu de se marier parce qu'on s'aime, on s'aime parce qu'on est marié ». Situation peu enviable. Or, justement, tel a été, dès le principe, l'avis de l'Église ; nous avons constaté que, durant toutes ces époques où la famille était un tout solidement constitué, elle se montre souvent réservée, voire indulgente pour les cas de divorce ; elle propose, nous l'avons vu, un palliatif : celui de la séparation à l'amiable, tout en luttant pour que soit préservée la volonté libre des deux époux ; elle a préparé la revendication de liberté qui nous paraît aujourd'hui toute naturelle ; mais seulement, remarquons-le, dans les régions du monde où l'Évangile a pénétré.

Il semble du reste que ce soit surtout sur les familles nobles qu'ait pesé cette obligation d'union dictée plus par la raison d'État que par le cœur ou la volonté ; il en est d'ailleurs encore ainsi en notre XXe siècle : il suffira de citer l'exemple du duc de Windsor pour en être convaincu.

En ce qui concerne les familles roturières, c'est-à-dire, est-il besoin de le souligner, la quasi-totalité de la population, cette hypothèque n'existe pas, et la sévérité avec laquelle l'Église poursuit les mariages entre cousins représente en réalité, nous l'avons vu, une précaution nécessaire à l'époque contre celle que le groupe familial pouvait faire peser.

Comme on le voit, la situation de la femme dans le mariage s'est considérablement détériorée entre les temps médiévaux et les temps classiques, et cela se manifeste notamment dans l'administration de ses biens. Jean Portemer, qui a étudié le statut de la femme entre le XVIe siècle et la rédaction du Code civil, l'a souligné[55] ; il rappelle que, beaucoup plus sourcilleuse que celle de l'Église, la législation royale exige le consentement des parents au mariage, parfois jusqu'à l'âge de trente ans, ce qui signifie qu'en cas de mariage clandestin, celui-ci peut être considéré comme un rapt ; or le rapt est puni de mort à l'époque... « L'aggravation est sensible, conclut-il, par rapport aux siècles antérieurs où seule la communauté de biens et non la femme elle-même avait le mari pour seigneur et maître... Sa puissance, le mari l'exerce non pour protéger une incapable, mais dans son intérêt propre, à raison de sa qualité de supérieur et de chef de la société conjugale. Elle fait de la femme mariée, non "une perpétuelle mineure", selon l'expression consacrée, mais en réalité une personne beaucoup plus effacée qu'un mineur de la scène juridique. » Un mineur peut agir validement dans quelques cas, alors que tous les actes de la femme sont frappés de nullité, s'ils n'ont pas été approuvés par le mari. Les juristes de l'Ancien Régime, tout imbus de droit romain, n'auront fait que renforcer ces dispositions (qui seront plus tard consacrées par le code Napoléon); contentons-nous de citer le vénérable Pothier[56] : « Le mariage, en formant une société entre le mari et la femme dont le mari est le chef, donne au mari, en la qualité qu'il a de chef de cette société, un droit de puissance sur la personne de la femme qui s'étend aussi sur ses biens... La puissance du mari sur la personne de la femme consiste par le droit naturel dans le droit qu'a le mari d'exiger d'elle tous les devoirs de soumission qui sont dus à un supérieur, etc.»

On se trouve loin, très loin de la mentalité des temps féodaux, celle où un Vincent de Beauvais, résumant des idées émises dès le VIIe siècle par Isidore de Séville, et reprises largement au XIIe par Hugues de Saint-Victor, disait de la position de la femme par rapport à l'homme: *« nec domina, nec ancilla, sed socia* (ni maîtresse, ni servante, mais compagne)*»* [*socia* ayant le sens qui s'est conservé dans le terme *associé*].

La majorité, acquise très jeune, apportait évidemment à la femme une précieuse garantie d'indépendance dont nous sommes aujourd'hui conscients. Le juriste Pierre Petot, qui a spécialement étudié le statut de la femme dans les pays coutumiers français[57], fait remarquer que les intérêts pécuniaires de la femme même mariée sont au XIIIe siècle solidement protégés; elle demeure propriétaire de ses biens propres; le mari en a l'administration, la jouissance, ce qu'on appelle alors la saisine, c'est-à-dire l'usage, mais il ne peut en disposer; les biens de sa femme sont totalement inaliénables; en revanche, la femme mariée participe de droit à tout ce que le ménage peut acquérir et, en cas de décès de son époux, elle a la jouissance d'une partie des biens propres de celui-ci: la moitié dans les familles roturières, le tiers chez les nobles dans la plupart des coutumes; il relève aussi qu'une femme qui exerce un commerce peut témoigner en justice pour tout ce qui se rattache à l'exercice de ce commerce. Elle remplace sans autorisation préalable son mari s'il est absent ou empêché. Jusqu'à la fin du XVe siècle, en effet, elle jouit de ce qu'on appelle la «capacité juridique»; ce n'est qu'au XVIe siècle qu'elle devient juridiquement incapable, le contrôle du mari sur les actes de son épouse étant de plus en plus rigoureux: les actes de la femme sont nuls si elle n'a pas obtenu l'autorisation de son époux. On suit parfaitement à travers les théories des juristes, notamment Tiraqueau et Dumoulin, cette progression du pouvoir marital qui aboutit à faire de la femme mariée une incapable, ce que consacrera au début du XIXe siècle le code Napoléon; il y avait là un retour au droit romain que les auteurs du chapitre consacré à la loi romaine dans l'ouvrage important de Crump et Jacobs[58] sur *Le Legs du Moyen Age* ont analysés non sans humour : Dialecticiens et juristes, disent-ils, se sont efforcés de rattacher à la loi et à la pensée romaines des systèmes qui parfois leur étaient complètement étrangers, « leur désir de réconcilier toutes contradictions et de trouver l'autorité romaine en des solutions pratiques qui étaient l'inverse de celle des Romains a conduit à de puérils coupages de cheveux en quatre et à une grande inexactitude doctrinale ».

C'est néanmoins l'obsession qui a régné, dans les écoles de droit comme à l'université en général, et a eu pour effet de réduire à néant la maîtrise que la femme avait auparavant exercée sur ses biens. Tous les historiens du droit sont ici d'accord : « La femme séparée, par exemple, est moins favorisée [au XVIIe siècle] qu'à la fin du Moyen Age, où non seulement elle recouvrait l'administration de ses biens (en cas de séparation), mais encore pouvait en disposer librement. Désormais, la puissance du mari est telle que, malgré sa disqualification, son autorisation est indispensable à sa femme quand celle-ci désire aliéner ses immeubles[59]. » Or, le droit français a eu une fâcheuse influence même sur les droits étrangers ; en ce qui concerne par exemple la Belgique, John Gilissen indique que « la législation napoléonienne a provoqué dans nos provinces une sensible aggravation de l'état de subordination de la femme à son mari, contrairement aux courants d'idées qui s'y étaient assez librement révélés jusqu'alors[60] ». Il rappelle à l'occasion que dans les coutumes du XIVe siècle encore une femme qui aurait agi sans l'autorisation de son mari pour établir un contrat, faire un don ou témoigner en justice, ne pouvait, quoiqu'il arrive, perdre en cas de désaccord que son fuseau et sa quenouille !

La question du droit de succession des femmes demanderait, elle aussi, de long développements : n'a-t-on pas, au début du XIVe siècle, invoqué certaine « loi salique » qui eût interdit à la femme de succéder aux fiefs, les hommes y étant seuls autorisés ; effectivement, dans le droit franc primitif, telle était la coutume. Mais si l'on sait que dès le milieu du *VIe siècle* cette restriction est limitée au bien de famille héréditaire (ce que plus tard on nommera le chef-manoir, la demeure principale) ; si l'on ajoute que, dès le règne de Childéric Ier (561-584), un édit fameux sous le nom d'édit de Neustrie transforme cette incapacité elle-même en un second rang de succession (c'est-à-dire que les filles peuvent succéder à défaut de fils, les sœurs à défaut de frères) et que, de toute façon, en dehors du manoir principal, les acquisitions de la famille sont également partagées entre filles et garçons ; qu'enfin, dans la pratique, et toujours chez les roturiers, toutes discriminations cessent d'être impératives dès le *VIIe siècle* aussi bien chez les Francs, les Ripuaires que les Wisigoths, Burgondes, Alamans, Bavarois, etc., on jugera combien était spécieuse l'argumentation des légistes du XIVe siècle lorsqu'ils invoquaient solennellement la « loi salique » pour renforcer la première décision, prise par Philippe le Bel à la veille de sa mort, interdisant aux femmes de recueillir la succession de fiefs nobles ! Nous aurons l'occasion d'en reparler à propos du pouvoir politique que la femme exerce pendant toute la période féodale.

Pendant cette période aussi l'usage veut que, si la femme apporte une dot, le mari de son côté lui constitue ce qu'on appelle un douaire ; et l'on constate, dans le cas, par exemple, des reines, qui jouissent d'un douaire important, qu'elles l'administrent elles-mêmes pendant la vie et après la mort de leur époux.

Il n'était pas sans intérêt de s'étendre un peu sur une législation dont nous retrouvons à chaque instant la conséquence dans la vie économique du temps. On voit les femmes vendre, acheter, conclure des contrats, administrer des domaines, et finalement faire leur testament avec une liberté que seront loin d'avoir leurs sœurs du XVIe et plus encore des XVIIe, XVIIIe et XIXe siècles.

Pour conclure sur une note moins austère ce chapitre consacré au mariage, c'est à Christine de Pisan que nous nous référerons, cette Christine que nous aurons l'occasion de retrouver lorsqu'il sera question des premières luttes antiféministes et qui, de la façon la plus tendre et la plus pathétique, évoquait ainsi son union avec un époux mort trop tôt :

Nous avions toute ordonnée
Notre amour et nos deux cœurs,
Trop plus que frère ni sœur,
En un seul entier vouloir,
Fût de joie ou de douloir[61].

Mais il y a mieux encore : la pierre tombale d'Hugues de Vaudémont et de son épouse Anne de Lorraine, conservée à l'église des Cordeliers de Nancy et dont on peut voir un excellent moulage à Paris, au musée des Monuments français ; elle symbolise, pour les siècles, le retour du Croisé ; le chevalier, en haillons, est accueilli par sa femme, qui l'embrasse étroitement ; prisonnier des Sarrasins, Hugues, pendant seize ans, avait passé pour mort ; son épouse Anne, pressée de se remarier, s'y était toujours refusée ; un jour revint celui qu'on n'attendait plus : et c'est l'instant de ce retour qu'à fixé le sculpteur.

On pense à Villon, de nouveau, devant ce pathétique chef-d'œuvre de notre statuaire du XIIe siècle :

Dame serez de mon cœur, sans débat,
Entièrement, jusque mort me consume.

7

Les femmes et l'activité économique : rurales et citadines

Les relevés les plus anciens qui peuvent nous donner une physionomie des campagnes sont bien connus des historiens : entre autres le fameux polyptyque de l'abbé Irminon de Saint-Germain-des-Prés qui vers l'an 800 fit dresser le recensement complet des tenanciers, paysans libres ou serfs, vivant sur les terres de son abbaye. On y voit des mentions comme : « Walafredus, colon, et sa femme et leurs deux enfants tiennent deux "manses" (approximativement le terroir sur lequel peut vivre un foyer, son étendue variant suivant la fertilité de la région). Ils doivent chaque année : un bœuf, un porc, deux muids de vin, une brebis, un agneau, et la somme de quatre deniers. » Parfois, plusieurs familles vivent sur le même « manse ». Ainsi nomme-t-on Turpius et ses trois enfants, et par ailleurs, Ragenulfus et sa femme avec leurs enfants qui ensemble occupent un manse. Parfois, on mentionne une femme seule, comme cette Teutgarde et son enfant, qui ensemble cultivent un manse : et ce manse devait être suffisamment important puisqu'ils doivent chaque année deux muids de vin et deux setiers de sénevé.

Semblables documents nous laissent pourtant quelque peu sur notre faim. Certains érudits se sont attachés à des analyses précises sur les cartulaires subsistants ; ainsi Jean Verdon, pour le Poitou, a-t-il pu établir des statistiques sur la participation des femmes et plus encore de la famille, dans les donations, achats, ventes, échanges, etc., tous actes regardant expressément la vie du terroir rural. Sur 417 inscriptions au Xe siècle, il a pu compter 198 hommes seuls, ou dans deux cas accompagnés de leurs enfants, mais 53 femmes seules, dont 13 avec leurs enfants. Par ailleurs, 142 couples agissent ensemble, chez lesquels pour 24 d'entre eux la présence des enfants est mentionnée, tandis que 24 autres groupes familiaux apparaissent sans autres précisions. Des statistiques du même genre ont été faites par Robert Fossier pour la Picardie[62]. Il note que 83 % des actes passés concernent des couples mariés ou des individus accompagnés ou non de leurs enfants, tandis que, en Catalogne, à la même époque, 88 % ont été relevés par Pierre Bonnassie. Par la suite, au XIe siècle, la place tenue par les groupes familiaux paraît être plus grande ; dans chacune des trois provinces, ils sont presque trois fois plus nombreux qu'au Xe siècle. La famille au sens élargi, contrairement à ce que certains avaient pu penser, a donc pris plus d'importance dans l'évolution de la société rurale. En effet, plutôt que de famille au sens strict du mot, on doit à la campagne tenir compte du lignage, l'ensemble de la parenté. Ainsi a-t-on rassemblé des données substantielles, et qui plus est chiffrées, sur l'activité du groupe familial dans les campagnes. Jean Verdon a mis en valeur le rôle des femmes au Xe siècle ; constatant que les actes passées au nom de femmes seules sont moins nombreux au XIe, il conclut à une diminution de leur influence propre, fait contestable si l'on considère, comme nous l'avons vu, que ce qui croît au XIe siècle, c'est le rôle de la famille élargie plutôt que du seul groupe conjugal, ou à plus forte raison de l'acte individuel.

Inutile d'insister sur l'intérêt de recherches de ce genre, qui projettent des données précises sur la vie aussi bien sociale qu'économique du temps. Le prototype en est l'énorme travail accompli par David Herlihy et son équipe sur le *Catasto* florentin de 1427. Il s'agit du recensement complet des biens et des personnes sur le territoire de Florence, dressé à cette date pour faciliter la levée de l'impôt (on sait qu'en matière de finances et de comptabilité les Italiens ont tout inventé, et que Florence en particulier fut appelée jadis « le berceau de la statistique »). Quelque soixante mille familles ont été décrites, minutieusement, ce qui a permis une étude en profondeur, facilitée par l'ordinateur; encore qu'il ne s'agisse que d'un champ limité dans l'espace et assez tardif dans le temps, une telle exploration, menée par d'excellents spécialistes, fournit évidemment un repère de premier ordre pour l'étude d'une population, travail exemplaire que l'on peut consulter aussi sûrement que le *Who's who* ou l'annuaire du téléphone[63].

Mais on ne dispose pas toujours de documents aussi détaillés que le *Catasto*, il s'en faut de beaucoup, et même les cartulaires ou recueils de chartes rassemblées au jour le jour, surtout dans les monastères, ne permettent que des études très fragmentaires et forcément incomplètes. Le meilleur parti est sans doute celui qu'en a tiré Jacques Boussard, lorsqu'il a reconstitué à partir du cartulaire de Notre-Dame du Ronceray la vie du serf Constant Leroux : œuvre admirable dans laquelle il dessine, au départ de données exactes, une existence en même temps qu'un terroir avec ses champs, ses vignes, et, au centre, la volonté tenace d'un simple paysan, acharné au travail, qui finit par acquérir, en même temps que sa liberté, un bien appréciable que lui-même et son épouse abandonnent d'ailleurs sur la fin de leur vie pour entrer l'un et l'autre au couvent, après y avoir établi leurs neveu et nièce, fournissant un schéma exemplaire pour leur temps[64].

Nul doute que l'on ne puisse, en s'astreignant à un travail de la même qualité que celui de Jacques Boussard, parvenir à la plus vivante évocation de nos terroirs, grâce à ces recueils de chartes qui ne livrent pourtant que des parcelles d'existences, mais si significatives souvent ! On pourrait certainement avoir alors une idée concrète de la vie des femmes comme des hommes en milieu rural à l'époque féodale.

Témoignages encore de la vie des campagnes, les donations, ventes, transactions diverses : les femmes y participent, expriment leur volonté au côté de leur époux. Ce qui a lieu dès le Xe siècle : ainsi, en 982, des dons faits à Saint-Pierre de La Réole par « Guillaume et sa femme Sancie », par Amerius « du consentement de sa femme et de ses enfants », par Roger et sa femme Adelaïs. Ou même, dès 965, à l'église Saint-Pierre-aux-Nonnains de Lyon, par

Girart et Gilberte. Ou, pour changer de région, en Anjou, où les plus anciennes chartes connues émanent de la comtesse Adèle au bénéfice du monastère de Saint-Aubin en 974. Et ces interventions ne sont pas seulement le fait de la noblesse, puisqu'on voit quelques années plus tard, en 1056-1059, une serve nommée Gerberge vendre 30 arpents de terre, dont 29 plantés en vigne, à un frère de Marmoutiers, pour une somme de 4 livres.

A parcourir ainsi les textes — hors de tout souci statistique, s'entend — on trouve à toute époque et dans toutes les régions, les femmes activement mêlées à la vie économique. En Champagne, au début du XIIIe siècle, la comtesse Blanche, qui est veuve, administre son domaine comme l'aurait fait son époux, et, par exemple, fonde une ville neuve, en s'associant pour cela avec l'abbé de la Sauve.

En Gironde, à propos du seul péage du port de La Réole, on assiste à trois ventes de droits qui, dans la première moitié du XIVe siècle, sont faites par des femmes, dont deux sont des femmes mariées, Guillelma de Penon et Baudouine Duport, et qui agissent sans mentionner le consentement de leur époux.

Marguerite de Gironde, mère et tutrice du seigneur Pons de Castillon, mène une série de tractations avec les habitants de Sainte-Hélène et de Listrac en 1318, soit 87 familles ; la châtelaine précise que chacun, par an, donnera une poule, fera à Lamarque les charrois de blé, de vins, de paille et de volailles du seigneur, acquittera en même temps ses redevances sur l'avoine, le froment, le mil, le lin, les moutons ; moyennant quoi, tous auront droit de jouissance sur les bois, landes et pacages. Enfin, ils verseront ensemble la somme de 130 livres par an. Mais le seigneur renonce entièrement aux droits qu'il prétendait lever sur leur héritage. C'est ainsi que Marguerite gère les biens de son fils.

Des femmes sont mentionnées aussi bien à propos de décisions d'ordre militaire : ainsi le vicomte d'Orthez, Garcias Arnaud de Navailles, lorsqu'il promet au roi d'Angleterre de faire abattre le donjon du château de Sault, est accompagné de Marie Bertrand, sa femme, qui prend l'engagement en même temps que lui ; cela se passe en 1262.

Quelques années plus tôt, Mabile de Colomb et son époux Armand de Blanquefort conviennent ensemble des réparations à faire au château de Bourg et de Blanquefort.

Mais les textes ne sont pas toujours secs. Certains apportent des détails savoureux qui n'ont nul besoin d'« arrangement » pour nous séduire. Ainsi une enquête judiciaire menée par ordre de « Madame Blanche, reine de France », les 9 et 10 août 1251, aux alentours de Soissons, met en scène les habitants de deux petites communes rurales, Condé et Celles, qui s'étaient trouvés en litige avec les moines de Saint-Crépin[65].

Devant l'abbé de Saint-Jean-des-Vignes et un nommé Jean Matiffart, arbitre désigné par la reine, quarante-quatre habitants de la commune sont appelés à déposer, à Sermoise près Soissons ; parmi eux, quatorze femmes. Elles sont nommément désignées : il y a Havoise, femme de Robert Mené de Couvaille ; Bluauz de Celles, « qui ne voulut dire son surnom ni le nom de son mari » ; Lucienne, de Celles ; Marie, femme de Bernard Morel ; Havoise, fille de Jean, de Celles ; Aélis, femme de Wiart, de Celles ; Emmeline, de Condé ; Isabelle, de Condé ; Erembour, femme du Roi, de Condé ; Marguerite de la Fontaine, de Condé ; Héloïse, femme de Gérard de Cours ; Margue (Margot), de Celles ; Emmeline, femme de Robert, de Condé ; Emmeline, femme de Pierre, de Condé. L'enquête révèle que, avant de comparaître devant les juges désignés, les habitants ont été dûment sermonnés par les deux maires de leurs communes, qui mènent la contestation contre les moines. Le fond de l'affaire concerne en effet un « valet », un jeune garçon de la commune, qui a été emprisonné à Saint-Crépin et dont ses compagnons exigent qu'il soit jugé (on ne sait pour quelle cause) sur place, non à Soissons ou ailleurs ; pour empêcher de le transférer, ils ont organisé une véritable permanence — dirions-nous aujourd'hui — un guet autour du prieuré de Saint-Crépin ; et ils ont aggravé leur cas en coupant, tant pour s'éclairer la nuit que pour se chauffer, les saules de l'abbaye ; ce qui fournit un second grief contre eux. Les maires auraient donc chapitré plus particulièrement les femmes : « Vous, femmes, les enquêteurs vous demanderont bien des choses ; vous êtes légères de parler (vous avez la parole facile !). S'il advient qu'ils vous fassent jurer, attention que vous disiez que vous ne savez rien et ne répondiez autrement ! » Or, cette recommandation, telle qu'elle est consignée sur le rouleau d'enquête, est parfaitement observée par les femmes, alors que, parmi les hommes, beaucoup trahissent, reconnaissent avoir coupé des saules et « guetté » plusieurs nuits de suite ! Petit fait divers de la vie rurale à propos duquel il est amusant de relever chez les villageoises un sens de la solidarité sans défection !

Les enquêtes de justice nous montrent ainsi à plusieurs reprises des femmes de nos campagnes intervenant soit comme témoins, soit comme plaignantes. Aux alentours de Beaucaire, lors de l'enquête royale de 1245-1247, la veuve d'un nommé Etienne expose aux commissaires du roi ses démêlés avec le sénéchal Oudard de Villiers, qui a tenté de l'obliger à épouser un de ses parents. Elle a refusé, ayant fait vœu de rester dans le veuvage « pour honorer Dieu ». Revenant à la charge, le sénéchal a prétendu alors faire marier sa fille, sous prétexte que les orphelines étaient sous la garde spéciale du roi ; sa mère s'y est opposé ; Oudard, qui décidément tient à sa proie, lui réclame alors une somme de 1 500 sous raimondins que son époux, collecteur d'impôts, avait levé à Valabrègue. A quoi la veuve rétorque qu'elle se souvient très bien avoir porté elle-même cette somme au sénéchal.

Toute une série de plaintes qu'enregistrent les enquêteurs de Saint Louis[66]. Ailleurs, lors d'une enquête en Normandie, c'est une nommée Auberède qui regimbe : son revenu sur le moulin de Pont-Audemer ne lui a pas été versé depuis que le moulin est tombé entre les mains du roi. Ce genre de protestation revient à plusieurs reprises, émanant d'hommes ou de femmes aussi ; trois d'entre elles réclament le remboursement de l'argent qu'elles ont versé aux ouvriers travaillant à un château royal près d'Angers ; elles se nomment savoureusement : Scolastique la Brete, Audouarde la Fegerelle, Ausanne la Brullesse. Des veuves déclarent avoir été lésées, comme cette Sibylle, veuve de Guillaume Cailloles, qui se plaint qu'on lui ait extorqué quatorze livres tournois sous prétexte que son époux était usurier, ce qu'elle nie.

Ailleurs, c'est une fille qui dénonce Martin Frottecouenne — au nom quasi prédestiné ! — qui, dit-elle, « l'a forcée », ou encore une nommée Lejart, près de Chinon, soupçonnée par le bailli royal d'avoir envoûté sa femme ; elle s'est purgée de l'accusation par serment, prétend-elle, et il n'a rien pu prouver contre elle. Comme elle a été emprisonnée à Fontevraud, elle demande 100 sous de dommages et intérêts. Une Isabelle, veuve de Guillaume Chaucebure, en Anjou, exige justice contre le bailli qui a confisqué ses vaches sous prétexte qu'elles avaient pénétré dans les bois en défends appartenant au roi ; l'une d'entre elles est morte, elle en veut le prix : 30 sous. Ou encore c'est Sédile de Cusey et son fils Geoffroy qui réclament une dîme que l'officier royal a gardé à son usage comme droit de tutelle de son fils.

Parfois, les plaintes font allusion à des faits de guerre ; ainsi, une certaine Raymonde dénonce Lucas de Cabaret (près de Carcassonne), qui aux temps de la guerre (1240), lui a enlevé douze moutons et neuf chèvres. Il lui a pris aussi douze setiers de blé, trois coffres et cinq récipients qu'elle ne désigne pas autrement. A plusieurs reprises, insiste-t-elle, elle a été ainsi pillée par des hommes d'armes ; un autre l'a dépouillée de deux chèvres et d'une brebis, un autre de laine, de lait, et même d'objets de literie : « Tout cela, je l'ai perdu pour l'amour du Sire Roi... Et de tant d'injures, je supplie que vous me fassiez complément de justice. » Quant à Maria la Saunière, elle n'a jamais pu récupérer auprès des sergents royaux les couvertures et coussins qu'ils avaient réquisitionnés chez elle à l'usage du roi alors en guerre contre le comte de la Marche.

Souvent, au cours de ces enquêtes, on voit entrer en scène des femmes qui sont de petites suzeraines pourvues d'un fief de peu de valeur, ainsi cette dame Raymonde de Pomas et sa fille nommée Flore qui réclament une redevance d'une livre de cire qu'un officier royal retient injustement depuis six ans. Ou encore, et il s'agit là de droits autrement importants, c'est Bernarde de Beaumont qui porte plainte parce qu'on lui a ôté les droits de justice (y compris jugement de rapt, vol et homicide) et imposé à ses hommes des corvées qu'ils n'avaient jamais faites et «ne devaient à quiconque». Une autre dame, Thetburge, dénonce les ennuis que lui a faits le sénéchal de Beaucaire en 1239, parce qu'elle a protégé, dit-elle, la dame de Rousson contre ses entreprises galantes. En manière de représailles, il a détruit les murs de clôture de plusieurs de ses villages.

Inversement, certains prévôts royaux déploient leur zèle à contre-temps : ainsi Isabelle la Brete proteste-t-elle contre Jean de Galardon qui l'a mise à l'amende parce qu'il la soupçonnait d'inconduite avec des clercs.

Cette énumération de petits faits divers ne révèle évidemment que des actes qui sortent de la banalité et qui d'ailleurs n'ont trouvé place dans les documents écrits qu'à une occasion très particulière, celle des enquêtes faites sur l'ordre de Saint Louis pour surveiller ses propres agents, son administration. Mais, remarquons-le, à la campagne plus encore qu'en ville, seuls les actes proprement extraordinaires font l'objet d'un écrit. Beaucoup plus tard, aux XVIe, XVIIe ou encore XVIIIe siècles, les terriers ou relevés de cens très détaillés dressés sur l'ordre des propriétaires de domaines, en un temps où le mode de propriété redevient absolu, à la manière romaine, nous livreront une physionomie des campagnes dans leur train de vie régulier, en tout cas du point de vue économique, avec les redevances que doivent acquitter chacun des fermiers ou métayers.

En ce qui concerne la période féodale, on ne peut s'attendre à rien de tel ; les coutumes elles-mêmes ne commencent à être rédigées par écrit qu'à la fin du XIIIe siècle, et nous les connaissons surtout dans la forme qu'elles ont prises au XVIe. Ce n'est donc qu'un peu par hasard que l'on peut se fonder sur un document, lorsqu'il y a eu, comme dans les cas énumérés, litiges, contestations, plaintes de justice, etc. Ou encore, nous l'avons vu, à l'occasion des contrats établis notamment avec les abbayes dont les cartulaires gardaient fidèlement trace de tous les actes passés localement, afin d'assurer la bonne marche du corps collectif.

Ce qu'on peut en tout cas dire avec certitude, c'est qu'à travers l'extrême variété qui peut exister d'une région à l'autre — ne serait-ce qu'à cause de la multitude de mini-climats qui abondent particulièrement dans le terroir français où des habitudes de vies différentes ont engendré aussi des différences dans les coutumes locales — on remarque que la place de la femme est infiniment plus importante dans les transactions passées dès les Xe-XIe siècles qu'elle ne le sera au XIXe siècle quand le code Napoléon aura fixé l'évolution qui s'est dessinée chez nous depuis le XVIe siècle ; évolution qui fut même amorcée un peu plus tôt dans les pays germaniques en raison de la forte influence que le droit romain y exerça dès le milieu du XIIIe siècle, et aussi d'une façon générale dans les pays soumis à l'influence romaine comme l'Italie, ou plus encore à l'influence islamique comme l'Espagne et le Portugal.

La population de la France est alors rurale dans sa très grande majorité. Et, d'ailleurs, la distinction entre ville et campagne n'est pas du tout la nôtre ; si la grande ville n'existe pas, le citadin sans aucun lien avec les champs, fût-ce à propos de son cheval — unique moyen de transport du temps — est aussi une exception.

Il y a en ville des jardins et tout un petit élevage familier ; les écuries tiennent autant de place que de nos jours parkings et garages, et l'osmose entre paysans et « bourgeois » est incessante, étant donné que les petites villes sont littéralament saupoudrées, tout comme les châteaux, sur tout le pays en un temps qui ignore la centralisation.

Cela dit, la vie quotidienne, en ville comme à la campagne, nous est parfois restituée sur le vif par les documents judiciaires, les moins suspects qui soient, auxquels nous avons déjà eu recours à propos des rurales. Notamment les enquêtes ordonnées par Saint Louis avant son premier départ pour la Terre sainte, en 1247.

Ainsi cette coiffeuse nommée Raymonde qui tient une boutique à Beaucaire et que nous connaissons parce qu'un soir les viguiers du roi ont fait irruption chez elle et ont mis la main sur son client, un nommé Bonjorn, fils de Jean, de Marseille, qu'ils accusaient d'adultère avec la Raymonde.

Pourtant, elle ne faisait que lui laver la tête comme à ses autres clients; il y avait de la lumière dans la boutique; la porte était ouverte, et un nommé Michel Pico, devant cette porte, attendait son tour; Raymonde la coiffeuse a été néanmoins soumise par le viguier du roi à une amende de 100 sous et a dû en verser aussi 16 aux sergents. Cette exaction a été enregistrée par les enquêteurs de Saint Louis chargés de contrôler les abus dans cette partie du domaine, et grâce à eux Raymonde la coiffeuse s'est vu rendre justice[67]. Petit fait divers comme on en relève par centaines dans ces rouleaux d'enquêtes ordonnées par Saint Louis, qui justifient, soit dit en passant, l'image populaire du roi justicier, celle du chêne de Vincennes, le souvenir d'un roi soucieux d'abord des petites gens. En fait, ces documents constituent une mine de renseignements qui ont l'avantage de nous montrer «en situation» une femme exerçant son métier en ville.

Reconnaissons tout de suite que la méprise du viguier, dans le cas de Raymonde, n'est pas sans fondement: les coiffeuses, comme les étuvières (celles qui tiennent des bains publics), ont alors la réputation de se livrer, sous ce couvert, à des activités moins avouables, que la morale publique réprouve et que les autorités locales pénalisent un peu partout. A Marseille, les prostituées ne peuvent fréquenter les étuves et bains publics que le lundi et doivent être expulsées de leurs résidences si les gens de bonne réputation qui habitent la même maison ou le même quartier portent plainte contre elles; à Bordeaux, quiconque en recevra une chez lui sera mis à l'amende: 10 sous par nuit, etc.

Sans s'étendre davantage sur ce «plus vieux métier du monde» qui n'en est pas un, constatons qu'en revanche beaucoup de femmes exercent en ville la profession de coiffeuse; une Suzanne la coiffeuse figure sur les registres de la taille en 1297 parmi les quelque cent cinquante métiers féminins qui y sont mentionnés; encore les métiers pour lesquels un impôt est perçu ne sont-ils pas tous expressément nommés.

A la suite des coiffeuses viennent les «barbières»: deux sont taxées lors de la levée de la taille de 1297 et une en

1313 à Paris. Or, la profession du barbier est plus importante qu'en notre temps. C'est le barbier — lui ou elle — qui opère la saignée, médication courante à l'époque qu'on pratique aux changements de saison et pour toutes sortes de malaises ; le barbier est aussi le « cyrurgien », celui qui remet en place les fractures, recoud les plaies, panse les blessés. Cette activité nous semble peu « féminine », en tout cas pour l'époque ; elle est pourtant bien attestée et encore tardivement, puisqu'un procès est fait en 1374 à une barbière à Paris, dans la paroisse Saint-Marcel, qu'on a voulu exclure de la maîtrise du métier : on sait en effet que beaucoup de métiers à Paris se sont dès le XIIIe siècle constitués en maîtrise ou jurande[68] : elle se défend en précisant qu'elle a appris ce métier de son père et qu'elle n'a pas d'autres ressources pour vivre ; curieusement, on retrouvera la profession de barbière citée parmi les carrières qui s'ouvrent aux femmes, de même que boulangère, meunière, mercière, aubergiste, etc., dans un poème de l'Italien Francesco de Barberino au milieu du XIVe siècle. Le médecin, à l'époque, c'est le « mire » — et n'est-il pas curieux de voir que le terme existe au féminin au XIIIe siècle, et non au XXe ? Des « miresses » donc sont consignées sur les rôles de la taille : cinq en 1297, une en 1313 ; et là aussi un procès vient confirmer leurs activités : celui qu'intente à l'une d'elles, Jacoba Félicie, la Faculté de Médecine de Paris en 1322. Jacoba, qui a alors environ trente ans, est accusée de contrevenir au statut qui réserve l'exercice de la médecine aux diplômés de l'université, alors que de nombreux témoins déposent en sa faveur.

Nous saisissons ici un fait sur lequel il nous faudra revenir : le caractère antiféministe de l'université qui dès sa naissance est un monde masculin uniquement. Trait qui influera sur toute notre histoire pendant des siècles. Mais, pour en revenir à Jacoba Félicie, ses émules étaient encore nombreuses au XIIIe siècle. On sait ainsi que Saint Louis et Marguerite de Provence emmènent à leur usage, pour la croisade, une doctoresse nommée Hersent.

L'éventail des professions accessibles aux femmes, tout au moins durant la période féodale proprement dite, jusqu'au XIVe siècle, incidemment plus tard encore, serait donc plus ouvert que nous n'aurions tendance à le penser, certainement plus qu'au XIXe siècle en tout cas. Reconnaissons pourtant que l'on trouve des femmes surtout dans ces métiers que nous classons comme « féminins ». Avec quelques restrictions toutefois.

Ainsi, dans les métiers du vêtement, le tissage entièrement, et partiellement la couture et la broderie, sont des métiers d'hommes. Le *Livre des Métiers*[69] n'énumère que six métiers uniquement féminins, sur une centaine : fileuses de soie (à petits et à grands fuseaux), ouvrières de tissus de soie, tisserandes de couvre-chefs de soie, enfin celles qui fabriquent des « chapels d'orfroi » ou des « aumônières sarrazines » — autant dire qu'il ne s'agit que de métiers de luxe, nécessitant l'adresse de « doigts de fée ». Comprenons que celles qui travaillent la soie[70] sont des artisanes de haut luxe, travaillant sur de petits métiers portatifs, comme celui que représente la tapisserie de la *Dame à la Licorne ;* elles sont taxées à raison du caractère précieux de leur activité, tout comme les « paonnières » qui manipulent les plumes de paon ornant les couvre-chefs, ou les « fileuses d'or ». Remarquons seulement à leur propos que sont nommées dans le *Livre des Métiers* les « prudes femmes », équivalent des « prud'hommes » désignés dans chaque métier pour le contrôle des usages du travail et de la qualité de la marchandise et qui possèdent donc des pouvoirs judiciaires.

L'industrie textile, celle des draps de laine, représente la grande industrie de l'Occident aux temps féodaux ; les draps sont le principal objet d'échange avec l'Orient, sur lequel se fonde le commerce maritime et celui des foires de Champagne et d'Ile-de-France ; or, le métier de la draperie emploie des hommes et des femmes en nombre à peu près égal. Mais non pour les mêmes opérations ; les plus fatigantes : tisser, battre, fouler sont exécutées par les hommes ; on a pourtant relevé à Florence une certaine Donata qui, en 1288, vit des draps qu'elle tisse ; mais les femmes sont surtout occupées à tondre, peigner, carder, « esbourer » (enlever les irrégularités du drap) et à filer — travail dont elles ont à peu près exclusivement la charge. La fileuse est le personnage féminin par excellence: «quand Adam bêchait et qu'Eve filait...»; quenouille et fuseaux sont de ces objets légers, portatifs, peu encombrants, qu'on prend et qu'on laisse selon les besoins du moment: à la maison en jetant un coup d'œil sur le feu et la marmite, dehors en surveillant les enfants ou les animaux, et surtout à la veillée. Le rouet, invention du début du XIIIe siècle, sera difficilement admis: le fil obtenu manquait, disait-on, de finesse; à Abbeville, en 1288, à Provins, un peu plus tard, on en interdit l'emploi, tandis qu'à Spire, on ne l'autorisait que pour les fils de trame. Le rouet à pédale n'apparaît d'ailleurs qu'au XIVe siècle.

Ainsi les admirables draperies restituées par les miniatures ou les tableaux d'un Van Eyck ont été surtout le fruit d'un travail masculin, tissage ou teinture. En revanche, la lingerie, elle, est tout entière aux mains des femmes, et ce sont uniquement des prudes femmes qui surveillent la qualité des chainses ou chemises, des guimples ou coiffes, de chanvre ou de lin. A Paris, la rue de la Lingerie en garde le souvenir; et le statut des lingères édicté en 1485 précise leurs obligations, qui sont étendues non seulement à leur compétence, mais à leur moralité: celles qui causent des scandales seront rayées des confréries; notons que, sagement, cette sanction leur interdit de tenir boutique sur rue, mais non point d'exercer leur métier.

Beaucoup d'autres activités dans l'industrie du vêtement sont l'apanage des femmes, dont les salaires étaient assez importants pour qu'elles figurent sur les rôles de la taille: brodeuses, pelletières traitant les fourrures (deux métiers surtout masculins), gantières[71], chapelières, boutonnières (on sait que le bouton, qui constitua une petite révolution dans le domaine du vêtement, est une invention du début du XIIIe siècle).

L'art de la tapisserie était, lui, interdit aux femmes, du moins pour les hautes lisses qui obligent à avoir sans cesse les bras étendus. Dans les statuts, cette interdiction est répétée à plusieurs reprises, en insistant sur le danger que cette position trop pénible fait courir aux femmes «enceintes d'enfant» ; ce qui laisscrait penser qu'elles y contrevenaient parfois ; les textes en témoignent d'ailleurs : une Isabeau Caurrée, à Arras, en 1313, donne quittance pour «cinq draps en haute lisse». Et dans le livre de la taille, une «Emengiart la Hernière, tapicière», est imposée pour la forte somme de 60 sous ; une autre est nommée «Ade la tapicière», mais le montant de la taxe n'est pas indiqué ; peut-être d'ailleurs l'une et l'autre pratiquaient-elles la tapisserie de basse lisse.

Où l'on est surpris de rencontrer des femmes, c'est dans les métiers du métal. Pourtant, il faut se rendre à l'évidence ; sans même évoquer «la belle heaulmière» dont François Villon a immortalisé les regrets (il s'adresse tour à tour, notons-le au passage, à Jeanneton la chaperonnière, Catherine la boursière, Blanche la savetière et Guillemette la tapissière, sans autrement nommer la gantière et la saucissière), constatons que la taille est levée sur des aiguillières, des coutelières, des chaudronnières, une maréchale qui a dû ferrer les chevaux, une forcetière qui fabriquait des ciseaux, une serrurière, une haubergière qui façonnna des armures, une potière d'étain, et, ce qui exige des doigts fins, une «bouclière» confectionnant des boucles, une joaillière, et plusieurs orfèvres et «tailleresses d'or».

Il peut s'agir évidemment de veuves qui remplacent un époux décédé ; mais, de toute manière, ce sont des «femmes seules», chefs de famille ou non, exerçant une activité personnelle comme l'atteste le montant de leurs impositions. Et n'oublions pas cette femme nommée Agnès, libraire à Paris, ou cette autre, Marguerite, relieuse, au service de Jean, prince d'Orléans.

Plus nombreuses encore sont les femmes dans les métiers de l'alimentation : bouchères et boudinières ou boulangères, fournières et fromagères, laitières et poulaillières (marchandes de volaille), et, bien sûr, les harengières et poissonnières, à l'éloquence proverbiale. Il semble que dans bien des villes, à Périgueux par exemple, la boulangerie ait été un métier exclusivement féminin. A Troyes, les talemelières ou boulangères entrent dans la catégorie des femmes les plus imposées : 25 sous (en 1406). De même a-t-on fait remarquer qu'en Angleterre le brassage de la bière a été presque entièrement aux mains des femmes. Et à Lille le métier de brocanteur groupe beaucoup plus de femmes que d'hommes.

D'autres métiers plus inattendus comme les messagères sont signalés à Troyes, où l'on énumère aussi nombre de femmes tenant boutique : oublières (marchandes d'oublies, c'est-à-dire de gaufrettes et petits gâteaux), fruitières, chandelières, sans parler des blanchisseuses, lavandières et chambrières.

Il y a encore, mais ce sont généralement des gagne-petit les poraières et les regratières qui vendent des légumes, au contraire, les épicières, marchandes d'épices ont toujours d'importants bénéfices. Entre les deux, tavernières et hôtelières, plus les buffetières qui servent le vin au comptoir.

Les femmes sont donc présentes dans le grand comme dans le petit commerce. Ici encore des exemples sont à citer à un bout comme à l'autre de l'échelle sociale. A Marseille, Marie Valence s'associe par-devant notaire avec Bernard Ambulet pour tenir un étal aux Iles de Marseille, où les navigateurs trouveront viandes, poissons et autres denrées alimentaires ; cela à frais communs, les bénéfices également partagés par moitié. Le contrat date du 6 juillet 1248, ce qui nous ramène en pleine époque de la croisade de Saint Louis. La plupart des grandes nefs prenaient le départ, non du port proprement dit, mais des Iles : If, Pomègue, Ratonneau ; d'où l'afflux de pèlerins et matelots qui, en attendant qu'on mette à la voile, étaient tentés de compléter leur approvisionnement à l'étal de Marie Valence et Bernard Ambulet.

Quelques années plus tard, toujours à Marseille, Béatrix Raoline donne quittance au drapier Guillaume Lafont de 100 livres sur les 150 qu'elle lui avait prêtées lors d'un contrat d'association ; Béatrix est fille d'un marchand de draps, décédé, dont visiblement elle a pris la succession. Plus modestement, c'est la somme de 100 sous que Marie Nasdevaca (sobriquet italien, mais on spécifie qu'elle est « citoyen de Marseille ») confie à Marin Barnier, pour les faire valoir « au quart de gain », c'est-à-dire qu'il devra lui restituer la somme plus un quart des bénéfices réalisés. Ou encore c'est Cécile Roux qui remet à Jean Amat une pacotille d'une valeur de 25 sous à faire fructifier à Saint-Jean-d'Acre où les commerçants de Marseille possèdent un comptoir, cette fois à mi-gain.

Là encore, il s'agit de « femmes seules ». Personnellement, je n'ai jamais rencontré mention d'autorisation maritale dans les actes notariés des XIIIe et XIVe siècles que j'ai consultés. En revanche, on voit très souvent des femmes agir aux côtés de leur époux. Ainsi cette Alamberte, femme de Jacques Vital, marchand de Narbonne, qui entre 1383 et 1387 reçoit les « aveux », c'est-à-dire les redevances, des terres que possède son époux. Et l'on pourrait citer un grand nombre d'actes du même genre.

Nous terminerons en évoquant cette miniature qui illustre une page du *Décaméron* où l'on voit deux scènes successives : d'abord le banquier qui accueille deux gentilshommes reconnaissables à l'armure visible sous leur vêtement et leur prête une somme d'argent qu'il inscrit sur son livre de comptes ; tandis que sur la seconde image les mêmes gentilshommes viennent restituer la somme en bons écus sonnants, mais cette fois, c'est à la banquière. Chacun des registres de la taille de 1292 et de 1313 à Paris, signale d'ailleurs une femme taxée comme usurière.

Certaines femmes nous apparaissent en position inattendue : ainsi cette Bonne de Nieulles que les textes désignent comme « croisée » et qui se réclame de cette qualité pour protester contre le prévôt de Poitiers en 1247, qui l'accuse d'avoir eu des relations illicites avec des clercs. Ou encore cette sportive, Margot, joueuse de paume du pays de Hainaut, qui se produit à Paris vers 1425 « et peu venaient hommes à qui elle ne gagnât », comme le note le *Bourgeois de Paris.*

Et comment oublier le rôle actif des femmes dans la résistance en Normandie pendant la guerre de Cent Ans, surtout après Azincourt et l'invasion du pays ? De fait, les femmes furent souvent utilisées comme espionnes ou agents secrets. Le *Journal du siège d'Orléans* mentionne à plusieurs reprises des femmes envoyées par le Bâtard d'Orléans, Jean, futur comte de Dunois, qui avait la charge de défendre la ville, ou diverses autres autorités, pour se renseigner sur la position de l'ennemi. En Normandie, on voit payer, à Valognes, une somme de 60 sous à une espionne nommée Jacquette Paucigot ; ou encore deux autres femmes qui, en 1435, sont allées « épier et enquérir du gouvernement des adversaires du Roi tenant le siège devant Avranches » ; et l'on se doit de rappeler cette Jeanne la Hardie qui, démasquée comme espionne, est « enfouie toute vive sous la haute justice du roi d'Angleterre au pays de Falaise », le 26 avril 1435.

Que conclure, sinon que toutes les études faites à Lille, Périgueux, Toulouse, Troyes, etc., aussi bien qu'à Paris, attestent que les femmes prennent, comme à la campagne, la part la plus active à la vie économique dans les villes, qu'on les rencontre à chaque coin de rue, non seulement dans la boutique ou l'atelier — il serait inexact de dire « de leur mari », car l'un et l'autre y sont étroitement associés, encore que la responsabilité principale échoie ordinairement à celui-ci — mais encore en tant que « femme seule », veuve ou célibataire exerçant pour vivre le métier de leur choix. A Francfort, où l'on a pu établir des listes de métiers entre 1320 et 1500 et calculer la répartition de la main-d'œuvre entre hommes et femmes, on constate que 65 métiers emploient uniquement des femmes contre 81 où les hommes sont plus nombreux et 38 où les uns et les autres sont en nombre égal.

Cependant, à parcourir les textes, on est frappé d'une inégalité qui s'affirme entre rurales et citadines. Il ne s'agit plus alors du domaine économique, mais du pouvoir ou, plus exactement, de l'administration. Nous aurons dans le prochain chapitre l'occasion de voir agir des femmes exerçant des pouvoirs politiques étendus comme suzeraines ou reines. Mais, en examinant le statut de la femme dans sa vie quotidienne, la remarque qui s'impose est liée à ce qui peut différencier son mode d'existence, selon qu'elle se trouve à la campagne ou en ville.

Dans le premier cas, en effet, elle a de toute évidence l'occasion d'exercer un pouvoir identique à celui du seigneur, et nul dans le monde rural ne conteste l'autorité des suzeraines, que ce soit sur de vastes domaines ou des terroirs parfois très exigus, en l'absence du seigneur ou en tant que châtelaine à part entière. Lorsque les études faites en notre temps ont été poussées très avant, comme celle de l'érudit Theodore Evergates sur la Champagne dans le bailliage de Troyes[72], les faits sont concluants : entre 1152 et 1284, sur 279 possesseurs de fiefs, il relève 104 seigneurs, 48 dames, 10 « demoiselles », les autres étant soit des écuyers, soit divers représentants de lignages plus importants que les autres ; et l'historien constate que « parmi les familles baroniales, les femmes jouissent des mêmes droits à la propriété que les hommes, et la propriété passe aux mâles et aux femmes, selon les circonstances familiales ».

Dans toutes les régions de France, c'est par centaines, par milliers, qu'on relèverait, de même, cette sorte de parité de fait existant entre hommes et femmes dans l'administration des domaines ; par exemple, à propos de femmes qui rendent ou reçoivent hommage — étant entendu que la cérémonie d'hommage est celle par laquelle on jure fidélité à son seigneur. Ainsi Isabeau de Harcourt reçoit, dans le Roussillon, hommage de ses vassaux. D'ailleurs, Raymond, le sire de Mondragon, au début du XIIIe siècle, choisit pour son sceau la représentation d'une cérémonie d'hommage qui montre un chevalier agenouillé devant une dame. Plus modestement, une certaine India, fille de Guillaume Gombaud, fait hommage à l'archevêque de Bordeaux ; celui-ci la dispense d'ôter sa coiffure comme le veut l'usage pour les hommes. Remarquons, en passant, que si le terme de seigneur vient de *senior* (le plus âgé, l'ancien), son équivalent féminin, la dame, vient de *domina*, la « maîtresse », celle qui « domine » !

Or, en ville, on ne rencontre nulle trace de femmes maire, échevin, consul ou recteur. Ces mots, d'ailleurs, n'ont pas d'équivalent féminin ; les fonctions municipales paraissent avoir toujours été aux mains des hommes, même dans les régions où l'on est certain que les femmes aient voté dans les assemblées. Ce vote des femmes semble avoir été pratiqué un peu partout, dans des régions aussi différentes que les cités du Béarn, ou Pont-à-Mousson, ou Garchy en Champagne. Le vote des femmes lors des Etats généraux de 1308, en Touraine, est aussi attesté ; et nous avons cité ailleurs le cas de ce bail consenti par l'abbé de Saint-Savin aux habitants de Cauterets en 1316, à propos duquel les « voisins et voisines » de la commune sont appelés à exprimer leur suffrage : or, tous approuvent l'acte proposé « excepté Gaillardine de Fréchou » ; cette Gaillardine méritait bien son nom puisqu'elle est seule à maintenir un « non » énergique à l'encontre des 60 à 70 représentants des « feux » de la localité[73].

On a vu, par ailleurs, qu'à côté des prud'hommes existaient dans les métiers des prudes femmes dotées comme ceux-ci de pouvoirs judiciaires ; la question est donc moins d'ordre économique que social. Ceux qui détiennent l'autorité dans les campagnes sont des nobles ; réciproquement, les suzerains et suzeraines sont des ruraux, des terriens. Pourquoi donc les gens du bourg, qui ont obtenu des privilèges pour leurs foires et leurs marchés, qui ont revendiqué le droit de se défendre et de s'administrer par eux-mêmes, n'ont-ils pas admis les femmes dans les structures qu'ils se sont données ? Ils avaient sous les yeux l'exemple de la châtelaine : que n'en ont-ils tiré un personnage de femme-maire ou échevin ?

Les explications qu'on peut donner ne sont pas toutes entièrement satisfaisantes.

La vie à la campagne mêle davantage les occupations de l'homme et de la femme ; ils restent proches l'un de l'autre en toutes leurs activités. Mais dans la pratique, il en est de même en ville dans les ménages d'artisans : l'atelier, la boutique font normalement partie de l'habitat. Très peu de métiers exigent alors ces allées et venues entre lieu de travail et maison qui ont pris une place si lourde, si abusive dans la vie de l'ouvrier ou de l'employé au XIXe siècle. Ce n'est donc pas, tout au moins dans le cas des ménages d'artisans, le mode de vie qui peut différencier le statut de l'homme de celui de la femme.

Peut-être la composition même de la famille a-t-elle joué, car, contrairement à ce qu'on pourrait croire, la famille « étendue » est plus favorable à la femme que la famille restreinte au seul noyau père-mère-enfant. Or, toutes les observations qu'on a pu faire amènent aux mêmes conclusions : la famille étendue se rencontre plus fréquemment à la campagne qu'en ville. Curieusement, la vie à la campagne, où pourtant les personnes sont dispersées sur de vastes espaces, les amène à s'agréger, à se grouper ; alors qu'en ville, où beaucoup de personnes sont réunies, celles-ci se trouvent plus facilement isolées, vivant seules ou à deux. Les travaux menés par David Herlihy et son équipe sont convaincants de ce point de vue : à Florence, au début du XVe siècle, un ménage compte en moyenne 3,80 personnes contre 4,74 en milieu rural ; ces chiffres moyens, un peu abstraits, établissent pourtant que les personnes isolées ou les ménages de deux personnes sont plus nombreux en ville. L'auteur conclut : « Le pourcentage des feux multiples ruraux égale celui des ménages tronqués et des isolés dans les villes » ; un ménage au moins sur six dans la campagne florentine comprend « un parent proche qui n'est pas le descendant immédiat du chef de ménage ». Il en résulte que dans la pratique courante, même si la mère est accaparée comme le père par les travaux des champs, il se trouve toujours quelqu'un dans le groupe familial étendu pour prendre soin des enfants les plus jeunes, et ceux-ci ont vite fait de s'initier par eux-mêmes aux petits travaux de l'existence quotidienne. Il est curieux, soit dit en passant, de constater que les problèmes d'éducation ne paraissent guère s'être posés dans ces familles étendues où l'enfant jouit d'un milieu vital propice à son épanouissement ; il se meut dans un tissu humain très différent — les psychologues le reconnaissent aujourd'hui — de la vie en collectivité, crèche ou école.

Ceux que l'on voit prendre l'administration et le pouvoir en ville — et ils ne tarderont pas à l'accaparer — sont surtout les commerçants — entendons : ceux qui achètent pour revendre. Professionnellement, ils sont appelés à se déplacer, car les produits qui rapportent de grands profits sont ceux qu'on trouve outre-mer :

> Ils vont par terre et par mer
> Et en maints étranges pays
> Pour quérir laine et vair et gris ;

Les autres revont outre mer
Pour avoir-de-poids (épicerie) acheter
Poivre, cannelle ou garingal (gingembre).
Dieu gard(e) tous les marchands de mal...

Ou encore :

Marchands s'en vont par le mond (monde)
Diverses choses acheter ;
Quand reviennent de marchander
Ils font maçonner leur maison,
Mandent plâtriers et maçons
Et couvreurs et charpentiers ;
Quand ont fait maison et cellier,
Fêtes font à leur voisinage.
Puis s'en vont en pèlerinage
A Saint-Jacques ou à Saint-Gilles,
Et quand reviennent en leur ville
Leurs femmes font grand joie d'els (d'eux)
Et mandent les ménest(e)rels,
L'un tamboure et l'autre vielle,
L'autre redit chansons nouvelles.
Et puis, quand la fête est finie,
Ils s'en revont en marchandie.

Très différents des absences du seigneur nécessitées par la défense de son fief, voire par les expéditions en Terre sainte dans lesquelles, du reste, sa femme l'accompagne généralement, sont les va-et-vient qui font du commerçant un résident périodique et lui procurent rapidement une opulence qui lui permet de se rendre propriétaire d'une partie du sol de la cité ; dès la fin du XIIIe siècle, le bourgeois est qualifié généralement de riche, et les deux termes vont ensemble. Dans la cité où il passe l'hiver, c'est un homme qui compte — dans tous les sens du terme, car il ne tarde pas à avoir en main les finances de la ville, en même temps que l'administration et la justice. Dans des cas extrêmes, comme celui de Jean Bionebroke à Douai, il amorce l'avant-projet du capitaliste sous la forme la plus redoutable.

C'est dans cette haute bourgeoisie des villes que se dessine le plus nettement l'écart de statut entre l'homme et la femme ; encore une fois, bientôt le décalage se trouvera renforcé par la redécouverte du droit romain, nettement plus favorable aux commerçants que les coutumes féodales issues de milieux ruraux et non urbains.

Il importait de souligner, même rapidement, cette influence des deux environnements, ville-campagne, sur la différence qui ira s'aggravant entre l'autorité dévolue à l'homme et à la femme.

8

Les femmes et le pouvoir politique

Ici et là ont été évoquées, au cours de cet ouvrage, des reines et des suzeraines. Mais il convient d'insister davantage sur le pouvoir qu'elles ont effectivement exercé.

D'abord parce que ce pouvoir leur échappera par la suite, en France surtout. Le XVIIIe siècle européen compte une Catherine de Russie, une Marie-Thérèse d'Autriche; mais que dire du pouvoir de la reine en France à la cour de Louis XV comme à celle de Louis XIV ? Dans l'alcôve ou dans la coulisse, sans doute. Il est vrai que la dernière reine qui ait exercé un rôle politique, Catherine de Médicis, type parfait de la Renaissance italienne, aura laissé un souvenir peu encourageant! Mais qui aurait admis en 1715, en attendant la majorité du dauphin, une régente au lieu d'un régent? Pourtant le règne d'une femme avait paru tout naturel, en semblable circonstance, au XIIIe siècle. Et l'on n'en finirait pas d'énumérer, à l'époque féodale et encore aux temps médiévaux, les femmes qui ont dirigé et administré des domaines parfois très étendus. John Gilissen a fait remarquer: « Presque toutes les principautés laïques belges ont été gouvernées par des femmes à l'un ou l'autre moment de leur histoire: citons les comtesses Jeanne (1205-1244) et Marguerite de Constantinople (1244-1280), en Flandre et Hainaut, la duchesse Jeanne en Brabant (1355-1406), Marguerite de Bavière en Hainaut (1345-1356), Marie de Bourgogne pour l'ensemble des principautés (1477-1482)[74]. » De combien de fiefs en France pourrait-on en dire autant!

Il faut s'y arrêter un peu : ces femmes qui disposent du pouvoir politique, peut-être auraient-elles quelque chose à nous apprendre.

L'exercice du pouvoir suprême ne les empêche pas pour autant d'être pleinement femmes. Elles n'ont aucunement le souci d'imiter ou de copier un modèle masculin. Dans leur comportement, même lorsqu'elles agissent sur le terrain politique ou militaire, elles restent femmes, essentiellement. Elles ne renoncent pas à être admirées et aimées ; plus encore, elles apportent au sein même de leur action une certaine qualité d'attention aux personnes, voire des solutions proprement féminines qui auraient échappé au seigneur ou au capitaine. Rappelons deux exemples bien frappants : celui de Blanche de Castille arrivant au siège du château de Bellême en 1229 et constatant que l'armée est littéralement paralysée par le froid ; elle fait aussitôt tailler du bois dans les forêts alentour, et réchauffe ses gens qui retrouvent du même coup leur ardeur pour terminer un siège traînant depuis plusieurs semaines. De même chez Jeanne d'Arc trouve-t-on, en même temps que l'élan au combat, la tendresse de la femme quand elle se penche sur un Anglais blessé, et un bon sens quasi maternel devant une armée qui se bat depuis l'aube : « Reposez-vous, mangez et buvez » ; après quoi, ce 7 mai 1429, ses compagnons enlèvent la bastille des Tourelles, objet de leurs assauts.

Plus subtilement, c'est toute une atmosphère correspondant à la vie courtoise qui entoure ces comtesses, ces reines dont l'action politique a été si prudente, si tenace parfois. Elles ne sacrifient rien de ce qui fait l'originalité de la femme. La personne d'Aliénor d'Aquitaine suffirait à le prouver, mais, comme les exemples abondent en ce domaine, quelques autres peuvent être évoquées.

Une suzeraine : Adèle

Miroir exemplaire, rose de la patrie...
D'éclatante renommée, de brillante lignée...

Tel est l'un des hommages rendus à la comtesse Adèle de Blois, fille de Guillaume le Conquérant qui, malgré sa lumineuse personnalité, n'a fait l'objet d'aucune monographie. Pourtant, de tous les enfants de Guillaume le Conquérant et Mathilde de Flandre, Adèle est peut-être celle qui ressemblait le plus à son père, qui d'ailleurs ne fut guère gâté dans sa progéniture : Robert Courteheuse, insouciant et léger, menait la vie la plus dissolue, Richard mourut tout jeune au cours d'une partie de chasse, Guillaume le Roux était dénué de scrupules autant que de grandeur d'âme ; seuls son plus jeune fils, Henri Ier Beauclerc, que les barons installèrent sur le trône à la place de ses aînés, et sa fille Adèle, lui auront apporté quelque promesse pour l'avenir.

En 1081 — l'époque même où l'on brodait la fameuse *Tapisserie de Bayeux* racontant les exploits de son père — Adèle avait épousé Etienne, comte de Blois-Chartres, qui prit une part active à la première croisade et fut quelque temps choisi par les autres barons comme chef de l'expédition. L'une de ses lettres, adressée précisément à sa femme Adèle, nous a été conservée : « Vous pouvez être tout à fait sûre, très chère, que le messager que j'envoie pour vous donner confort m'a laissé devant Antioche sain et sauf, et par la grâce de Dieu dans la plus grande prospérité. En ce moment, avec toute l'armée élue du Christ, et douée par lui d'une grande valeur, voilà vingt-trois semaines que nous avons avancé continuellement vers la Maison de Notre-Seigneur Jésus. Vous pouvez tenir pour certain, ma bien-aimée, que d'argent, d'or et de toutes autres sortes de richesses, j'en ai à présent deux fois autant que votre amour ne m'en avait remis quand je vous ai quittée, car tous nos princes, d'un commun consentement de l'armée entière, contre mes propres désirs, m'ont fait jusqu'à présent le chef, la tête et le guide de leur expédition[75]. »

Cette lettre est datée du 29 mars 1098. Elle se termine sur quelques conseils de sagesse : « Je ne vous écris que peu de choses, très chère, parmi toutes celles que nous avons faites ; et parce que je ne suis pas capable de vous dire tout ce que j'ai dans la pensée, je vous recommande de bien agir, de veiller avec soin sur mes terres, de faire votre devoir comme il se doit envers vos enfants et vassaux. Vous me reverrez dès que je pourrai retourner vers vous. Adieu. »

Mais lui-même allait se révéler étrangement dépourvu de cette fermeté qu'il recommandait à sa femme. Les croisés étaient arrivés le 21 octobre précédent (1097) devant la ville d'Antioche ; le siège de cette cité qu'on disait imprenable allait coûter les plus grands efforts ; peu s'en fallut que la croisade n'y prît fin ; les remparts d'Antioche s'alignaient sur douze kilomètres de long, hérissés de 360 tours. Beaucoup perdirent la vie devant ces murailles ; le comte Etienne, lui, perdit courage. « Étienne, comte de Chartres, l'insensé, que nos grands avaient élu comme chef suprême, feignit avant qu'Antioche fût prise d'être atteint d'une maladie, et se retira honteusement dans une autre ville forte appelée Alexandrette, raconte l'historien anonyme de la première croisade, et nous, chaque jour, nous attendions qu'il vînt nous porter secours, enfermés que nous étions dans la ville sans aucune aide salutaire. » En effet, deux jours après le départ d'Etienne qui avait eu lieu le 2 juin, les murailles avaient été escaladées grâce à l'astuce du chef normand Bohémond et la ville prise d'assaut ; mais presque aussitôt, d'assiégeants les croisés devenaient assiégés : l'immense armée turque commandée par le sultan Kerboga faisait son apparition. « Ayant appris que l'armée des Turcs nous entourait et nous assiégeait, poursuit le chroniqueur anonyme, Etienne gravit secrètement une montagne voisine qui se trouvait à proximité d'Antioche et il aperçut les tentes innombrables [de l'armée turque qui campait autour de la ville]. Saisi d'une grande terreur, il se retira et s'enfuit à la hâte avec sa troupe. Revenu dans son camp il le déménagea et partit rapidement en retraite. »

Or, en dépit de l'affreuse famine qui sévissait à Antioche et de la disproportion des forces entre assiégés et assiégeants, les croisés, réconfortés par la trouvaille de la Sainte Lance dans une église — tel est du moins le récit qu'en font les témoins de l'événement — tentèrent une sortie qui fut une totale victoire.

Pendant ce temps, le comte Etienne avait regagné la France avec ses hommes. Pire encore : persuadé de l'issue malheureuse du siège d'Antioche, il avait au passage conseillé à l'empereur Alexis Comnène d'abandonner à leur sort ses anciens compagnons voués selon lui à une désastre certain. On imagine qu'autour de lui sa conduite fut sévèrement jugée, et au premier rang de ceux qui lui en faisaient grief, on trouve Adèle elle-même. « Etienne était en butte aux reproches de beaucoup de gens et se trouvait contraint, tant par crainte que par confusion, à regagner l'armée du Christ. A cela l'incitait fréquemment sa femme Adèle et, tout en se répandant en effusions et en caresses dans leur vie conjugale, elle lui disait : " A Dieu ne plaise, ô mon seigneur, que tu doives souffrir les opprobres de tant de gens. Rappelle-toi l'ardeur qui te rendait fameux dans ta jeunesse ; prends les armes de la louable chevalerie pour le salut de plusieurs milliers d'hommes, pour que rayonne sur tout le globe l'exultation de ceux qui révèrent le Christ, la terreur des infidèles, et pour le rejet général de leur loi scélérate. " Cela et beaucoup d'autres choses semblables, cette femme sage et pleine d'ardeur le répétait à son époux ; mais lui, connaissant les dangers et les difficultés, redoutait de s'exposer de nouveau à de si dures souffrances. Enfin, il retrouva force et courage, et prit la route avec plusieurs milliers de Francs et parvint en dépit des pires obstacles jusqu'au sépulcre du Christ » (Orderic Vital).

C'était la croisade des attardés, par rapport aux valeureux qui avaient reconquis la Palestine et atteint leur but : libérer le tombeau du Christ. Nombreux d'ailleurs sont ceux qui prirent la route en 1101 : avec Étienne, fort de sa première et douloureuse expérience, se trouvaient notamment Guillaume IX de Poitou, le Troubadour, Hugues de Vermandois, frère du roi, Etienne, comte de Bourgogne ; dans leurs rangs quelques femmes, entre autres la margravine Ida d'Autriche, beauté fameuse qui joignit l'armée du duc Welf de Bavière ; au cours des combats, lors de la désastreuse bataille d'Héraclée où cette seconde croisade fut à peu près anéantie, elle disparut. L'événement donna lieu à des suppositions romanesques : on racontait qu'elle avait été faite prisonnière et que dans un harem éloigné elle avait donné naissance au futur héros musulman Zengi.

Etienne de Blois avait trouvé, dans cette même bataille, la mort du héros, qui le rachetait aux yeux de ses contemporains, et surtout aux yeux de sa femme. On l'a comparée à Enide, l'héroïne du roman de Chrétien de Troyes ; pleinement heureuse auprès de son époux, Erec, elle s'inquiète de voir celui-ci, tout occupé de son amour, perdre sa « valeur » de chevalier ; quoi qu'il lui en coûte, elle n'aura de cesse qu'il reprenne le cours de ses exploits, que leur mariage a interrompu. Effectivement, Erec repartira, mais avec sa femme. Ensemble ils courront les dangers qu'implique la chevalerie, jusqu'au moment où Erec, ayant définitivement vaincu les ennemis du roi, provoque la « Joie de la Cour », où tous deux réintègrent leur place, devenus le Chevalier et la Dame. On a aussi évoqué, à propos d'Adèle, la figure de Guibourg, épouse du Guillaume d'Orange des chansons de geste, qui refuse d'ouvrir les portes de son château à un époux vaincu, au « héros fatigué ». Si différentes que soient les situations, il est hors de doute que cette vision de la femme correspond à une mentalité, et qui plus est, à une réalité. On pourra, dans son éloge funèbre, dire de la comtesse de Blois qu'elle a « vaincu la femme en elle » c'est-à-dire, selon les termes qu'emploie le poète, « la frivolité féminine, dont elle n'a rien gardé ».

Adèle, après la mort de son époux, continue à administrer son domaine de Blois-Chartres ; elle se consacre à l'éducation de ses enfants : Guillaume, Étienne, Henri, Eudes, et enfin Thibaut, qui devint Thibaut IV, comte de Blois, puis de Champagne lorsqu'il eut hérité de cette province à la mort de son oncle Hugues, en 1125. L'aîné d'Adèle, Guillaume, bègue et contrefait, apparemment peu doué pour gérer un domaine, est écarté de la succession par sa propre mère. Etienne, comte de Mortain, prétendit à la couronne d'Angleterre, comme nous l'avons vu plus haut ; Henri, entré à l'abbaye de Cluny, devint abbé de Glastonbury, puis évêque de Winchester ; quant à Eudes, il mourut jeune ; c'est ainsi que le cadet, Thibaut, hérita des domaines continentaux administrés par sa mère. Adèle eut aussi deux filles, Mathilde, qui épousa Richard, comte de Chester, et Lithuise, mariée au seigneur de Montlhéry, Milon de Bray.

Il serait tout à fait inexact pourtant d'imaginer Adèle sous les traits d'une matrone, figée dans l'« austère devoir » de la mère et de la suzeraine. Parfaitement capable dans ce double rôle, elle est aussi, comme l'a montré Bezzola, une comtesse aimable et lettrée, qui crée à Blois toute une activité culturelle totalement négligée par les premiers comtes de Blois-Chartres qui remontaient, disait-on, à un palefrenier.

La fille du Conquérant, elle, non contente de tenir son rôle politique, s'impose aussi par son goût pour la poésie et les lettres. On trouve dans son entourage le très fameux évêque Yves de Chartres, son conseiller dès les premiers temps de son mariage. Hildebert de Lavardin, l'évêque du Mans, dont nous avons vu qu'il fut en correspondance avec toutes les grandes dames de son temps, la félicite à plusieurs reprises de sa prudence expérimentée dans le gouvernement de son domaine. Surtout, elle reçoit poème sur poème de Baudri de Bourgueil, grâce auxquels nous pouvons imaginer la cour que tient Adèle : aucun poète, déclare-t-il, ne la quitte les mains vides ; elle est leur protectrice ; mieux, leur arbitre le plus compétent pour juger de leurs œuvres ; elle-même n'en compose-t-elle pas ?

Dans sa première lettre, l'abbé de Bourgueil, futur archevêque de Dol, lui rend hommage en s'excusant de sa simplicité rustique : il n'aurait jamais osé rendre hommage à celle que célèbre tout l'univers, si elle ne lui avait expressément demandé un poème. Elle ennoblit son chant, qu'il serait par lui-même bien incapable d'ennoblir. Et de poursuivre :

« Beaucoup cependant que sa beauté, son allure, son cœur droit amènent à la préférer d'autres jeunes filles, aimeraient la tenter. Mais, à quoi leur servirait de la tenter ? Elle garde inviolée sa fidélité au lit conjugal. Son attrait singulier, sa beauté incomparable, ils l'admirent, et aussi la grâce de son entretien. Mais qui pourrait amollir ce silex inentamable ? Ils la contemplent sans espoir, mais trouvent leur joie à la contempler. Ils supputent des jouissances sans nom, tout en se nourrissant d'espoirs vains, et se tourmentent à ouvrir béants leurs yeux sur elle. Rien d'étonnant, à tel point sa beauté resplendit, qu'on ne la doive préférer à toutes les jeunes filles. Et je la regarderais ainsi, si je ne rougissais, lourdaud que je suis, moi qui rougis rien qu'à parler de la regarder. Si je ne détournais mes yeux hagards, bientôt la voix me manquerait[76]... »

Ainsi Baudri s'adresse-t-il à la comtesse Adèle dans le premier poème qu'il lui dédie, du vivant du comte Etienne. Par la suite, il renouvellera souvent ses hommages, dans lesquels il se montre, en latin, l'ancêtre direct des troubadours ; l'amour qu'il exprime est déjà l'amour courtois, le sentiment qui le transporte est déjà cette *joy* dont on ne sait si elle est douleur ou bonheur.

Baudri fait revivre pour nous le cadre dans lequel évolue cette haute dame qu'il ne caresse que du regard. Il décrit les salles du château de Blois, et entre toutes la chambre d'Adèle. C'est une pièce d'apparat, remplie d'œuvres d'art qui pourraient — Bezzola l'a fait remarquer — paraître imaginaires, si nous n'avions conservé un témoignage concret de l'exactitude de ses descriptions dans leur enthousiaste minutie : la *Tapisserie de Bayeux*. De même que celle-ci, un épisode après l'autre, retrace la conquête de l'Angleterre par le père d'Adèle et ses compagnons, de même les tentures d'Adèle racontent-elles la création, le paradis terrestre, le déluge et une suite de scènes bibliques, de Noé jusqu'à Salomon. Deux murs sont ainsi ornés ; sur le troisième, les tentures rappellent des scènes mythologiques ; quant au baldaquin du lit, il décrit en fils de soie, d'argent et d'or, la même fameuse conquête. Au plafond sont peintes des étoiles et les signes du zodiaque : sur le sol, une marqueterie de marbre reproduit des fleurs, des montagnes, des animaux familiers ou fabuleux. Le lit est dressé sur des pieds d'ivoire ; au chevet sont sculptées les figures des arts libéraux, avec des inscriptions fournies par Adèle elle-même.

Ainsi le décor intérieur du château de Blois apparaît-il fastueux, et qui plus est, savant. Les goûts de cette femme lettrée, à laquelle sont familiers les catégories de Martianus Capella et les poèmes d'Ovide aussi bien que les livres de la Bible, sont d'ordre intellectuel et artistique à la fois. C'est le genre de décor qu'aurait aimé Héloïse, sa contemporaine. Et s'y affirme aussi l'intérêt pour l'histoire, à laquelle son père avait ajouté un chapitre entre tous illustre en Occident.

Baudri de Bourgueil n'est pas le seul à nous présenter d'Adèle une image flatteuse, celle d'une femme aussi cultivée que belle. Le moine Hugues de Fleury-sur-Loire lui dédie son œuvre historique. *Historia ecclesiastica,* en 1109. Et c'est l'occasion pour lui d'un éloge vibrant, non seulement d'Adèle, mais de l'intelligence féminine : « Loin que le sexe féminin soit privé de l'intelligence des choses profondes, écrit-il, il y a généralement chez les femmes une grande ingéniosité d'esprit, et une élégance des manières tout à fait remarquable. » A deux reprises, il célèbre les qualités intellectuelles et personnelles de la comtesse. Dans son prologue : « Il me semble digne, Dame très illustre, de dédier en présent cet ouvrage, hommage suppliant à votre indulgence, car on doit vous préférer à beaucoup de hauts personnages de notre temps, vous qui êtes remarquable de générosité, admirable de rectitude et qui êtes aussi érudite et lettrée, ce qui est la principale noblesse et civilité... » Et dans son épilogue, il revient sur cette pensée, précisant que son père Guillaume a laissé à ses fils et frères de la terre, son héritage, mais non sans lui transmettre, à elle, une part plus appréciable encore de ce qu'il avait en partage : « Aussi possédez-vous la libéralité et l'élégance des mœurs beaucoup plus que vos frères ; la Gaule en est témoin, qui profite aujourd'hui tout entière de votre libéralité et n'en est pas médiocrement illustre. »

Un autre poète, Geoffroi de Reims, qui avait été le maître de Baudri de Bourgueil, exalte la comtesse dans une épître en vers adressée à son ami, Engueran, qui a composé un poème sur les exploits de Guillaume le Conquérant dédié à sa fille ; il renchérit sur celui-ci : Pourquoi, dit-il, Guillaume a-t-il passé la mer et conquis l'Angleterre ? Pour devenir roi. Mais pourquoi est-il devenu roi ? Parce que le destin voulait qu'Adèle naquît fille de roi. Et de déclarer vain de vouloir faire son éloge : « A tenter de dire ce qu'elle est, la langue et la main renoncent ; rappeler ce qui brille en elle de beauté et d'honneur, et de quel soleil s'éclaire son visage, autant dépeindre la reine des Amazones, la vierge Lacoena, la beauté de Vénus telle que la vit Pâris le Phrygien. »

C'est donc tout un cercle de poètes, de savants, d'historiens, qui gravite autour d'Adèle de Blois, et qui lui adresse des louanges, tantôt, on l'a vu, sur le mode dithyrambique, tantôt plus familièrement. Hildebert de Lavardin, dans l'un de ses poèmes, rappelle à Adèle qu'elle lui a promis de lui donner une chasuble pour dire la messe ; il serait bien content de la recevoir. Sur le même ton, confinant au badinage, Baudri de Bourgueil lui réclame une chape : ce sera une chape rutilante d'or et de gemmes, « et comme tu es au-dessus des reines et des comtesses, cet ouvrage dépassera celui de toutes les reines et comtesses... Mon rôle à moi est de demander, le tien est de donner ; réponds-moi de façon à ce que nous remplissions chacun le nôtre, et fais bien attention de coudre un galon au bord de ma chape ».

Tout l'entourage de la comtesse est ainsi composé de nobles dames, souvent fort instruites comme elle-même et comme sa sœur Cécile, qui fut abbesse de la Trinité de Caen, auxquelles des prélats, par ailleurs irréprochables, adressent leur prose et leurs vers. Baudri de Bourgueil notamment, nouveau Fortunat, décoche des épigrammes à l'adresse d'une jeune Béatrice qui, intimidée sans doute, est restée muette et interdite en sa présence ; il implore d'Emma, une abbesse, un jugement sur ses vers ou exhorte, toujours en vers, une certaine Constance, poète elle-même, une nouvelle Sibylle, à persévérer dans sa conversion ; ou enjoint à une jeune Muriel, belle, riche et noble, de lui envoyer une poésie en échange de la sienne.

Et cette cour à la fois poétique et pieuse n'aura qu'une voix pour célébrer ce qui fut le dernier événement dans la vie d'Adèle : en 1122, en effet, son fils Thibaud étant désormais capable de prendre en main l'administration du domaine de Blois-Chartres, Adèle entrera au couvent, et non dans un ordre facile, puisqu'elle choisira la règle cistercienne à l'abbaye de Marcigny. Hildebert de Lavardin, Baudri de Bourgueil lui exprimeront leur admiration de renoncer ainsi au monde après avoir vécu dans le faste et la vie opulente de la cour de Blois. Et l'évêque du Mans, après sa mort, en 1137, adressera un dernier hommage poétique à Adèle, son épitaphe en vers :

> ...Fleurissant dans les délices, visage de fête...
> La nature la forgea, l'esprit au-dedans,
> Le corps au-dehors, de façon que l'esprit fût sans tache,
> L'apparence sans défaut.

Une reine : Anne

Pour trouver le plus ancien portrait d'une reine de France, il faut se rendre en Ukraine, à la cathédrale de Kiev. Une fresque très belle représente quatre femmes, les deux premières tenant un cierge, les deux dernières mains levées et d'ailleurs nettement plus jeunes et plus petites de taille ; elles sont groupées un peu comme sur la mosaïque fameuse de Ravenne, où l'on voit la procession des saintes. La seconde en partant de la droite est la princesse Anne, destinée à devenir reine de France. Elle n'est encore sur cette fresque que la fille du grand-duc de Kiev, Vladimir Iaroslav ; aux quatre femmes de sa famille, font face sur notre fresque quatre garçons d'une famille qui en compta dix. En fait, on se perd en conjectures sur l'identité exacte de ces personnages. On suppose notamment que les quatre femmes sont les trois filles de Vladimir et leur mère, et les hommes, quatre des fils du même Vladimir. Les femmes sont toutes vêtues d'une robe terminée par un large pan de broderie et d'un manteau. Celui de la première dame, bordé de broderie, est ouvert devant à la manière d'une pèlerine. La seconde porte une sorte de tunique à manches par-dessus sa robe. Le manteau des deux dernières, couvrant l'épaule gauche est retenu sur l'épaule droite, vraisemblablement par un fermail peu visible. Enfin, toutes les quatre sont coiffées d'une espèce de bonnet qui dissimule complètement leur chevelure. Celle en qui l'on croit reconnaître Anne — l'une des deux porteuses de cierges, fort belle — semble avoir, plutôt qu'un bonnet, un voile dont le drapé descend de la tête sur ses épaules, sur lesquelles est jeté un manteau richement brodé de rosaces. La fresque date très probablement du milieu du XIe siècle, vers 1040-1050.

C'est sans doute vers 1050[77], à l'époque où la fresque était peinte, qu'une ambassade se présentait, demandant la main de la fille de Iaroslav pour le petit-fils de Hugues Capet.

Les Russes, ou plutôt les Ukrainiens, viennent à peine alors d'entrer dans l'histoire. Parmi leurs grands ancêtres, il y a Rurik, dont le nom relève plutôt de la légende et surtout une femme, Olga, qui, elle, fait authentiquement partie de l'histoire. Olga est l'épouse du fils de Rurik, Igor. Lorsque celui-ci est massacré en 945, au cours d'une expédition contre une peuplade rebelle, elle prend le pouvoir et l'assure énergiquement pour son fils, qui n'a que neuf ans. Olga, femme courageuse, entreprend immédiatement une expédition contre ces Derevlianes qui ont écartelé son époux. C'est aussi une femme sage et entendue à qui Novgorod et les régions alentour doivent leur première organisation stable. Enfin, elle est chrétienne. A sa naissance, vers 887, il y avait une vingtaine d'années déjà que les deux frères Cyrille et Méthode avaient apporté aux Slaves le premier écho de l'Evangile, et en même temps l'amorce d'une culture écrite puisque ce sont eux qui ont inventé, composé et utilisé l'alphabet cyrillique, le « slavon » qui est encore, dans la Russie orthodoxe, la langue et l'alphabet de la liturgie après avoir donné naissance à la langue et à l'alphabet dont se servent toujours les Soviétiques.

C'est en 954, une douzaine d'années après la mort de son époux, au moment où son fils est en âge de prendre le pouvoir, qu'Olga se fait instruire de l'Evangile et reçoit le baptême à Constantinople. Elle tente elle-même de répandre la foi au Christ et demande à l'empereur Otton de lui envoyer des missionnaires qui seront presque tous massacrés, sauf l'un d'entre eux, Adalbert, qui d'ailleurs devra bientôt après regagner les régions germaniques. Olga est la première chrétienne de son pays. En Russie, comme à peu près partout en Occident, c'est à une femme qu'est due la première annonce de la Bonne Nouvelle, et aussi, simultanément, l'accession à une culture écrite aussi bien que parlée. Olga était une femme exceptionnelle, la seule qui ait dans son pays exercé le pouvoir jusqu'à l'avènement de Catherine de Russie au XVIIIe siècle. Lorsqu'elle est morte à quatre-vingt-deux ans, en 969, elle a été unanimement proclamée sainte. La fête de sainte Olga, le 11 juillet, est toujours indiquée au catalogue de l'Eglise universelle.

Ce n'est pourtant qu'avec son petit-fils, Vladimir le Grand, Vladimir le Saint, que la foi chrétienne commence réellement à se répandre parmi les Slaves. Vladimir est un bâtard de Sviatoslav et d'une servante d'Olga, Maloucha. Il passe quelque temps au pays de ses ancêtres paternels — ces pays nordiques d'où est venu Rurik — puis il revient à Kiev et là il n'a de cesse qu'il n'ait obtenu la main d'une princesse, la sœur de l'empereur de Byzance, Anne. Il sera baptisé et favorisera les missionnaires byzantins que l'empereur lui envoie. C'est lui qui, toujours par des architectes byzantins, fait construire la première église de pierre dans la ville de Kiev. Son baptême et son mariage ont lieu l'an 989. En France, il y a deux ans qu'un baron de la région entre Seine et Loire, Hugues Capet, s'est fait attribuer le pouvoir par ses pairs et couronner roi.

Le tombeau de Vladimir le Saint se dresse sur une colline, à Kiev, au-dessus du Dniepr. Quel que soit le caractère de sa sainteté, il est évident que la personnalité de Vladimir en ait une sorte de Charlemagne slave. De Novgorod jusqu'à la mer Noire, son pouvoir est respecté ; il est « le père du peuple russe » auquel son règne procure trente années de paix ; ses ambitions ne sont plus celles d'un simple coureur de mers ou chef de bande ; il fait respecter la justice, et sa conversion se marque par l'attention qu'il porte aux pauvres, aux infirmes, aux malades ; plus encore, il supprime la peine de mort, en quoi il fait l'effet d'un pionnier mal suivi.

Vladimir le Grand aurait eu vingt-cinq enfants : douze fils et treize filles. Parmi eux, les deux saints Boris et Gleb que chanteront à l'envi les chroniques slaves et qu'on revoit partout représentés sur les icônes aujourd'hui encore. Massacrés par l'un de leurs frères, le terrible Sviatopolk, qui tente de s'approprier l'ensemble de l'héritage paternel, ils sont vengés par un autre frère, Iaroslav, qui leur fait donner une sépulture chrétienne. Et finalement c'est Iaroslav le Sage qui recueille l'héritage de Vladimir le Grand et de la reine Olga. Il a été baptisé en même temps que son père sous le nom de Iouri, Georges. Prince éclairé et cultivé, il réunit la première bibliothèque de Kiev et jette les fondations de la grande église Sainte-Sophie de Kiev. Il épouse une Suédoise nommée Ingegerde, qui sera la mère d'Anne de Kiev, devenue Anne de France, la deuxième, sans doute, de leurs trois filles.

Elisabeth, sa sœur aînée, épouse l'étonnant aventurier qu'on appelait Harald à la belle chevelure, un Norvégien à qui Oslo doit sa fondation en 1058. Veuve, elle s'unit en secondes noces à Sven de Danemark. Sa plus jeune sœur, Anastasie, épouse vers 1050 le roi de Hongrie André Ier. Il est possible que leur mère Ingegerde ait fini ses jours dans un monastère où elle prit le nom d'Anne, sans doute en souvenir de celle de ses filles dont elle était séparée depuis bien des années.

Aujourd'hui où quelques heures d'avion suffisent pour parcourir les deux mille kilomètres qui, à vol d'oiseau, séparent Paris de Kiev, nous avons quelque mal à imaginer le parcours de l'ambassade que le roi de France, Henri Ier, envoie vers l'Ukraine à la fin de l'année 1049 ou au début de 1050. Quelles négociations auront précédé la démarche officielle ? Qu'est-ce qui a poussé le roi de France à choisir une épouse auprès du « roi des Ruthènes » ? La question a paru dans la suite des temps, si mystérieuse que, dans ses *Mémoires et anecdotes des reines et des régentes de France,* l'écrivain Dreux du Radier, en 1808, avance qu'Anne n'a peut-être jamais été « de Russie », mais « de Roucy » ; le comte Eble de Roucy étant un puissant seigneur dont les terres, situées au sud de la ville de Laon, étaient contiguës au domaine royal. L'hypothèse, inutile de le dire, est entièrement gratuite puisque tous les documents du XIe siècle et par la suite encore la contredisent ; le fait est néanmoins très significatif d'une époque : le XVIIIe siècle, le début du XIXe, foisonnent de suppositions de ce genre, issues d'imaginations fertiles qui ont corrigé l'histoire pour la rendre vraisemblable à leurs yeux. N'est-ce pas au même moment qu'un autre cerveau ingénieux allait suggérer que Jeanne d'Arc était une bâtarde d'Orléans ; conjecture qui, on le sait, est reprise aujourd'hui encore par des écrivains qui, faute de formation historique, ont du moins de la suite dans les idées !

Pour en revenir aux sources, Suger, l'abbé de Saint-

Denis, parle à propos du trésor de son abbaye d'une précieuse hyacinthe qui lui avait été donnée par « Anne, fille du roi des Ruthènes » et qui fut enchâssée dans un reliquaire contenant un morceau de la couronne d'épines. Sans doute a-t-elle fait partie des présents apportés par Anne à son époux Henri Ier, qui vint un jour l'accueillir après son long voyage à travers l'Europe centrale.

Henri avait eu une enfance difficile ; son père Robert l'avait eu de sa troisième épouse, la belle et impérieuse Constance d'Arles, fille du comte de Toulouse Guillaume Taillefer, laquelle ne l'aimait pas et lui préférait ses cadets. Sacré à Reims le 14 mai 1027, Henri avait pris le pouvoir quatre ans plus tard, à la mort de Robert le Pieux, ce qui fut l'occasion pour Constance de lui susciter toutes sortes de difficultés, soulevant même contre lui ses deux plus jeunes fils, Robert et Eudes. Il n'obtiendra la paix qu'après des luttes opiniâtres, en concédant à Robert le duché de Bourgogne, en enfermant Eudes à Orléans, en s'alliant avec le duc de Normandie Robert le Diable. Il a, heureusement pour lui, la tenacité capétienne. Mais ce n'est que lorsque sa mère meurt en juillet 1032, à Melun (il l'a revue peu auparavant pour lui exprimer son pardon), qu'il peut songer à s'établir lui-même, à fonder une famille en dépit de l'expérience fâcheuse qui avait été la sienne. Il demande d'abord la main de Mathilde, fille du roi Conrad II de Germanie, mais elle meurt avant les noces ; il se tourne alors vers une autre Mathilde, nièce de l'empereur d'Allemagne Henri III, et l'épouse vers 1043, mais elle aussi meurt, un an après : Henri se retrouve veuf et sans enfant ; il a trente-six ans et le souci de transmettre le royaume à un héritier légitime ; pourtant, ce n'est que quelques années plus tard que se dessine l'ambition étrange d'aller chercher son épouse sur les bords du Dniepr. On conçoit que l'expérience d'une mère aussi partiale, vindicative et injuste que l'avait été Constance à son égard, ait écarté à tout jamais pour lui l'idée d'une épouse méridionale. Il reste que c'était aller chercher loin vers l'Est celle qu'il comptait installer sur le trône de France.

On peut penser qu'une circonstance l'influença ; quelques

années auparavant, un moine de Cluny avait été relevé de ses vœux : c'était un Polonais, et son peuple l'avait désigné pour régner sur la Pologne. Il devint roi sous le nom de Casimir Ier et épousa la sœur de Iaroslav, Marie, surnommée Dobrogneva (de bon caractère). Il n'est pas impossible que les relations du roi de France avec la grande abbaye bourguignonne l'aient amené à connaître la famille de Iaroslav. Le mariage russo-polonais avait eu lieu en 1043. Sans doute en parlait-on au château de Senlis où résidait volontiers Henri Ier.

Parmi tant de suppositions, nous avons cependant une certitude : la composition de la délégation qui va demander la main d'Anne et qui l'accompagne en France. Il s'agit de Roger II, évêque de Châlons, Gauthier, évêque de Meaux, et Gosselin, de Chauny.

En revanche, on ne sait rien de l'itinéraire suivi à l'aller ou au retour. Peut-être une expédition maritime, par le nord — il est prouvé qu'une véritable route fluviale suivant le Dniepr et le Volkov joignait la mer Noire au lac Ladoga ; par la Neva voyageurs et marchands pouvaient retrouver le golfe de Finlande, suivre les côtes de la Baltique, qu'on appelait la mer des Varègues (c'est le nom qu'on donnait aux Vikings de l'Est), puis, contournant le Danemark, arriver aux bouches de l'Escaut par la mer du Nord, comme le feront quelque trois cents ans plus tard les lourdes *coggen* des villes de la Ligue hanséatique. Mais il se peut aussi que l'escorte d'Anne de Russie soit passée par la Pologne, où elle se trouvait en pays ami et même parent, la jeune reine de Pologne, Marie, étant sa propre tante, qu'elle ait ensuite traversé la Bohême ; on a même pu penser que c'était près de Prague, dans l'abbaye de Sazawa, qu'avait été copié l'évangéliaire en slavon qu'elle apportait parmi les présents à son époux.

Car c'est le second souvenir qu'il nous reste d'elle, cet évangéliaire conservé aujourd'hui dans la bibliothèque de Reims où il porte le numéro 255 (A 29) au Catalogue des manuscrits ; il représente pour les érudits le plus ancien monument de la langue ukrainienne. Il est probable que, depuis l'arrivée d'Anne, les rois de France couronnés à Reims ont prêté serment sur cet évangéliaire. Toujours est-il que le 19 mai 1051 est célébré le mariage à Reims et que la nouvelle reine est couronnée, puisque à l'époque les reines reçoivent l'onction et la couronne aussi bien que les rois, contrairement à ce qui se passera plus tard, au XVIIe siècle. Une troisième cérémonie a lieu le même jour, dont les chroniques gardent la trace : l'évêque Liébert de Cambrai reçoit à Reims sa consécration épiscopale. Le fait est consigné dans la *Vita sancti Lieberti,* car ce Liébert de Cambrai devait être un jour porté sur les autels. Il nous est difficile aujourd'hui d'évoquer les fastes de cette cérémonie : on sait que la cathédrale de Reims a été entièrement reconstruite quelque deux cents ans plus tard. Mais on imagine assez la curiosité du petit peuple devant cette jeune reine qui arrivait d'aussi loin.

Anne de Russie semble s'être acclimatée en France ; elle partage la vie errante de son époux, celle des rois et seigneurs en général qui vont de résidence en résidence ; mais elle marque apparemment quelque prédilection pour celle de Senlis. Et l'année 1052, naît un fils qui, le premier dans les annales de la royauté, est baptisé Philippe. Certains ont vu dans ce nom un rappel des origines byzantines d'Anne. Plus probablement est-ce un hommage à l'apôtre Philippe, dont on disait qu'il avait évangélisé le pays des Scythes, c'est-à-dire l'Ukraine. On racontait qu'une minuscule parcelle des reliques de l'apôtre avait été glissée dans la couverture de l'évangéliaire de Reims, ce qui témoignerait de la dévotion toute particulière de la reine pour ce saint.

Henri et Anne vont avoir deux autres fils, Robert, qui meurt à dix ans, et Hugues, futur comte de Vermandois, né en 1057 et qui prendra part à la première croisade ; enfin une fille, Emma, qui disparut jeune, avant son mariage.

Les documents conservés nous permettent d'avoir de loin en loin quelque lueur sur la vie d'Anne en France. Le plus ancien, un diplôme au profit de l'abbaye de Saint-Maur-des-Fossés, est délivré à Melun le 12 juillet 1058, qui la dispense désormais des réquisitions abusives de bétail pour la table royale. Si nous sommes surpris de voir ce document solennel ratifié non seulement par Anne, mais ses trois fils, Philippe, Robert, Hugues (tous trois fort jeunes, puisque l'aîné, Philippe, n'a alors que six ans), c'est que notre époque reste encore moulée par le droit romain. En droit coutumier, on le sait, la famille forme un tout fortement constitué, dans laquelle le père n'est que gérant au nom des siens, qui éventuellement sont appelés comme dans le cas présent, à confirmer ses actes.

La même année, le 5 août, à Cambrai, une donation faite à l'abbaye d'Hasnon signale l'approbation de la reine.

Trois autres donations faites l'année suivante et en 1060 en faveur de Saint-Pierre de Chartres et de Saint-Martin-des-Champs porteront la même mention : Anne Regina. Il en est de même pour une confirmation de privilège en faveur de l'abbaye de Tournus, qui a lieu en un jour solennel, pour la Pentecôte, le 29 mai 1059, à Reims. Jour solennel, car ce fut celui où l'aîné des enfants d'Anne et d'Henri, Philippe, fut sacré roi par Gervais, l'archevêque de Reims. Il n'avait que sept ans lorsqu'il fut ainsi associé à la couronne. On a souvent prétendu qu'à l'époque féodale les rois présidaient de leur vivant au sacre de leurs enfants par simple précaution, afin d'assurer le trône à leur dynastie. C'est méconnaître un trait beaucoup plus profond du droit coutumier qui amène à conférer à l'aîné des fils une part de l'autorité paternelle ou plutôt de l'administration du patrimoine dès son jeune âge. En un temps où, de toute façon, l'héritier n'est pas désigné par son père, mais bien par le sang, par la place qu'il occupe dans la famille, il était normal que cette continuité, marquée dans les familles royales par le sacre, fasse l'objet d'une cérémonie publique, celle qui lui confère l'onction. C'est en restreindre curieusement la portée que d'y voir une simple garantie de garder la couronne.

Quand, en 1060, Henri meurt, à Vitry-aux-Loges, dans la forêt d'Orléans, non loin de Saint-Benoît-sur-Loire, Anne prend le pouvoir, comme il est normal à l'époque, tandis que le jeune roi Philippe, âgé de neuf ans, reçoit, selon l'usage aussi, un tuteur qui est le comte Baudouin de Flandre. Dorénavant, sur les actes, Philippe et Anne sont mentionnés : « Philippus rex cum matre sua regina ». L'un d'entre eux, daté d'Etampes, le 25 novembre 1060, parle même de la volonté « de nos très pieux rois, à savoir Philippe et sa mère Anne ».

Sur un texte, on trouvera mieux qu'une simple mention : la signature complète d'Anne, en caractères slavons. Il s'agit du diplôme — fameux pour les érudits — délivré à Soissons l'an 1063, qui accorde à l'abbaye de Saint-Crépin-le-Grand de Soissons le privilège de disposer en toute liberté des élections à la cure de deux églises, celles de Pernant et de Colombes. Peu importe au reste le contenu de l'acte ; ce qui est étrange, c'est de voir, à côté du monogramme du roi et de celui d'Anne, la mention certainement autographe : ANA PbHNA (Anna reina).

On a pu supposer, non sans quelque vraisemblance, que cette signature insolite était motivée par la situation nouvelle de la reine Anne. Il se trouve en effet qu'Anne s'était remariée à l'époque avec Raoul II de Péronne, comte de Crépy, l'un des feudataires du roi de France. Ce mariage, survenu deux ans après la mort d'Henri Ier, eut lieu dans des circonstances assez particulières puisque Raoul de Crépy, déjà veuf de sa première femme, s'était remarié, en 1053, avec une certaine Haquenez apparentée au comte de Champagne, qu'il a répudiée pour épouser la reine veuve. Or, dans l'acte de 1063, sont énumérés de nombreux témoins — dont Raoul lui-même — mais il n'est pas question d'Anne. On peut imaginer, comme l'a fait R. Hallu, que celle-ci, mécontente d'avoir été oubliée et voulant affirmer son rang, a tenu à marquer, à côté de la croix monogramme, son propre nom et sa qualité de reine. Qu'elle l'ait fait en caractères slavons serait une marque supplémentaire de défi.

Tout cela n'est pas impossible ; ce serait un indice suffisant pour souligner chez Anne un trait de caractère que les événements confirment. La lettre que le pape Nicolas Ier — rédigée par saint Pierre Damien, sans doute — lui adresse en 1059 ou 1060, en tout cas avant la mort d'Henri Ier, est remplie d'exhortation sur ses devoirs d'épouse et de mère ; après des compliments sur sa générosité, sa bienveillance envers les pauvres, les libéralités qu'elle leur fait, il lui conseille de conserver la soumission à l'Eglise, d'y exhorter le roi et d'élever ses fils dans une saine justice. Rien de très surprenant en tout cela, sinon qu'après ce remariage relativement rapide, contracté dans des circonstances contestables aux yeux de l'Eglise, on peut se demander s'il n'y avait pas dans cette lettre quelque avertissement à la reine touchant sa conduite. Gervais, l'archevêque de Reims, entretint une correspondance avec le pape Alexandre II au sujet des secondes noces d'Anne, dont, disait-il, « le royaume est très troublé... notre roi Philippe en est tout attristé et tout autant ses conseillers. J'en suis moi-même très affecté... » Le pape avait reçu entre-temps la plainte de la femme délaissée, Haquenez, et avait donné instruction à l'archevêque de rencontrer le comte Raoul et « si l'affaire est bien telle que cette femme l'a rapportée », d'agir en conséquence, c'est-à-dire sans doute d'excommunier Raoul de Crépy.

Il semble cependant que les crises s'apaisèrent. Anne demeura l'épouse de Raoul, qui mourut en 1074. Elle paraît encore une fois sur une charte l'année suivante, en 1075 ; puis il n'est plus question d'elle. Quatre ans plus tard, à Saint-Benoît-sur-Loire, dans un privilège au bénéfice de l'abbaye de Cluny, le roi Philippe Ier précise : « Je fais cette donation pour la rémission de mes péchés, ceux de mon père et de ma mère et de tous mes prédécesseurs. » Sa mère Anne était donc sans doute morte dans l'intervalle.

Une charte de privilège de son fils Philippe pour Saint-Vincent de Senlis en 1069 porte témoignage de la reconnaissance des chanoines pour les libéralités de la reine Anne. Les termes de l'acte auquel elle est mêlée font expressément mention de sa part d'une intention particulière : « Moi, Anne, comprenant en mon cœur, réfléchissant en mon esprit la si grande beauté, le si grand honneur de ceux dont il est écrit : " Heureux ceux qui sont appelés aux noces de l'Agneau... ", je me suis demandé comment je pourrais participer de manière quelconque à ces noces... J'ai décidé en mon cœur de faire édifier une église pour le Christ... et de lui donner de ce que je possède et de ce que mon époux le roi Henri m'avait donné lors de notre mariage. » Et d'énumérer les biens qui consistent en une terre à côté de l'église (« celle que possédait le prévôt Yves »), un four, les revenus de cette terre, les neuf hôtes (paysans libres) qui l'habitent et le cens de trois livres perçus dans la cité, ainsi qu'un moulin à Gouvieux, une ferme appelée Blanc-Mesnil, enfin, dans le territoire de Laon, un bourg du nom de Crépy.

Un service solennel était célébré chaque année, le 5 septembre, à la mémoire de la reine Anne par ces chanoines de Saint-Vincent de Senlis, qui offraient ensuite un repas à treize veuves des environs. La tradition devait se maintenir jusqu'à la Révolution.

Agnès et Mathilde ou le pape et l'empereur

On est toujours surpris, lorsqu'on étudie l'œuvre des historiens du XIXe et du début du XXe siècle, y compris les meilleurs, de constater à quel point ils sont, si l'on peut dire, ingénument masculins. A se demander s'il ne serait pas nécessaire, à propos de la période féodale, de revoir cette œuvre en rectifiant les positions afin de tenir compte de l'action des femmes autant que de celle des hommes. Du reste, c'est ce que commande le recours aux sources, car les contemporains de l'époque, eux, donnent tout naturellement aux femmes la place qui leur revient alors.

Ainsi de l'épisode fameux de Canossa. L'expression « aller à Canossa » signifie encore : aller au-devant d'une humiliation, d'un repentir. On sait que l'empereur germanique y fit pénitence et demeura trois jours à attendre le pardon du pape, les pieds dans la neige. Scène qui ne manque pas de grandeur dramatique et qui a été maintes fois racontée, en vers ou en prose. On y trouve occasion de prendre la mesure de deux pouvoirs, le spirituel et le temporel, à travers la lutte hugolienne entre « ces deux moitiés de Dieu : le pape et l'empereur ».

Dans les anciens manuels scolaires, cette lutte se résumait à ce qu'on appelait du terme assez sibyllin de « querelle des investitures ».

De quoi s'agissait-il en réalité ? De la liberté réciproque de l'Église et de l'État, des rapports du spirituel et du temporel, si clairement définis par le « Rendez à César... » de l'Évangile, mais d'une application si constamment épineuse dans la pratique.

Durant la période impériale de l'Europe, en effet, de la fin du VIIIe à la fin du Xe siècle, Charles Martel, puis Charlemagne et leurs descendants avaient pris l'habitude de désigner les évêques, les abbés, un peu comme ils en usaient pour les comtes ou les barons ; et comme à l'époque tout se traduit par des gestes traditionnels, ils « investissaient » d'un diocèse celui qu'ils avaient choisi en lui remettant les insignes de son pouvoir : la crosse et l'anneau. Ainsi des laïcs disposaient-ils des nominations ecclésiastiques — sans excepter le siège de saint Pierre qui bientôt fut pourvu par les riches familles romaines, celle de Théophylacte, un fonctionnaire impérial devenu tout-puissant à Rome, puis celle des comtes de Tusculum. Le résultat fut l'état de décadence à peine croyable de la papauté au Xe siècle, qu'on peut comparer à celle du XVIe, tandis qu'à son exemple les paroisses se trouvaient distribuées par les seigneurs aux favoris de leur choix, généralement d'ailleurs à prix d'argent.

Le mouvement de réforme qui se dessine dans le courant du XIe siècle a essentiellement pour but de retirer au pouvoir temporel, à tous les degrés, cette emprise sur les nominations de curés, d'évêques, du pape lui-même. Et Canossa en est l'épisode le plus marquant. Or ce sont des femmes qui le préparent et qui agissent avec une rare efficacité dans cet affrontement d'où dépendait l'avenir du peuple chrétien.

On ne peut s'empêcher d'évoquer cette très belle miniature, hautement symbolique, qui orne un manuscrit conservé de nos jours à la Bibliothèque vaticane. On y voit l'empereur, un genou en terre, portant la couronne ; il tient le globe qui est l'attribut de sa puissance, mais sa posture n'en est pas moins celle du suppliant ; au second plan, l'abbé de Cluny, Hugues ; vêtu de la coule, portant la crosse qui marque sa dignité, égale à celle d'un évêque, il désigne de la main droite, l'index levé, le troisième personnage : la comtesse Mathilde. Celle-ci est assise sur un trône élevé qu'encadre un dais triomphal. La main droite est ouverte en un geste d'accueil, la gauche, à demi fermée, menace ou admoneste. Le tout est souligné d'une légende : « *Rex rogat abbatem, Mathildim supplicat* (Le roi prie l'abbé, il supplie Mathilde) ».

C'est remettre à leur place chacun des personnages dans une scène que l'on ne peut correctement apprécier sans en connaître les tenants et les aboutissants.

La scène de Canossa a eu lieu le 28 janvier 1077 : ce jour-là, l'empereur Henri IV a été relevé de l'excommunication prononcée contre lui, grâce à l'intercession de la comtesse Mathilde, qui en son château de Canossa avait accueilli le pape Grégoire VII. Mais l'an 1077 est aussi l'année de la mort de l'impératrice Agnès, mère de ce même Henri IV. Figure extrêmement attachante, elle avait eu une vie des plus mouvementées dont les divers épisodes ne sont pas ici indifférents, puisqu'ils montrent la participation des femmes à ce pouvoir impérial qui pour nous reste personnifié par un Charlemagne ou un Frédéric II.

Agnès, l'impératrice, est la fille d'Agnès de Bourgogne et de Guillaume le Grand, Guillaume V, comte de Poitou et duc d'Aquitaine, dont nous avons déjà parlé à propos d'Aliénor. Agnès de Poitou n'a guère le temps de connaître son père puisqu'elle n'a que cinq ou six ans lorsqu'il meurt en 1030 ; sa mère, Agnès de Bourgogne, se remarie deux ans plus tard avec le comte d'Anjou Geoffroy-Martel ; Agnès de Poitou cependant, reste auprès de son frère ou plutôt demi-frère aîné (Guillaume le Grand s'était marié trois fois), puis est confiée à son oncle, le comte de Bourgogne Renaud. C'est dans son entourage qu'elle est remarquée, alors qu'il séjourne à Besançon, par l'empereur Henri III. Elle l'épouse en 1043. Les noces qui sont célébrées à Ingelheim frappent les contemporains parce que, au contraire de ce qui se passe habituellement, elles ne rassemblent que bien peu de cette « multitude infinie d'histrions et de jongleurs » que l'on avait coutume de voir en semblable circonstance. Certains clercs proches d'Henri III, souverain fort instruit et d'une grande piété, s'étaient, en effet, beaucoup alarmés de son projet de mariage avec une princesse de France : ce qui venait d'Occident leur paraissait frelaté, peu compatible avec les traditions austères de l'Empire germanique. L'abbé Siegfried de Gorze écrivait à l'un de ses amis : « Une chose surtout nous inquiète : l'honnêteté du royaume, qui du temps des anciens empereurs se manifestait dans la manière de se vêtir et de se comporter autant que par les armes et les chevauchées, est aujourd'hui bien oubliée. L'ignominieuse et inepte mode des Français s'introduit dans la façon de se faire raser la barbe, dans cette manière honteuse et exécrable de raccourcir et déformer les vêtements, véritable défi à la pudeur, et dans d'autres nouveautés qu'il serait trop long d'énumérer... On cherche à imiter les modes et les perversions de l'étranger dont on veut se montrer les égaux... » Sans doute fut-il rassuré en voyant, lors de ce mariage, l'empereur et son épouse disperser la foule des amuseurs traditionnels : mimes, jongleurs et bateleurs ; « donnant à tous un utile exemple », ajoute un autre chroniqueur, satisfait de voir qu'ils ne se laissaient pas contaminer par les modes françaises...

Agnès de Poitou, princesse elle-même cultivée et dévote, allait être continuellement associée à son époux dans les éloges décernés à celui-ci, dont on a fait remarquer qu'il réalisait une heureuse synthèse, un juste équilibre entre la culture occidentale, celle de France ou d'Italie, et l'influence germanique, saxonne, dans la lignée d'un Charlemagne et d'un Otton le Grand. Henri III était le digne élève de ce Wipon qui avait formé ses jeunes années et lui disait : « *Notitia litterarum, lux est animarum* (La connaissance des lettres est la lumière des âmes) », et il suffira, pour souligner la valeur de Wipon en tant que poète, d'indiquer qu'il est l'auteur de la belle séquence pascale *Victime pascali laudes*. Quant à Agnès, elle est toute pénétrée de l'influence clunisienne alors dans son plein éclat ; c'est à cette époque qu'on bâtit la merveilleuse abbatiale et que les moines de Cluny parviennent à faire accepter partout les institutions de paix : la paix de Dieu, qui est la première distinction dans l'histoire entre militaires et population civile, cette dernière — les clercs, les paysans, les femmes — devant être respectée, et la trêve de Dieu par laquelle les combats sont interdits du mercredi soir au lundi matin.

Une miniature du temps est parfaitement expressive : elle représente, sur un fond d'or, la Vierge assise sur un trône, prenant de sa main droite l'ouvrage que lui tend l'empereur tandis que de la gauche elle bénit Agnès l'impératrice. Époque de grand rayonnement de l'empire, où s'épanouit la vie littéraire et artistique, où sont achevés des édifices aussi remarquables que la cathédrale de Spire, Saint-Michel de Hildesheim et le palais impérial de Goslar.

De tout son pouvoir, Henri III avait favorisé le mouvement de réforme de l'Église qui s'ébauchait avec l'avènement de l'évêque Bruno de Toul, devenu le pape Léon IX, puis de son successeur Victor II, l'un et l'autre prélats dignes et pieux. « Tu as tranché du glaive de la divine vertu les têtes multiples de l'hydre qui a nom simonie », lui écrivait saint Pierre Damien, l'ardent ermite de Fonte Avellana qui fut le grand apôtre de la réforme de l'Église en cette époque entre toutes troublées ; il appelait l'empereur le « nouveau Daniel ».

Mais celui-ci était mort trop tôt : dès 1056, à trente-neuf ans. Sa veuve Agnès exerce alors le pouvoir et le fait avec une prudence remarquable. Elle réprime des tentatives de révoltes qui éclatent en Flandre, en Saxe, en Franconie ; partout elle ramène le calme, mais doit en compensation se défaire de son autorité sur quelques parties de l'empire, la Souabe, la Carinthie, la Bavière, concessions indispensables pour maintenir un ordre qu'elle sent précaire. Elle accueille le fils du roi de Hongrie, Salomon, qui avait été évincé par son oncle, et lui fait rendre son royaume. Son action politique est donc ferme et sage, lorsqu'un coup de théâtre se produit : au mois d'avril 1062, elle se trouve à Kaiserswerth avec son fils, quand celui-ci lui est enlevé par un audacieux coup de main, qui est aussi un coup d'État préparé par le nouveau duc de Bavière, Otton, et par l'archevêque Annon de Cologne, qui sera bientôt supplanté par un autre personnage hautement inquiétant, l'évêque de Brême Adalbert. C'est lui qui prend en main à la fois d'éducation du jeune prince (Henri IV est alors âgé d'une dizaine d'années) et le soin des affaires du pays.

Agnès, frustrée dans sa tâche politique et maternelle, consciente de l'impossibilité de reconquérir le pouvoir qui lui a échappé, gagne en Piémont le monastère de Fruttuaria, où elle prend le voile. De là elle adresse un appel à saint Pierre Damien ; elle se faisait de continuels reproches de n'avoir su prévenir une trahison brutale qui compromettait non seulement les destinées de l'Empire, mais aussi la réforme de l'Église, désormais mise en péril par les prélats entre les mains desquels est tombé le jeune Henri IV. Elle ne se trompait pas : Adalbert de Brême se complait à flatter les passions que le jeune prince manifeste de bonne heure et l'entoure de familiers peu recommandables, si bien qu'Henri IV ne tarde pas à révéler des tendances fort opposées à celles de ses parents.

Agnès va gagner Rome, où bientôt la rejoint sa belle-sœur, Hermensent, la veuve du comte de Poitou Guillaume VII Aigret. Avec saint Pierre Damien, elle noue une amitié spirituelle qui évoque un peu celle de l'évêque Fortunat et de la reine Radegonde à Poitiers quelque cinq cents ans plus tôt. Le contraste est extraordinaire entre l'état de guerre civile, d'insurrection, d'anarchie qui renaît dans l'empire sous le coup des passions et des ambitions du jeune empereur, et cette sérénité mystique qui éclôt à Rome — objet des convoitises impériales — et dont témoignent les lettres qu'échangent l'impératrice et ce même Pierre Damien : « Pour que passe en tes entrailles cette sève de l'amour divin, que la flamme cachée d'une douceur intérieure pénètre ton cœur, cette flamme qu'ignore le malheureux monde et tout esprit charnel ». Ou encore, en des accents qui déjà sont ceux de l'amour courtois : « Où est mon trésor, là est mon cœur ; mais dans le péril, mon trésor, c'est le Christ sans aucun doute, et comme je sais qu'il est caché dans ton cœur comme dans une châsse, je te considère comme la chambre même du trésor céleste ; c'est pourquoi je ne te quitte pas en quelque lieu que tu ailles. » Ou encore : « Tandis que dans la tristesse je m'afflige chaque jour de ton absence, je ne suis pas vraiment moi-même avec moi, mais je soupire d'une tristesse nouvelle à sentir mon cœur loin de moi. »

Agnès suscite aussi d'autres amitiés, notamment celle du mystique italien Jean de Fécamp, qui lui dédie un traité, *De la contemplation divine*. Elle est, en fait, le centre d'une vie spirituelle fervente dans laquelle baignent également Mathilde de Toscane et sa mère Béatrice, jadis traitées en ennemies puis libérées par l'empereur Henri III. Celui-ci avait dû sévir contre le second époux de Béatrice, le duc Godefroi de Basse-Lorraine, personnage remuant qui, fort de l'accroissement de puissance que représentait le mariage toscan, était entré en révolte ouverte. En quelques mois, l'empereur l'avait mis à la raison et avait fait prisonnières

Béatrice et Mathilde (alors une fillette de neuf ans, fille du premier lit); il avait d'ailleurs libéré les dames et gracié le duc juste avant sa mort.

Une lettre émouvante du pape Grégoire VII à l'impératrice Agnès associe ses efforts à ceux de Mathilde et de sa mère. De fait, les papes ne trouveront nulle part soutiens plus dévoués qu'en la personne de ces trois femmes. « Nous savons combien vous avez travaillé à la paix et à la concorde de l'Église universelle... Sache Votre Eminence que ces temps-ci, vivant de grandes souffrances pour la cause de saint Pierre, premier des Apôtres, nous avons reçu une aide efficace de Béatrice et de notre fille Mathilde qui sont venues jour et nuit à notre aide, suivant votre exemple, vous imitant comme disciples fidèles, vous qui fûtes leur dame et maîtresse. » Et de les comparer toutes les trois aux saintes qui « avant tous les disciples, se rendirent au sépulcre du Seigneur avec une admirable ardeur d'amour, ainsi vous, avant beaucoup, et même avant presque tous les princes de la terre, vous avez visité d'un pieux amour l'Église du Christ gisant dans le sépulcre de l'affliction et, pour lui rendre son état de liberté, vous avez déployé tout votre zèle et, comme instruites directement par l'ange, vous avez provoqué les autres à venir au secours de l'Église souffrante ».

En effet, dans les difficultés qui vont suivre, le rôle de Mathilde de Toscane sera de tout premier plan. Grégoire VII, qui entretient avec elle toute une correspondance, la désigne avec sa mère Béatrice comme « les sœurs et filles de saint Pierre »; elles assisteront en personne aux synodes romains qui, en 1074 et 1075, mèneront avec ardeur la réforme ecclésiastique. Béatrice s'éteint en 1076; la même année meurt l'époux de Mathilde[78]. Dès lors celle-ci se consacre au soin de ses domaines italiens qui, se trouvant sur la route de la Germanie, revêtaient une importance spéciale dans la lutte entre l'empereur et le pape. Ces domaines comportent en effet le duché de Spolète, de Parme, de Modène, une partie de la Lombardie, Reggio, Ferrare, etc.

Au synode de Worms, les prélats rebelles accusent Grégoire VII d'avoir avec Mathilde des rapports « contre toute décence»; l'Eglise, disent-ils, est tombée aux mains «d'un sénat de femmes»!

Rappelons, pour résumer les événements qui précédèrent Canossa, que les décrets de réforme pris par Grégoire VII ont provoqué une levée de boucliers contre lui; ils ne font pourtant, en réalité, que renouveler ceux de Nicolas II en 1059 qui réservaient l'élection du pape aux seuls cardinaux, tout en condamnant la simonie et les maux qu'elle entraîne: «Qu'aucun clerc ou prêtre ne reçoive en aucune façon une église des mains de laïcs soit gratuitement, soit pour de l'argent.» C'est suffisant pour qu'un certain nombre de personnages se trouvent en état d'excommunication; les passions sont à ce point excitées qu'un attentat a lieu contre le pape, le jour de Noël 1075, fomenté par le fameux Cenci, «type parfait du noble aventurier et brigand de la Rome médiévale», a-t-on écrit: tandis qu'il célèbre la messe à Sainte-Marie-Majeure, le pape, au moment même de la consécration, se voit entouré d'une bande de soudards qui, le tirant par les cheveux, l'entraînent dans le palais Cenci; mais à peine le bruit de l'attentat se répand-il dans la ville que le palais est envahi par les foules, son prisonnier délivré et ramené au Latran. L'épisode donne la mesure des violences dont Rome était le théâtre.

Bientôt, les désordres reprenant, Grégoire VII excommunie l'empereur Henri IV, et, celui-ci étant entré en Italie, Mathilde de Toscane conseille au pape de se retirer dans sa forteresse de Canossa. C'est alors que se déroule la scène qu'évoque la miniature dont nous avons parlé. Henri IV, inquiet des mouvements de révolte qui se manifestent en Saxe aussi bien qu'en Italie, demande à Mathilde et à Hugues, abbé de Cluny, d'intercéder pour lui; au bout de trois jours, il obtient du pape son pardon. Toutefois, significativement, il n'osa pas communier avec l'hostie dont Grégoire VII lui présentait une fraction après avoir communié lui-même, en l'adjurant de la recevoir si son cœur était pur de toute mauvaise intention.

Par la suite, Mathilde demeure le soutien constant et dévoué du pape. Elle commence par l'escorter avec son armée jusqu'à Mantoue, puis, ayant eu vent d'une embûche dressée par Guibert, archevêque de Ravenne, ramène Grégoire à Canossa. On la verra constamment sur la brèche, ne craignant pas de se montrer elle-même à la tête de ses troupes. L'empereur pourra ravager la Toscane quelques années plus tard, en 1082, Mathilde tiendra bon dans une lutte où les papes eux-mêmes s'épuisent. Henri IV installe des antipapes à Rome ; Mathilde agit de façon à rallier l'Italie du Nord et devient « le principal soutien de la cause pontificale[79] ». Le moine Donizon, qui écrivit sa vie, en vers selon l'habitude de l'époque, la résume ainsi : *« Sola resistit ei Mathildis filia Petri. »* Maintes fois, il reprend l'épithète : *« filia digna Petri »*.

Etonnante figure que celle de cette femme, d'ailleurs extrêmement cultivée, et qui avait été recherchée en mariage par l'empereur de Byzance, Alexis. « On parle d'elle dans les campements des Turcs », écrit Donizon, « et le roi grec Alexis... lui envoie en don des écharpes ornées de pierres précieuses. Le roi allemand tantôt l'aime, tantôt la hait. Mais le peuple allemand la sert partout avec amour. Russes, Gascons, Saxons, Frisons, gens d'Auvergne, de France, de Lorraine, de Bretagne la connaissent si bien qu'ils lui adressent prière sur prière... Sa figure est toujours sereine, son esprit toujours tranquille. Elle dicte des lettres ; elle sait l'allemand, elle parle aussi l'agréable langue des Français. » Eloquente est d'ailleurs l'inscription que porte son sceau : « *Mathilda Dei gratia si quid est* (Mathilde, par la grâce de Dieu, si elle est quelque chose). »

A deux reprises donc Canossa fut le symbole même de cette résistance d'une femme qui s'est imposée à l'empereur, détenant dans la chrétienté le pouvoir le plus éminent. Donizon exalte la force des murailles de la forteresse adossée aux flancs des Apennins qui tient tête à celui qui prétend dominer le monde. Il la fait parler : « Je suis pierre et non bois... Tu pourrais bien mourir avant d'avoir pu entamer la masse que je suis. »

Lorsque pour la première fois Canossa a servi de refuge au pape contre l'empereur, Mathilde n'était encore qu'une jeune femme, trente-et-un ans. En 1089, à quarante-six ans, elle épouse le jeune Welf de Bavière qui en a dix-sept . Ce mariage est un défi, une provocation : le duché de Bavière est lui aussi en révolte contre l'empereur. C'est bien ainsi qu'Henri IV le comprend ; de nouveau, il vient ravager la Toscane ; Mathilde, après une résistance farouche, doit s'échapper de Mantoue dont l'empereur s'est emparé dans la nuit du jeudi au vendredi saint, 10-11 avril 1091. Elle se retranche successivement à Modène et à Reggio, essuie encore une défaite sur les bords de l'Adige, puis regagne Canossa, la forteresse fidèle. Henri IV lui offre de négocier ; elle refuse. Finalement, c'est elle qui triomphe, grâce à un stratagème : elle a quitté Canossa avec quelques troupes qui, en plaine, se dérobent au combat que veut engager l'empereur, jusqu'au moment où, à un signal convenu, les défenseurs de la forteresse s'élancent en masse pour une sortie qui permettra à Mathilde de prendre à son tour l'offensive ; les armées impériales sont ainsi attaquées sur deux fronts et complètement dispersées. La « grande comtesse », victorieuse, reprend alors un à un ses châteaux ; Henri IV n'a plus qu'à se retirer à Pavie ; c'est là qu'il apprendra la révolte de son propre fils Conrad, qui se fait couronner roi d'Italie à Milan avec l'appui de Mathilde et de Welf.

Véritable épopée, on le voit, menée par une femme qui aura ainsi consacré sa vie à un combat où le sort même de la chrétienté était engagé. Cette lutte continuera quelque temps encore, puisque les empereurs ne renonceront réellement à l'investiture par la crosse et l'anneau, qui implique pour eux la possibilité de faire et de défaire les évêques au gré de leurs intérêts, qu'en 1122, au concordat de Worms, sept ans après la mort de Mathilde (1115)[80]. La fin de son histoire est contemporaine du pape Urbain II.

Néanmoins, Mathilde aura pu assister non seulement à la reconquête des Lieux Saints (1099), mais encore au renouveau de ferveur extraordinaire qui marque la fin du XIe et le XIIe siècle dans l'Eglise d'Occident libérée du pouvoir temporel, après une lutte au cours de laquelle elle s'est trouvée être l'arbitre et le garant de tout le peuple chrétien dans le vaste effort de purification qui marque son temps.

La chère reine

Des centaines, des milliers de Français auront eu l'occasion de prendre le train, à Londres, à la gare de Charing Cross. Combien parmi eux savent que le nom de cette gare est d'origine française, et, qui plus est, évoque un délicat roman d'amour, vécu par une Française, une reine infiniment sympathique ? *Charing Cross* signifie en effet : la croix de la «*chère reine*», déformé et contracté en *charing*. Une reine dont le souvenir est resté vivant en Grande-Bretagne, bien qu'elle soit née sur le continent. Figure presque idéale que cette «chère reine» qui mériterait d'être mieux connue : Aliénor de Castille, reine d'Angleterre.

Son nom nous l'indique, elle est de la lignée d'Aliénor d'Aquitaine, véritable «grand-mère de l'Europe»; celle-ci avait marié l'une de ses filles en Saxe, une autre en Sicile, Aliénor la jeune en Castille ; c'était dans l'intention de venir la retrouver qu'à quatre-vingts ans, en 1200, elle avait franchi les Pyrénées. Aliénor et son époux, Alphonse VIII, partout où ils réunissaient leur cour, à Burgos, à Palencia ou dans les châteaux des environs, attiraient les troubadours. La cour de Castille, au début du XIIIe siècle, représente le milieu courtois par excellence. Peire Vidal, Peire Roger ne tarissent pas d'éloges sur la «largesse», la générosité des souverains qui tiennent table ouverte aux poètes ; Raimon Vidal de Bezalu a même laissé la description d'une cour littéraire, présidée par la jeune reine Aliénor, entourée de «damoiseaux et donzelles» pleins de fraîcheur, de gaieté et d'avidité poétique, apprenant par cœur les chansons qu'on y improvise.

Comme nous l'avons vu, Aliénor la jeune avait trois filles : Urraca, Blanca, que sa grand-mère choisit pour devenir l'épouse du roi de France, et Bérengère, qui épousa Alphonse IX, roi de Léon. Blanca donne naissance à Saint Louis, Bérengère à Ferdinand III, futur roi de Castille et de Léon qui, de même que son cousin français, va être honoré comme un saint. S'il reprend aux Maures une bonne partie du sud de l'Espagne : Cordoue, Séville, Cadix, il sut pratiquer dans ses États une tolérance exceptionnelle et favoriser la coexistence pacifique ; il se déclare lui-même « roi des trois religions », considérant également comme sujets les chrétiens, les juifs et les musulmans. Ajoutons que c'est lui qui fonde l'université de Salamanque, et l'on conviendra que rien ne manque à ce roi pour lui attirer la sympathie. Mort trop tôt, à cinquante-deux ans (1252), il donne avec son cousin Louis une haute image de ce temps où deux rois-chevaliers gouvernaient ensemble l'ouest de l'Europe.

Ferdinand III a eu deux enfants (entre autres) de son épouse la comtesse Jeanne de Ponthieu : Aliénor de Castille et son frère Alphonse X, qu'on appelle le Sage ou l'Astronome, qui lui succède au double royaume de Castille et Léon. Il perpétue les traditions culturelles de sa cour ; son surnom fait allusion à ses travaux scientifiques ; c'est à lui que l'on doit ce qu'on appelle les *Tables alphonsines* résumant les données astronomiques du temps. Il a également fait mettre par écrit les coutumes hispaniques, a composé des poèmes et divers autres ouvrages qui lui donnèrent au cours des âges une réputation d'alchimiste. Aliénor, quant à elle, est demandée en mariage par le roi d'Angleterre Henri III pour son fils Edouard, alors âgé de quinze ans. Une autre Aliénor, Aliénor de Provence, sans lien de parenté avec elle, régnait alors en Angleterre ; femme du roi Henri III, après son veuvage, en 1272, elle fit retraite à l'abbaye d'Amesbury et mourut vingt ans plus tard, en 1292, en odeur de sainteté. Aliénor de Castille, forte de son homonymie avec deux Aliénor très estimées, suscita la sympathie générale ; les chroniqueurs la qualifient de « dame belle et gent », ce qui ne suffirait pas à justifier sa réputation de beauté, si elle n'était maintes fois attestée par ailleurs et si une trace impérissable ne nous en avait été laissée avec la tombe qui porte son effigie, œuvre admirable, conservée à l'abbaye de Westminster, du fameux orfèvre anglais William Torel, et premier exemple d'une statuaire qui a laissé dans le bronze deux témoignages d'une humanité très enviable d'un point de vue artistique : la tombe de Henri III et celle d'Aliénor de Castille.

Le jeune Edouard quitte donc l'Angleterre en grand cortège pour aller en Castille chercher sa fiancée, nanti par son père d'une dot importante : la Gascogne, l'Irlande et le Pays de Galles, ainsi qu'un revenu annuel de 15 000 marcs. Edouard retrouve la cour de Castille à l'abbaye de Las Huelgas, qui était un peu le Saint-Denis des souverains espagnols. C'est dans le cadre de l'admirable couvent[81], qui subsiste toujours, qu'Edouard Ier recoit de son beau-frère Alphonse l'ordre de chevalerie. Les fêtes du mariage durent six semaines, après lesquelles Edouard et sa jeune épouse Aliénor — le couple devait totaliser une trentaine d'années — regagnent la Gascogne où, écrit le chroniqueur Matthieu Paris, Edouard est accueilli par son père comme « un ange de Dieu, avec une extrême jubilation ». On suit à travers les comptes leur itinéraire : le 11 novembre 1254 à Vitoria, le 21 à Bayonne, le 26 à Dax, le 1er décembre à Saint-Sever ; enfin, le 15, ils arrivent à Bordeaux où, selon un chroniqueur contemporain, on avait tant fait brûler d'encens aux carrefours que « cela sentait aussi bon qu'à Montpellier lorsque les épiciers pilent leurs drogues vers le temps de Noël ».

Les jeunes souverains prolongent leur voyage de noces jusqu'à Paris, où Saint Louis leur réserve lui aussi un accueil somptueux qui marque dans les annales du temps. Longtemps, on devait parler de ce « festin des rois ». Henri III et sa femme ont demandé au roi de France l'autorisation de traverser son territoire après s'être rendus à Fontevraud : en effet, Henri désire faire faire pour sa mère une tombe décente[82] dans la fameuse abbaye où sont déjà enterrés ses grands-parents, Henri II Plantagenêt et Aliénor d'Aquitaine, ainsi que son oncle Richard Cœur de Lion. Il voulait aussi se rendre en pèlerinage sur la tombe de saint Edmond de Cantorbéry qui repose à l'abbaye de Pontigny en France. Son royal cousin, Louis de France, saisit avec empressement cette occasion de renouer des relations plus personnelles et plus pacifiques avec le roi d'Angleterre ; leur dernière rencontre ne s'était-elle pas passée sur le champ de bataille, à Taillebourg et à Saintes ? Et il s'agissait aussi de retrouvailles familiales pour les quatre filles de Raimond-Bérenger, comte de Provence, et de sa femme Béatrice de Savoie (celle-ci veuve depuis peu était présente aussi lors des festivités), toutes les quatre devenues reines : Marguerite, reine de France, Aliénor, reine d'Angleterre, Sancie, femme de Richard de Cornouailles, roi des Romains, et Béatrice, femme de Charles d'Anjou, futur roi de Sicile. Rien n'avait été négligé pour donner à cet événement la chaleur et l'éclat d'une fête de famille. Louis va en personne à Orléans et de là à Chartres à la rencontre du cortège des rois d'Angleterre pour l'escorter ensuite jusqu'à Paris, où est déployée toute la splendeur souhaitable ; un banquet est servi au Palais (aujourd'hui le Palais de Justice), puis Henri et sa suite, à leur tour, recoivent le roi de France au Temple qu'on a mis à leur disposition.

Sans doute en fut-il de ces réceptions comme de celle que nous décrit un écrivain gallois à la verve caustique : « Il y eut seize services des plus coûteux, peut-être même davantage [...] On apporta aussi des herbes potagères (des légumes), mais peu y goûtèrent. Car vous auriez dû voir cette diversité de poissons rôtis ou bouillis, farcis ou frits, cette quantité de plats que l'ingéniosité de cuisiniers adroits a tirés des œufs et du poivre, cette profusion d'aromates et de condiments dosés avec un art à chatouiller le palais et à éveiller l'appétit ; de plus, représentez-vous toute cette abondance de vins et de spiritueux, hydromel clairet, vins doux, hydromel vineux et jus de mûres, bref toutes sortes de liqueurs propres à enivrer, auprès desquelles d'excellentes boissons comme la bière, même la meilleure, la bière anglaise, n'ont pas leur place, car il en est de la bière parmi les autres boissons comme des herbes potagères parmi les autres mets ! »

L'échange des présents n'est pas moins impressionnant, Louis a ramené de Terre sainte un éléphant, don du sultan d'Egypte ; il en fait cadeau à son tour à Henri ; l'éléphant allait être transporté en Angleterre au mois de février suivant, en 1255, et logé dans la Tour de Londres, où déjà se trouvaient trois léopards offerts par l'empereur Frédéric II, un chameau et quelques buffles dus aux libéralités du frère du roi Richard de Cornouailles : une sorte de zoo privé comme on a aimé de tout temps en réunir ; malheureusement l'énorme bête ne survécut pas très longtemps aux rigueurs du climat anglais.

Quoiqu'il en soit, les banquets offerts par les rois les uns aux autres, en cette fin d'année 1254 à Paris, demeurèrent célèbres : « Il n'y eut jamais si fameux festin au temps d'Ahasverus ou Arthur ou Charlemagne », écrivait Matthieu Paris le chroniqueur, moine de Saint-Albans où le roi Henri devait se rendre peu de temps après son retour en Angleterre et à qui il fit probablement un récit minutieux de son séjour en France. Il déclarait à qui voulait l'entendre que, s'il l'avait pu, il aurait bien emmené la Sainte Chapelle chez lui sur une charrette ; sa beauté l'avait fasciné ; la structure du merveilleux édifice, sorte de mur-lumière enchâssé dans la pierre, l'avait vivement frappé : les deux cousins avaient en commun leur goût pour la belle construction. Henri avait admiré aussi les rues de Paris, leur architecture élégante, la couleur claire du plâtre parisien jouant sur les colombages, sans parler de la profusion *de tentures et de guirlandes* dont elles étaient ornées pour la circonstance.

Cette réunion de famille, au retour des six années que Louis et Marguerite venaient de passer en Terre sainte, devait avoir ses prolongements dans l'histoire politique et militaire.

Les voies étaient ouvertes vers une paix durable, celle qu'allait amener un peu plus tard le traité de Paris de 1259, dans lequel Louis, par un geste exceptionnellement pacifique, rendait à Henri certaines des terres conquises sur lui en loyal combat. Le résultat : presque un demi-siècle sans nuage sur ce couloir de la Manche chargé de tant d'orages autrefois ; seule la brutalité de Philippe le Bel, tentant d'arracher par la force la Guyenne pour laquelle désormais les rois d'Angleterre rendaient sans difficulté hommage à leurs suzerains de France, allait rallumer des hostilités qui conduiraient, après tant d'inutiles combats, aux horreurs de la guerre de Cent Ans.

Mais sans anticiper sur ces déviations apportées à la politique pacifique de Saint Louis, il faut, dans les accords vers lesquels on s'achemine, faire place à l'influence des femmes : en effet, Marguerite et Aliénor, les deux sœurs, qu'unit une grande affection, ont été des agents de paix ; quelques années après le traité, quand Henri se trouvera contesté dans son royaume par ses propres sujets, il fera appel à l'arbitrage de Louis, et c'est à Marguerite sa belle-sœur qu'il confiera sa cassette personnelle.

Tandis que le roi Henri s'achemine de nouveau vers l'Angleterre, Edouard et son épouse s'installent dans leur fief de Bordeaux, qui restera toujours pour Aliénor de Castille, la Chère Reine bien-aimée de son époux, sa résidence préférée ; l'un et l'autre s'initient non seulement à la chasse et à la poésie, mais aussi, plus concrètement, à l'administration de leur beau domaine de Guyenne.

La suite de leur existence va être cependant marquée d'événements tragiques ; en 1260, Edouard est retenu comme otage par les partisans de Simon de Montfort (fils de celui qui avait conduit la guerre en Albigeois un demi-siècle auparavant), qui fomente la révolte des barons anglais contre leurs souverains ; année difficile pour le roi d'Angleterre, difficile pour le jeune couple. Edouard prend en Guyenne la succession de Simon, qui s'est rendu insupportable aux populations par sa dureté ; c'est d'ailleurs en conséquence de sa disgrâce que l'ancien lieutenant du roi en Aquitaine cristallise en Angleterre l'opposition seigneuriale et que sa propre rancœur en fait le chef des mécontents ; les chroniqueurs du temps se font l'écho des plaintes des marchands de vins de Guyenne qui trouvent trop lourd l'impôt royal et prennent occasion de l'arrivée d'Edouard pour le faire supprimer : « En tant que marchands, nous abordons avec plus de liberté et moins de frais chez les Sarrasins ; nous pouvons décharger nos marchandises et en avoir le prix raisonnable avec moins de difficultés », etc. En cette affaire, d'ailleurs, il y a quelques désaccords entre Henri et Edouard, ce dernier prenant la défense des négociants de son domaine.

Autres difficultés de la part des Gallois dont Edouard se

trouve être désormais le prince désigné par son titre, et qui, traditionnellement insubordonnés, ont fait dès 1257 acte de révolte ouverte, en s'emparant des forteresses anglaises sur la côte galloise. Les troubles qui s'ensuivent aboutissent à la bataille de Lewes, où le roi est fait prisonnier, puis, quelques années après, à celle d'Evesham, où c'est au tour de Simon d'être battu et tué. La paix se rétablit alors peu à peu : si les barons ont dû renoncer aux provisions d'Oxford qui instauraient en Angleterre une sorte de régime parlementaire à leur avantage, ils n'en ont pas moins gagné quelques garanties face à l'arbitraire royal ; après 1266, le calme revient en Angleterre.

Il revient si bien qu'Edouard et Aliénor songent désormais, selon une tradition bien établie pour les Occidentaux, à tenter la reconquête de Jérusalem ; lorsque le roi de France entreprend une seconde expédition en Terre sainte, en 1270, ils décident de l'accompagner. Aliénor veille personnellement, comme un siècle et demi auparavant son arrière-grand-mère Aliénor d'Aquitaine, à l'embarquement des troupes et du ravitaillement à Bayonne sous la conduite de ses vassaux de Guyenne, puis s'embarque avec son époux à Aigues-Mortes en même temps que Saint Louis. Si, au contraire du roi de France, le couple et son armée échappent à la désastreuse épidémie de dysenterie qui, à Tunis, décime les Français, ils affrontent en revanche les dangers du siège d'Acre, puis ceux d'un naufrage au retour, lors de leur passage d'Afrique en Sicile, au cours d'une effroyable tempête.

C'est en Sicile, où ils s'attardent quelque temps pour refaire leurs forces, qu'ils apprennent la mort du roi d'Angleterre Henri III. Ils regagnent donc ensemble Bordeaux, puis Londres, où ils sont sacrés roi et reine en 1272, à Westminster.

> ...L'archevêque Robert de Kilwardby
> Couronna le Roi sire Edouard en l'Abbaye
> De Westminster, témoins baronnie et clergie ;
> Aussi la Reine Eléanor s'amie
> Fut couronnée ce jour ; jamais à Saint-Denis
> Ne fut si grande fête ni si grande noblie (noblesse).

Aliénor participe largement à l'activité d'Edouard Ier, qu'on devait surnommer le Justinien anglais, tant fut importante son œuvre législative.

L'Angleterre est alors en plein essor et manifeste une grande fécondité, notamment du point de vue intellectuel. L'anglais est désormais, depuis la date de 1258, la langue officielle (mais il se passera encore une centaine d'années avant que le Parlement n'en fasse la *seule* langue officielle). Edouard Ier procède au premier relevé géographique du pays dont on a conservé une copie qui se trouve de nos jours à la bibliothèque Bodleienne d'Oxford.

Les soucis militaires perturbent pourtant son règne : les Gallois se révoltent de nouveau. Llewelyn le Grand, qui a épousé la fille de Simon de Montfort, reprend l'attitude belliqueuse de son beau-père et refuse l'hommage ; il faut plusieurs campagnes pour le réduire ; d'autre part, les visées de Philippe le Hardi, le nouveau roi de France, et ses ambitions en Aragon inquiètent le couple royal anglais ; de ce point de vue, on peut suivre dans les comptes[83] l'activité d'Aliénor d'après les sommes importantes qu'elle distribue aux messagers pour le règlement des affaires espagnoles qu'elle était toute désignée pour comprendre, étant donné ses attaches familiales.

Cependant, sa santé préoccupe son entourage ; elle-même, se sentant malade, désire regagner quelque temps sa chère Guyenne ; peut-être espère-t-elle s'y rétablir ; peut-être veut-elle revoir une dernière fois le lieu de sa jeunesse et de ses heureuses épousailles. Edouard et Aliénor s'embarquent le 13 mai 1286 pour la France. Leur parcours est jalonné de fêtes, de tournois organisés en leur honneur à Creil, à Senlis, à Mareuil ; le 27 juin, ils font leur entrée dans Paris, où Aliénor, une fois de plus, reçoit les messagers d'Aragon tandis qu'Edouard fait hommage pour toutes ses possessions françaises à Philippe le Bel. La paix régnait entière entre les deux maisons, assurée qu'elle l'avait été par les relations établies entre Saint Louis et Henri III.

Grâce aux rôles de comptes, on suit le trajet du roi et de la reine ; ils gagnent Melun, puis Gien où l'un de leurs familiers, Guillaume de Montravel, préside à leur embarquement sur la Loire. Aliénor fait halte à Saumur, car elle tient à se rendre sur la tombe des rois anglais, à Fontevraud ; elle est magnifiquement accueillie par l'abbesse, Marguerite de Pocey[84].

Les comptes témoignent, en dépit de leur sécheresse, d'une atmosphère de tristesse et de fatigue dans l'entourage d'Aliénor ; deux de ses suivantes sont malades et doivent être isolées, portées en charrette. Plusieurs autres personnes, dont le chevalier Robert de Leyburn, sont hospitalisés à Villeneuve-la-Gaillarde ; le chirurgien de la reine, maître Pierre, prend soin des uns et des autres.

La suite royale se dirige vers Niort, puis La Rochelle ; de là, elle s'embarque le 28 septembre pour l'île d'Oléron. L'historien Marcel Gouron, qui a étudié le voyage d'Aliénor de Castille d'après les rôles de comptes, a établi que la flottille royale comporte à cette occasion onze barques : la première est réservée à la reine ; la seconde au trésor ; la troisième aux chapelains et clercs qui accompagnent le cortège ; la quatrième à la cire de couleur dont la reine a fait acheter une importante provision à Niort pour assurer l'éclairage quotidien ; la cinquième porte la literie ; la sixième les bagages, vêtements, etc. ; la septième la paneterie ; dans la huitième ont pris place le sénéchal et sa suite ; enfin dans les trois dernières sont emmagasinées les victuailles et la bouteillerie.

Aliénor demeure quelque temps à Oléron où jadis Aliénor d'Aquitaine avait, dit-on, mis au point les fameux *Rôles d'Oléron,* recueil des usages des gens de mer sur la côte atlantique. Ensuite, elle gagne la résidence de Talmont, qui toujours fut chère aux rois angevins et où Richard Cœur de Lion aimait chasser ; puis elle arrive à Bordeaux ; enfin, par Saint Emilion et Libourne, elle rejoint son domaine préféré, celui de Condat, dans une presqu'île sur la Dordogne, toute proche de la cité de Libourne ; sur les bords du fleuve, de grands jardins remplis d'arbres fruitiers en font un séjour idéal. Aliénor se plaît à visiter son petit parc zoologique particulier, car elle possède, elle aussi, des guépards et des tigres, tandis que dans un autre coin du parc elle élève des perruches aux couleurs vives, don de la princesse de Salerne.

Durant ce dernier séjour en Aquitaine, toujours grâce aux rôles de comptes, on peut suivre la reine presque pas à pas : elle fait familièrement ses courses à Bordeaux dans la rue Judaïque ; elle fait livrer ses achats à la maison des frères prêcheurs où elle réside, rue de Londres, de préférence au vieux palais de l'Ombrière qui n'est pas à son goût ; elle commande des draps de soie tissés à Florence par les artisans de *l'arte di Calimala ;* on sait aussi les dons qu'elle prodigue à son entourage : à son neveu castillan Martin Alfonse elle fait cadeau de coupes et d'argent au moment où il s'en va étudier à l'Université d'Orléans ; à sa suivante Yseult la brune, aux dames qui l'entourent, elle offre des patenôtres d'or ou de jais, ou encore des tissus de prix ou des manteaux de fourrure ; elle distribue aux églises des ornements liturgiques ; elle rétribue largement les ménestrels comme Gilot de Picquigny qui venait de son pays d'origine maternelle, le comté de Ponthieu. Mais elle a aussi d'autres activités plus sérieuses : elle se fait traduire en français par Jean de Pentham le traité *De Hierarchia* (toujours conservé à Paris à la bibliothèque Sainte-Geneviève) ; elle commande à son enlumineur Albert d'orner d'initiales les chartes qu'elle fait rédiger sur parchemin ; mais plus encore — et de là viendra le surnom qu'on lui donne : « la fidèle » — la reine s'occupe, inlassablement, d'apaiser les querelles, de régler pacifiquement les discordes, d'être présente partout où l'appelle la justice : qu'il s'agisse de disputes privées comme celle qui s'est élevée entre deux seigneurs, Amanieu de Fossat et Raymond des Pins, des contestations qui ont pu naître entre les ordres religieux, notamment entre les frères Mineurs qu'elle favorise et les bénédictins de Saint-Sever ; elle veille aussi aux négociations toujours longues et épineuses entre rois d'Aragon et de Sicile auprès desquels elle multiplie les avances et les propositions de trêves, faisant porter elle-même la rançon du prince de Sicile Charles de Salerne, jusqu'à ce qu'enfin la paix soit rétablie entre les princes, et scellée par un mariage entre l'infant Pierre d'Aragon et la princesse, fille d'Edouard et d'Aliénor. Cette union fut l'occasion de belles fêtes qui durèrent un mois.

Enfin, le roi et la reine quittent, en 1289, la Gascogne

qu'Aliénor ne devait plus revoir. Edouard part en avant-coureur pour tenter de mater une nouvelle révolte des Ecossais, mais bientôt on le rappelle en toute hâte : la reine, de plus en plus malade, se meurt. C'est le 4 décembre 1290, à Herdeby, qu'il recueille son dernier soupir. « Le roi abandonna son expédition, dit le chroniqueur Walsingham, et revint en grande peine conduire le deuil à Londres [...] Elle avait toujours été pieuse, modeste, miséricordieuse, aimée de tous les Anglais et comme la colonne de tout le royaume [...] Son corps fut porté à Londres, où le roi le reçut, entouré de toute la noblesse du royaume et de ses prélats ; il fut embaumé et enseveli dans l'abbaye de Westminster avec la plus grande pompe. En tous les lieux où il avait séjourné, le roi ordonna d'ériger une grande croix à la mémoire de la reine, où il fit peindre son image. »

Telle est l'origine des « croix de la Chère Reine », *Charing Cross ;* elles rappellent une femme qui accomplit pleinement son rôle, laissant un souvenir de douceur et de beauté ; sur la façade de la cathédrale de Lincoln, non loin de la ville où elle était morte, on élèvera, au siècle suivant, sa statue à côté de celle du roi : ils avaient en effet assisté ensemble en 1280 à la consécration de l'abside du merveilleux édifice. Figure gracieuse et souriante, et le sculpteur a mis un sceptre entre ses mains : n'avait-elle pas été pleinement la « Chère Reine », exerçant, comme toute reine en son temps, le pouvoir royal aux côtés de son époux ?

Troisième Partie

Passé le temps des cathédrales

1

De la cour d'amour à l'université

Par une étrange rencontre, deux villages de la région orléanaise, Lorris et Meung-sur-Loire, ont donné naissance au XIIIe siècle à deux personnages dont l'œuvre est parfaitement représentative de la plus forte mutation de mentalité que nous puissions constater dans la France et même dans l'Occident à l'époque. Il s'agit de Guillaume de Lorris et de Jean de Meung, les deux auteurs du *Roman de la Rose*[85]. Rarement œuvre littéraire aura été plus représentative de deux aspects successifs de la mentalité générale, et aura mieux traduit une évolution qui certes ne s'accomplit que très lentement dans la réalité, mais dont le point de départ est ici bien marqué. On peut dire qu'un demi-siècle après Guillaume de Lorris, Jean de Meung, dans les lettres, joue en sens opposé un rôle semblable à celui de Venance Fortunat aux débuts de la tradition courtoise : la veine qu'il inaugure, et qui vise à anéantir toute courtoisie, reflète le début d'un courant nouveau dans le domaine de la pensée et des mœurs, dans la manière de sentir, et même dans l'expression artistique ; mais elle mettra plusieurs siècles à s'imposer.

Au vingtième an de mon (a)age
Au point qu'Amour prend le péage
Des jeunes gens...
Lors vis un songe en mon dormant (sommeil)
Qui moult fut beau et moult me plut...

Or veux mon songe rimoyer
Pour mieux vos cœurs faire égayer,
Qu'Amour ne le prie et commande.
Et si nul ou nulle demande
Comment je veux que ce roman
Soit appelé, que je commen(ce)
Que c'est : le Roman de la Rose
Où l'art d'Amour est toute enclose.

Guillaume de Lorris écrit vers 1236. L'historienne de la littérature médiévale Rita Lejeune a supposé que son poème était un hommage à la reine de France, la toute jeune Marguerite de Provence, qui avait épousé deux ans plus tôt, en 1234, le roi Louis IX ; cette princesse au nom de fleur, qui avait treize ans lors de son mariage, résidait souvent dans le petit village de Lorris en Gâtinais, l'une des résidences royales dans la région.

Quoi qu'il en soit, le *Roman de la Rose,* œuvre toute de jeunesse et de fraîcheur en cette première partie, semble résumer la tradition courtoise ; dans une atmosphère de rêve est évoqué l'éveil de l'amour dans le cœur du jeune homme ; sous le voile allégorique, avec une extrême finesse, sont personnifiés les sentiments qu'il éprouve, les obstacles auxquels il s'affronte, les espoirs et les angoisses qui l'agitent dans la quête de la Rose, c'est-à-dire de la Femme aimée.

L'amant nous dit dès les premiers vers à qui il doit son inspiration :

Donne Dieu qu'en gré le reçoive
Celle pour qui je l'ai empris (entrepris) :
C'est celle qui a tant de prix
Et tant est digne d'être aimée
Qu'el(le) doit être rose clamée (nommée).

Le songe qu'il nous raconte a eu lieu au mois de mai :

Au temps amoureux, plein de joie,
Au temps où toute rien (toute chose) s'égaye,
Que l'on ne voit buisson ni haie
Qui en mai parer ne se veuille
Et couvrir de nouvelles feuilles.

L'amant se lève, se promène près d'un verger clos de murs sur lesquels sont peintes des images symboliques: Haine, Félonie, Convoitise, Avarice, Envie, Vieillesse, ces obstacles à l'Amour qu'énumérait au siècle précédent André le Chapelain. Dès lors commence pour lui une quête, reflet de la quête non moins symbolique des romans de chevalerie, encore que l'élément dramatique ait ici disparu. Derrière ces hautes murailles, un verger; un désir «angoisseux» le prend d'y pénétrer; après bien des recherches, sans se décourager, il finit par trouver une petite porte que lui ouvre «une noble pucelle», «qui moult était et gente et belle»; elle se nomme Oiseuse; le jardin, lui dit-elle, est celui de Déduit. Les deux noms évoquent loisir et plaisir, avec cette touche de gentillesse que les siècles courtois ont donnée au «service d'Amour». A peine franchie la porte, l'Amant est émerveillé:

> Et sachez que je croyais être
> Vraiment en paradis terrestre
> Tant était le lieu délectable.

Il s'enchante des mélodies d'oiseaux, puis se dirige, par une petite sente «pleine de fenouil et de menthe», vers la clairière où dansent et s'ébattent des personnages qu'il nomme Liesse, Déduit et Courtoisie. Avec eux, il «se prend à la carole», se mêle à la danse. Le Dieu d'Amour les regarde. Il porte

> Robe de fleurettes
> Faite par fines amourettes.

Auprès de lui un «jouvenceau», Doux Regard, porte un carquois rempli de flèches.

L'allégorie familière, celle qu'ont cultivée troubadours et cours d'amour, va se développer au cours du poème. Cinq des flèches que tient Doux Regard se nomment: Beauté, Simplesse, Franchise, Compagnie, Beau Semblant, et cinq autres, par contraste: Orgueil, Vilenie, Honte, Désespérance et Nouveau Penser. Tout le jeu de la rencontre amoureuse tient entre ces dix flèches dont la dernière est celle qui détourne l'Amant de l'amie. Cependant, poursuivant son rêve, Guillaume en viendra, après un arrêt près de la fontaine de Narcisse, « miroir périlleux » devenu fontaine d'Amour, vers « un rosier chargé de roses » parmi lesquelles il avise un bouton « si très bel » dont le parfum autant que la couleur lui semble entre tous attirant ; si bien que le reste du poème sera consacré à cette quête de la Rose dont le détourneront des ennemis comme Peur, Honte, Jalousie, tandis qu'Amour avec ses auxiliaires, Doux Regard et Doux Parler, lui dispenseront aide et conseil. Le poème s'achève sans que l'on sache si l'Amant parviendra, grâce à la complicité de Bel Accueil, à cueillir la Rose.

Tout un univers intérieur s'exprime à travers ces personnages porteurs des sentiments, impulsions, tendances profondes qui se font jour entre deux êtres dont l'un est animé par la quête, l'autre reçoit ou repousse, accueille ou se dérobe. L'échange amoureux est ici mis en scène avec une extrême subtilité. Il ne s'agit plus, comme dans le roman, de créer des types humains, un Perceval, un Lancelot, mais d'extérioriser les sentiments qui les agitent, de les projeter sous une apparence figurée : Honte, Vilenie, Franchise ou Doux Regard ; dans ce jeu, d'une délicatesse un peu exténuante, l'histoire, remarquons-le, s'estompe, et aussi la personne : l'amant n'est qu'un songe et la dame, une rose. On atteint la limite extrême du raffinement dans ce service d'Amour qui chez les troubadours et les trouvères s'exprimait avec une vigueur souvent abrupte ; le poète se meut dans un monde où l'image elle-même fait allusion à une autre image. C'est, appliqué aux sentiments, le domaine de l'allégorie.

Guillaume de Lorris est le dernier représentant de la tradition courtoise, comme son contemporain Guiraut Riquier le dernier troubadour digne de ce nom. Encore que l'œuvre de l'un et de l'autre se soit perpétuée à travers les temps, car ils ont eu d'innombrables imitateurs. Le *Roman de la Rose* a connu d'ailleurs un immense succès : plus de 250 manuscrits au XIIIe siècle, et sa vogue a continué très avant dans le

XVIe siècle, avec des éditions incunables ou en tout cas précoces.

Mais il ne s'agit pas seulement alors de l'œuvre de Guillaume de Lorris, qui ne comporte qu'environ 4 000 vers et semble inachevée. En effet, une quarantaine d'années après lui, dans la deuxième moitié du XIIIe siècle, un autre poète, Jean Chopinel, originaire, lui, de Meung-sur-Loire, s'avisait de lui donner une suite : près de 18 000 vers — ce qui portait l'ensemble du poème à 21 781 vers exactement.

Jean Chopinel (ou Clopinel ?) a-t-il eu sérieusement l'idée qu'il continuait l'œuvre de son devancier ? On peut se le demander, car rarement auront été composées l'une à la suite de l'autre deux œuvres d'esprit aussi dissemblable. Le poème de Guillaume de Lorris restait suspendu à une supplique adressée à Bel Accueil en qui l'amant mettait « sa fiance » ; l'un des premiers vers de Jean de Meung est : « Mais de tout ce n'ai-je que faire. » Ce qui dit bien ce qu'il veut dire : désormais a disparu tout souci de courtoisie ; plus de songe, d'amoureux ni de rose. Nous nous trouvons devant un discours d'allure didactique et scientifique, une dissertation magistrale émanant d'un clerc, d'un universitaire. Jean de Meung inaugure en cette fin du XIIIe siècle le règne du professeur, comme le feront en d'autres domaines les légistes ses contemporains. Il fait disserter inlassablement Raison qui instruit l'amant et d'emblée lui démontre qu'il sert un mauvais maître :

Amour ce n'est que paix haineuse,
Amour est haine amoureuse.

Et de poursuivre sur ce ton, avec parfois d'heureuses trouvailles :

C'est ris plein de pleurs et de larmes.

A l'Art d'aimer succède un discours pour lequel deux autres entités se joignent à Raison : Nature et Genius ; l'allégorie, on le voit, ne s'applique plus à des sentiments, mais à des abstractions ; les trois personnages infligent à l'amant, avec force exemple à l'appui — le mythe de Fortune, l'histoire de Pygmalion, etc., une démonstration circonstanciée de la conduite qu'il doit tenir avec les femmes. Il n'est plus du tout question de courtoisie, encore moins d'humour ; l'un et l'autre semblent s'être envolés de nos lettres à la fois. Et avec eux le sens de la quête, qui jusqu'alors caractérisait les relations entre l'homme et la femme. Jean de Meung accable de sarcasmes son prédécesseur Guillaume de Lorris, car lui-même ne conçoit d'autres genres de relations amoureuses que ceux du poulain et de la jument, d'autres rapports, entre homme et femme, que ceux du chat et de la souris. De la quête on passe au conflit : c'est une stratégie que Nature enseigne à l'amant, le mettant longuement en garde contre les ruses des femmes et lui démontrant sans ambages qu'une femme en vaut une autre ; l'instinct mène le monde et, disciple avant la lettre de maints sexologues de notre temps, Jean de Meung l'invite à considérer vaches et taureaux, brebis et béliers, pour conclure :

> Aussi est-il beau fils, par m'âme,
> De tout homme et de toute femme
> Quant à naturel appétit.

Comme Nature est encore trop femme à son gré, c'est à Genius, « type clérical et donc masculin », comme l'écrit son plus récent commentateur, Daniel Poirion, qu'il donne le dernier mot.

Au moment où Jean de Meung s'avise ainsi de prendre le contre-pied de celui qu'il prétend continuer, l'Université de Paris, à laquelle il appartient, compte une centaine d'années d'existence. On trouve dans ses vers l'écho des luttes qu'a menées « sa mère » — c'est ainsi qu'il désigne ce corps respectable — entre autres de la fameuse querelle contre les ordres mendiants, auxquels le maître parisien, Guillaume de Saint-Amour suivi par la plupart de ses confrères, voulait interdire d'enseigner.

L'Université parisienne, on le sait, est née d'une revendication de liberté : il s'agissait pour les maîtres et les étudiants de la cité, groupés en association, de se soustraire à la tutelle de l'évêque de Paris pour acquérir leur autonomie, obtenue dès les premières années du XIIIe siècle et reconnue par le pape comme par le roi de France. Mais elle manifeste très tôt aussi la volonté de monopoliser cette liberté pour son usage exclusif. Les clercs séculiers qui enseignent prétendent se réserver leurs chaires et en exclure ces nouveaux venus dont le succès les irrite et les inquiète : les prêcheurs et les mineurs, autrement dit les dominicains et les franciscains. Ce qui revenait à refuser la permission d'enseigner à un Thomas d'Aquin et à un Bonaventure...

Jean de Meung épouse étroitement dans ses vers le parti pris des maîtres parisiens ; il se répand en diatribes contre l'œuvre alors fameuse d'un franciscain de la branche des Spirituels intitulée *L'Évangile éternel:*

> Bien est digne d'être brûlé

s'exclame-t-il ; et c'est l'occasion pour lui de vanter une fois de plus les mérites de l'*alma mater:*

> Et si ne fût la bonne garde
> De l'Université, qui garde
> La clef de la chrétienté,
> Tout en eût été tourmenté.

Notation importante : l'Université de Paris détient donc *la clef,* non seulement du savoir, mais de l'orthodoxie en matière religieuse. Double prétention sur laquelle nous aurons l'occasion de revenir, et qu'il est impressionnant de trouver formulée avec une telle netteté dès cette fin du XIIIe siècle.

Pour s'en tenir, en un premier temps, à l'activité intellectuelle proprement dite, à la formation dispensée aux scolaires et étudiants, cette tendance au monopole en faisait, d'emblée, un monde rigoureusement masculin. L'Université, en effet, était issue du clergé et entendait dès l'abord supplanter les écoles monastiques ; elle était — la querelle avec les ordres mendiants l'atteste — hostile à ce qui n'appartenait pas aux structures cléricales ; les religieux, soustraits aux autorités locales et ne dépendant que du pape, étaient considérés par elle comme des intrus, et il faudra deux siècles de palabres et de discussions pour qu'ils soient réellement admis à enseigner. Que pouvait-il en être des religieuses ? Moins encore que les moines, elles ne sauraient être admises à bénéficier d'un savoir universitaire, qui est de plus en plus considéré comme seul valable ; ce qui se traduit, entre autres, par des poursuites engagées contre les femmes-médecins, au début du XIVe siècle ; il leur est interdit d'exercer la médecine sans justifier d'un diplôme qu'elles ne peuvent obtenir. On voit assez rapidement, dans ce contexte, décliner le niveau de l'instruction dans les couvents de femmes.

Une Gertrude de Helfta peut encore, au XIIIe siècle, dire avec quelle joie, après les études de grammaire, elle a abordé celles de théologie, qui étaient comme un second degré dans l'enseignement supérieur ; par la suite, les confidences de ce genre ne seront plus possibles, à des rares exceptions près. Et d'ailleurs, l'idée s'enracine que la formation dispensée par l'université ne convient pas aux femmes. D'autres facteurs interviendront qui contribueront à faire baisser le niveau intellectuel dans les monastères, d'ailleurs aussi bien masculins que féminins : après la grande peste de 1348 en Occident, nombre de couvents n'ont retrouvé que difficilement l'encadrement nécessaire et les personnalités capables de transmettre un savoir suffisant. L'Université a pu reformer ses cadres, mais en dehors d'elle, et en France surtout, avec l'insécurité et les guerres qui se succèdent pendant un siècle ou davantage, il devenait difficile de retrouver le niveau de jadis. Et, d'ailleurs, qui le souhaitait ? Certainement pas, en tout cas, les universitaires eux-mêmes, trop fiers de détenir « la clef » de la science, comme l'écrivait Jean de Meung.

D'ailleurs, une influence devenait prépondérante dans la pensée universitaire : celle d'Aristote, qu'on peut comparer à l'influence de Hegel sur la philosophie de notre temps. Or Aristote partage, en ce qui concerne la femme, les préjugés communs à l'Antiquité classique, ce qui ne pouvait aucunement gêner les Avicenne, les Averroès et autres penseurs de l'Islam, mais provoquait une régression notable, en chrétienté, par rapport à l'évolution générale, et entre autres à la philosophie des maîtres de Saint-Victor. Thomas d'Aquin lui-même, intégrant la pensée aristotélicienne à la Révélation, tient pour certaine la supériorité de l'homme sur la femme, ce qui le différencie de son contemporain Vincent de Beauvais ; il affirme pourtant que l'image de Dieu se trouve aussi bien chez la femme que chez l'homme, et concède qu'elle ne diffère de celui-ci que par « *aliquid secondarium* (quelque chose de secondaire) », mais, selon l'expression de René Metz, sa définition en la matière « révèle le penseur à qui la philosophie aristotélicienne et le droit romain sont aussi familiers que les textes de l'Apôtre[86] ».

Si bien que, par la suite, tout un courant antiféministe se développe, et qui ne se manifeste pas seulement en textes littéraires et en opinions individuelles, car nous avons noté ailleurs la progression du droit romain, influant directement sur les mœurs, dans la vie religieuse aussi bien que dans le domaine profane.

Inutile d'insister sur des œuvres encore peu connues comme les *Lamentations* de Matthieu, qui, à l'extrême fin du XIIIe siècle, reprend les attaques inaugurées par Jean de Meung, et sur la littérature satirique qui se développe ensuite, en quelques œuvres virulentes comme ce *Dit de l'Épervier*[87], qui assimile l'amour à la chasse au faucon ; même chez un Eustache Deschamps[88], certains poèmes, comme *Le Miroir de mariage,* ne prennent pour thème que les exigences des femmes et leurs goûts du luxe. Ainsi cette bourgeoise, femme de commerçant, si l'on en juge par les requêtes dont elle harcèle son mari, s'estimant frustrée par rapport aux autres femmes :

...Et je vous dirai que ma huve (coiffe)
Est vieille et de pauvre façon :
Je sais tel(le) femme de maçon
Qui n'est pas à moi comparable
Qui meilleure a, et plus coûtable (chère)
Quatre fois que la mienne n'est !

Elle réclame :

> Quand je chevaucherai par rues
> haquenée belle et amblant (trottant à l'amble)
> et selle de riche semblant
> à lacs et à pendants de soie...
> Je vois bien femmes d'avocats,
> de pauvres bourgeois de village
> qui l'ont bien — pourquoi ne l'aurai-je ? —
> A quatre roncins attelé.

Cela pour exiger

> un char (voiture)
> dedans et dehors peinturé.

Femme de marchand voué à voyager d'une foire à l'autre, elle remarque aigrement que les maris des autres,

> Quand ils reviennent de Paris,
> De Reims, de Rouen, de Troyes,
> Leur rapportent gants ou courroies,
> Pelisse, anneaux, fremillets (fermail), boucles,
> Tasses d'argent ou gobelets...

Elle veut aussi un miroir d'ivoire dans un étui pendu « à chaîne d'argent », ou encore un livre de piété : des *Heures de Notre Dame,* dans une reliure de fin drap d'or, fermée par des « fermaux d'or » si bien que

> ceux qui les verront
> puissent partout dire et conter
> qu'on ne peut plus belles porter.

C'est le ton qu'on retrouvera au XVe siècle dans les trop fameuses *Quinze joies de mariage* de Gilles Bellemère : littérature antiféministe, qui présente inévitablement le mari comme une victime, bafoué par une épouse irascible et insatiable.

Et si nous avons cité ces pages du poème d'Eustache Deschamps, qui a pour nous le mérite de retracer de façon vivante le train de vie d'une bourgeoise aisée dans la seconde moitié du XIVe siècle, nous ferons grâce au lecteur de l'œuvre de Bellemère, qui a eu largement les honneurs de l'édition[89].

C'est à l'époque des *Quinze joies de mariage* précisément (premières années du XVe siècle), qu'éclate la querelle antiféministe entre les universitaires parisiens et la femme-poète Christine de Pisan.

On a souvent présenté celle-ci comme étant «notre première femme de lettres»: la «première en date et la plus insupportable de nos femmes savantes», comme l'écrit aimablement un professeur de littérature du Moyen Age[90]; sans entreprendre de discuter ce jugement, marquons notre reconnaissance envers Christine dont le nom a survécu au mépris généralisé pour les «femmes savantes», si répandu depuis Molière, et dont l'exemple prouve qu'une femme, au XVe siècle encore, pouvait vivre de sa plume.

C'est donc à propos du *Roman de la Rose* que Christine eut l'occasion d'affronter les universitaires de son temps. L'an 1400 elle compose, contre Jean de Meung, son *Epître au Dieu d'Amour:*

> Si se plaignent les dessus-dites dames
> Des grands extorts, des blâmes, des diffames,
> Des trahisons, des outrages très griefs (graves),
> Des faussetés et maints autres griefs,
> Que chacun jour des déloyaux reçoivent,
> Qui les blâment, diffament et déçoivent.

Et Christine d'ajouter cette réflexion:

> Sur tous pays se complaignent de France
> Qui jadis fut leur écu et défence,
> Qui contre tous de tort les défendait
> Comme il est droit, et comme faire doit
> Noble pays où gentillesse règne.

C'est faire remarquer à quel point la France, pays de naissance et de grande éclosion de la chevalerie, semble aux yeux de Christine s'engager dans les voies ouvertes par un Jean de Meung ; en quoi elle se montre observateur sagace de son temps.

On ne s'étonne guère de voir un universitaire, Jean de Montreuil, puis à sa suite plusieurs autres, en tête Gontier Col, relever le défi et se sentir attaqués en la personne de Jean de Meung ; il s'agit de deux secrétaires du roi, amateurs de lettres antiques, et avant la lettre humanistes, qui déclenchent tout ce débat antiféministe[91], à grand renfort de discours, dont Christine semble s'amuser :

Dieu ! quels parleurs ! Dieu ! quelles assemblées
Où les honneurs des dames sont emblés ! (Otés, attaqués.)

La querelle s'étendit : l'université parisienne était tout entière émue à l'idée que l'on puisse s'en prendre à l'auteur du *Roman de la Rose* en qui elle reconnaissait sa propre tournure d'esprit.

Il y eut cependant un universitaire et non des moindres (il était alors chancelier de l'Université de Paris), Jean Gerson, pour prendre, lui, la défense de Christine de Pisan. Jean Gerson est en son temps une exception ; il le manifeste en une occasion exemplaire, car il sera l'un des rares universitaires à refuser tout acte de collaboration au profit de l'envahisseur anglais ; si bien que, curieusement, on le retrouvera une fois encore aux côtés de Christine de Pisan, prenant l'un et l'autre la défense d'une femme entre toutes célèbres : Jeanne d'Arc.

Mais, sans anticiper davantage sur ce qui fera l'objet du prochain chapitre, constatons qu'il s'agissait d'un courant d'opinion qui se développera jusqu'à cet arrêt du Parlement de Paris qu'on nomme l'arrêt Lemaître et qui, le 28 juin 1593, interdit à la femme toute fonction dans l'Etat.

Et, de même que nous avons tenté de déceler les divers mouvements littéraires ou juridiques qui ont joué pour aboutir à ce résultat, nous pourrions nous livrer ici à un petit jeu de citations qui constituent un florilège éloquent.

Bornons-nous à trois d'entre elles[92], émanant de cervelles bien représentatives — encore que fort différentes l'une de l'autre — de la pensée classique et bourgeoise :

Richelieu d'abord, dans ce qu'on appelle son *Testament politique :* « Rien n'est plus capable de nuire aux États que ce sexe... Les meilleures pensées des femmes étant presque toujours mauvaises, en celles qui se conduisent par leurs passions, qui tiennent d'ordinaire lieu de raison en leur esprit, au lieu que la raison est le seul et le vrai motif qui doit animer et faire agir ceux qui sont dans l'emploi des affaires publiques. » Nous n'allons pas insister sur les insinuations voltairiennes, révélatrices, presque à son insu, de l'échelle de valeurs qui lui est propre : « On a vu des femmes très savantes comme il en fut de guerrières, mais il n'y en a jamais eu d'inventrices » (reproche que devaient reprendre en chœur les bourgeois au XIXe siècle), et nous nous contenterons découter Restif de la Bretonne : « Les femmes ressemblent aux peuples orientaux dont elles ont à peu près l'imagination vive et facile à épouvanter ; elles préfèrent, sans s'en douter, un gouvernement où il faut obéir sans raisonner à un autre, où elles auraient le choix d'obéir ou non. »

Comment rassembler, en si peu de mots, davantage de mépris ?

2

Deux filles comme les autres : Catherine et Jeanne

Dans le chapitre consacré au pouvoir politique, nous n'avons cité en exemple que des femmes de haute naissance : princesses, reines, filles de lignée noble ; faut-il en conclure que toute action sur le plan politique ait été nécessairement liée à la naissance ?

C'est assurément la règle générale — encore que la question soit dans la pratique plus compliquée qu'il ne semblerait lorsqu'on en parle dans l'abstrait : les études un peu approfondies fournissent des exemples qui cadrent mal avec la fixité que nous imaginons volontiers entre les diverses « couches sociales » à l'époque féodale[93].

En ce cas, remarquons-le, filles et garçons se trouveraient sur un pied de parfaite égalité puisque les droits de naissance jouent pour ceux-ci comme pour celles-là. On pourrait facilement en conclure à une société aristocratique dans laquelle le privilège de la lignée a une force absolue, ce qui a caractérisé, par exemple, les XVIIe et XVIIIe siècles. Or, quant aux hommes, deux noms entre beaucoup d'autres viennent immédiatement à l'esprit : Suger, qui, fils de serfs, est devenu régent de France, et le pape Sylvestre II, fils de chevriers, qui, dans son enfance, gardait ses troupeaux quelque part en Auvergne.

Quant aux femmes, deux exemples s'imposent, d'autant plus étonnants qu'ils sont tardifs et datent d'un temps où, en France, en Angleterre, en Italie, les préoccupations guerrières, qui sont masculines essentiellement, commencent à l'emporter dans la mentalité générale et à s'imposer dans la vie quotidienne. Or deux femmes ont mené une action décisive du point de vue politique, l'une au XIVe, l'autre au XVe siècle. Deux femmes qui ne doivent absolument rien à des privilèges de naissance et que rien n'appelait à jouer un rôle particulier : ni reines, ni princesses, ni nobles. Deux filles comme les autres, dont on a parlé dans tout le monde connu d'alors, et qui ont modifié en profondeur l'équilibre de ce monde : Catherine de Sienne et Jeanne d'Arc.

Une citadine, une rurale, que l'on aurait pu prendre comme exemples pour évoquer la vie de n'importe quelles filles en ville et à la campagne, tout au moins dans leurs premières années, jusqu'à l'âge de seize ans ou environ. Et cela représente la moitié de l'existence de Catherine, bien davantage pour Jeanne, qui meurt à dix-neuf ans.

Une fille comme les autres, c'est ce qu'on a pensé quand est née à Sienne l'avant-dernière des vingt-cinq enfants de Lapa et Jacopo, fils de Benincasa. Le père est teinturier, un métier qui rapporte à l'époque, si bien que, en dépit de sa nombreuse progéniture, le ménage connaît l'aisance. Et cette Lapa, qui porta vigoureusement ses nombreuses maternités, atteindra l'âge de quatre-vingt-neuf ans.

Catherine naît à une date qui, avec le recul du temps, a quelque chose de pathétique : 1347. C'est cette même année qu'un vaisseau génois regagne son port d'attache, emportant quelques matelots atteints d'une maladie contractée lors du siège de Caffa, sur les bords de la mer Noire. L'année suivante, la peste bubonique ravage toute l'Europe, semant morts et désastres ; des villages entiers disparaîtront de la carte ; on calcule qu'au moins une personne sur trois en a été victime. Encore les retours offensifs du fléau seront-ils nombreux jusqu'au milieu du XVe siècle ; l'une des sœurs aînées de Catherine, Nora, est morte de la peste ; mais, tout au moins lors de le première vague de l'épidémie, la famille ne paraît pas avoir été très atteinte, dans une cité qu'on dit à moitié dépeuplée.

Environnement dramatique qui est celui de milliers d'autres filles à l'époque. Et il en est de même pour Jeanne qui naît à Domremy le 6 janvier 1412 probablement. En fait, l'année de sa naissance n'est pas absolument certaine, pas plus que celle de Catherine : rares sont alors les paroisses qui ont tenu et dont on a pu conserver régulièrement les registres de baptême, ancêtres de nos registres d'état civil. Et cette incertitude même fait de Jeanne comme de Catherine des « filles comme les autres », car en leur temps on ne commence à consigner soigneusement que les dates de naissance des enfants de lignage noble ; une précision toutefois pour Jeanne est fournie parce que l'un de ses parrains, l'une de ses marraines, survivent en 1456, à l'époque où elle est réhabilitée et où l'on enquête à son propos : elle est née le 6 janvier, fête de l'Epiphanie ; rappelons en passant que l'habitude de donner de nombreux parrains et marraines à l'époque vient précisément de ce que l'on compte sur la preuve orale, le témoignage de ceux qui ont assisté à un événement, beaucoup plus que sur un écrit. En ce début du XVe siècle, si la peste, de temps à autre, réapparaît, c'est la guerre surtout qui fauche les civils comme les combattants ; les compagnies de routiers qui parcourent les campagnes pillent et dévastent tout. Jeanne naît au moment où la guerre civile commence à Paris avec ce qu'on a appelé la révolte cabochienne ; elle a trois ans quand la guerre étrangère tourne à l'écrasement du pays avec la bataille d'Azincourt. Et son village « aux marches de Lorraine », est proche du pays bourguignon.

Lorsque, en 1456, l'enquête menée pour savoir si elle fut hérétique ou non sera faite à Domremy, les paysans qu'on interroge sont unanimes à dire de Jeanne : « Elle était comme les autres » ; elle filait, cousait et faisait les travaux du ménage ; quand venait le tour de la ferme, elle gardait les animaux avec les enfants des environs ; elle allait presque chaque samedi avec sa petite sœur, nommée Catherine, jusqu'à l'ermitage de Bermont. On sait aussi qu'elle avait trois frères aînés dont deux viendront la rejoindre à Orléans ; enfin, si son père se nomme Jacques Dart ou Tard dont nous avons fait Jacques d'Arc, sa mère, elle, porte un surnom caractéristique de son temps, Isabelle *Romée,* qui signifie qu'elle-même ou sa propre mère allaient volontiers en pèlerinage. De fait, l'année même du départ de Jeanne,

Isabelle prendra la route du Puy pour les fêtes solennelles du jubilé qui avait lieu cette année-là, 1429[94].

Deux fillettes donc que rien ne distingue des autres fillettes de leur temps ; elles n'apprennent même pas à lire et à écrire dans leur enfance : c'est, nous l'avons vu, le cas de bon nombre d'entre elles, et surtout durant la période médiévale proprement dite, où l'on voit les écoles bouleversées et beaucoup entièrement disparues : la grande peste a tué la plupart des cadres ecclésiastiques, des maîtres d'école ; certains couvents, comme ceux des dominicains ou franciscains de Marseille, ont été entièrement dépeuplés, le mal trouvant un terrain de prédilection dans les collectivités. Catherine, plus tard, apprendra à lire et à écrire ; Jeanne saura signer son nom, sans doute pas davantage. Mais la première aura un rôle aujourd'hui universellement reconnu dans la formation même du langage italien, et l'on conserve d'elle, en dehors de l'admirable *Dialogue* qu'elle dicta à plusieurs clercs de son entourage, 382 lettres qui sont de véritables chefs-d'œuvre ; quant à Jeanne, au témoignage de ses contemporains, elle s'exprimait admirablement ; « cette fille parlait très bien », dit un vieux seigneur de la région de Vaucouleurs, Albert d'Ourches, et d'ajouter : « J'aurais bien aimé avoir une fille aussi bien. » Du reste, des témoignages de cette clarté et de sa vigueur d'expression nous sont restés, en l'espèce l'admirable « Lettre aux Anglais » et celles qu'elle envoie aux habitants de Reims comme au duc de Bourgogne.

L'une aura une influence décisive sur le retour du pape à Rome dont la papauté est éloignée depuis soixante-dix ans ; l'autre, en huit jours lèvera un siège qui traîne depuis sept mois, celui d'Orléans, renversera l'équilibre des forces en gagnant sur les Anglais la bataille de Patay, réplique foudroyante d'Azincourt, et fera couronner à Reims, comme ses ancêtres, le roi Charles VII qui depuis sept ans vivait replié à Bourges, écarté qu'il était du trône par le traité de Troyes qui, en 1420, lui avait substitué l'héritier du roi d'Angleterre, le futur Henri VI.

La question se pose de savoir quelles influences personnelles ont pu faire agir ces filles que rien ne destinait à une pareille action sur le monde qui les entoure.

En ce qui concerne Catherine, la question est complexe, mais très bien connue ; elle s'inscrit dans une lignée nombreuse et étonnamment vivante, celle des béguines qui ont enfin fait l'objet d'études à notre époque[95]. Mathieu Paris, au XIIIe siècle, les définissait parfaitement : « béguins et béguines se disent religieux ; des deux sexes, mais surtout des femmes ; elles ont pris l'habit de religion, mais simplifié, professent la chasteté et la simplicité de la vie par vœu privé, mais ne sont soumises à aucune règle ni rassemblées dans un cloître » ; il déclare qu'elles se sont beaucoup multipliées, par exemple, qu'à Cologne et aux alentours on en compte plus de deux mille[96]. Ces béguins et béguines sont des laïcs consacrés qui mènent une vie quasi religieuse donc, mais dans le monde et sans que rien parfois les distingue dans leur allure extérieure. Dans *Le Ménagier de Paris*, l'intendante qui tient la maison du bourgeois qui rédige l'ouvrage s'appelle Agnès la béguine ; celle-là, comme beaucoup d'autres, vivait isolée et avait ce que nous appellerions une occupation salariée ; beaucoup aussi vivaient en petites communautés qui ont laissé de ravissants souvenirs : il suffit d'avoir visité les béguinages de Bruges, Gand, Amsterdam, pour apprécier cette atmosphère de recueillement, avec les petites maisons proprettes et bien alignées qui font penser aux chartreuses, et qui représentaient, disons-le, une solution à ce que nous appelons les « problèmes du troisième âge » ; les béguines âgées et sans ressources y trouvaient normalement asile. Certaines d'entre elles, parmi ces saintes femmes, ont eu une influence remarquablement mise en valeur par l'historien américain Mac Donnell, qui les a étudiées, ainsi Marie d'Oignies à laquelle l'évêque bien connu d'Acre, Jacques de Vitry, déclare devoir sa conversion et sa vocation ; ou Julienne du Mont-Cornillon, qui introduit dans le diocèse de Liège la fête du Saint-Sacrement qu'on célébra ensuite avec éclat jusqu'à aujourd'hui.

Les béguines étaient en somme une manifestation de ce même mouvement de ferveur religieuse auquel on doit aussi, au début du XIIIe siècle, les ordres mendiants, lesquels à leur tour allaient instituer ce qu'on nomme les tiers ordres, c'est-à-dire des associations de laïcs groupées sous l'égide des dominicains ou des franciscains pour la prière, l'aumône, les œuvres de charité. Or, Catherine de Sienne, lorsque se précise pour elle sa vocation de consacrée, choisit de faire partie d'un tiers ordre féminin fondé par les frères prêcheurs. On les appelait, sans sa cité, les *mantellate,* parce que ses membres portaient, seul indice de leur appartenance à un ordre religieux, le manteau noir par-dessus leurs vêtements habituels. Elle a dit à plusieurs reprises son affection profonde pour la fondation de saint Dominique ; sa spiritualité est imprégnée de l'ardeur qui lui est propre ; elle a pour confesseur le bienheureux Raymond de Capoue qui lui-même, quelque jour, sera le maître général des dominicains et écrira la vie de sa « pénitente » : vie semée d'extases, de révélations, d'ascèses qui en font un personnage totalement hors du commun puisque, durant les dernières années de sa vie, elle se nourrit uniquement de l'Eucharistie.

Au contraire, ceux, peu nombreux à vrai dire, qui se sont penchés sur la spiritualité de Jeanne d'Arc, se sont étonnés de voir qu'elle n'avait subi aucune influence notable ; certains se sont évertués à supposer qu'elle avait été tertiaire franciscaine, ou du moins avait eu un attrait particulier pour l'ordre de saint François ; mais nul document ne permet de l'affirmer, et en fait, elle-même le déclare expressément, « de personne elle n'a appris sa croyance si ce n'est de sa mère ». D'après les témoignages postérieurs, son curé disait volontiers « qu'il n'avait meilleure en sa paroisse », mais, à ce curé auquel elle se confessait, elle n'avait pas confié les révélations qu'elle avait reçues. Elle représente somme toute le « chrétien moyen » de son temps ; elle sait ce que savent en général les chrétiens en une époque où, comme le remarque le spécialiste de la religion populaire au temps de Jeanne d'Arc, Francis Rapp, « le christianisme coule de source[97]. » Ni groupe, ni ordre, ni courant de dévotion particulière dans son cas : sa spiritualité se réduit (si l'on peut dire !) à faire du mieux possible, au jour le jour, la volonté de Dieu telle qu'elle lui est exprimée par ce qu'elle appelle « ses voix », « son conseil » ; du reste, elle est « comme les autres » à ce point que c'est peut-être, pour qui la considère avec le recul du temps, l'un des traits les plus singuliers de sa personne.

Enfin, Catherine et Jeanne ont en commun le vœu de virginité qui marque en quelque sorte le début de leur aventure intérieure ; l'une le prononce dès l'âge de sept ans après la vision qu'elle a eue et où il lui semblait voir le Christ sous la forme du pape, ayant revêtu le vêtement traditionnel et les insignes de la papauté ; Jeanne, elle, prononce ce vœu quand, « à l'âge d'environ treize ans... (elle connut) que c'était la voix d'un ange » qui s'adressait à elle dans le jardin de son père[98].

Leur carrière politique, à l'une et à l'autre, sera décisive, l'une agissant sur le pape, l'autre sur le roi de France, et par contrecoup sur l'équilibre même de l'Europe, c'est-à-dire du monde de leur temps.

On sait dans quelles circonstances le pape Clément V, en 1309, s'était installé en Avignon : l'état de la Ville sainte, où se succédaient révoltes, agressions et attentats, avait de quoi effrayer l'archevêque de Bordeaux, natif de Villandraut-en-Guyenne, qui avait été élu pape sous l'égide de Philippe le Bel et s'était fait remettre solennellement la tiare à Lyon. Successivement, six papes résident dans la cité comtale ; le septième, Grégoire XI, prendra la décision courageuse à laquelle depuis longtemps des personnalités aussi diverses que Pétrarque ou sainte Brigitte de Suède adjuraient ses prédécesseurs, et rentrera à Rome après soixante-dix ans d'un « exil » qu'on compara depuis lors à la « captivité de Babylone ».

Dans l'intervalle, tous les papes d'Avignon étaient français, et lorsque mourra Grégoire XI, en 1378, sur les seize cardinaux qui composent la Curie, onze étaient français ; c'est dire à quel point l'Eglise dépend du roi de France. Ce qui n'est pas plus rassurant que le temps où elle se trouvait sous la mainmise de l'empereur d'Allemagne. C'est le malaise engendré par cette situation anormale qui amènera ce qu'on a appelé le Grand Schisme. Les cardinaux, mécontents du pape Urbain VI (ancien archevêque de Naples) qu'ils avaient élu, ont ensuite désigné un autre Français, Robert de Genève, qui prit le nom de Clément VII et rentra tranquillement en Avignon où il savait pouvoir compter sur l'appui de son cousin le roi de France.

Pendant la plus grande partie du XIVe siècle, la papauté est ainsi française, liée à une cour dont l'influence la coupe quelque peu du reste de la chrétienté, à commencer par l'Italie elle-même et l'Allemagne, et en revanche soumise de très près à l'autorité bientôt prépondérante que l'université de Paris prend dans l'Église. L'*alma mater,* qui se considérait comme détenant la « clef de la chrétienté », manifeste de plus en plus cette prétention par la voix de ses membres ; elle se déchaînera lors du Grand Schisme.

Le rôle de Catherine de Sienne dans cette confusion est net et clair : dans sa cité de Sienne, elle est environnée d'un renom de sainteté qui bientôt groupe autour d'elle ce qu'elle appelle sa « belle brigade » : des moines, des clercs, mais aussi des laïcs et notamment de jeunes poètes comme Neri di Landoccio, tous attirés par une soif de vie spirituelle que semble faire naître et s'épanouir autour d'elle la jeune tertiaire dominicaine ; celle-ci sera bientôt appelée, en des temps de guerre civile qui désolent notamment les deux cités de Florence et de Sienne, à intervenir pour tenter de ramener la paix, et l'on a pu résumer ainsi sa carrière politique : l'effort de pacification, celui de réforme de l'Église — l'un et l'autre orientés dans sa pensée vers un but plus lointain : secourir la Terre sainte, réconcilier entre eux les chefs de la chrétienté pour reconquérir la Palestine retombée aux mains des infidèles une centaine d'années auparavant, en 1291. Le point capital pour la réforme de l'Eglise, c'est à ses yeux de ramener le pape à Rome, où il se retrouvera chef de l'Eglise universelle. Elle y parviendra : son opiniâtre volonté rencontrait le désir du pape Grégoire XI, et lorsqu'elle arrive en Avignon, entourée d'une partie de ses fidèles, le 18 juin 1376, elle est reçue par lui presque immédiatement — deux jours plus tard — et emporte sa décision ; le pape fera sa rentrée dans Rome — après d'ailleurs bien des hésitations, et un retour retardé par des tempêtes en mer et d'innombrables difficultés matérielles — le 17 janvier 1377. Il mourra malheureusement quatorze mois plus tard, le 27 mars 1378, non sans avoir chargé Catherine de diverses missions de négociations, de nouveau, entre Sienne et Florence ; il lui avait octroyé des privilèges extraordinaires : le droit d'avoir un autel portatif et d'y faire célébrer la messe même dans des régions frappées d'interdit. Elle avait auprès d'elle trois confesseurs qui lui étaient attachés et pouvaient, sans solliciter l'autorisation de l'évêque du lieu, confesser les pénitents qui se présentaient ; car sur le chemin de Catherine les conversions sont nombreuses, et parfois les trois confesseurs ne suffisent qu'à peine à la tâche.

La « carrière politique » de Catherine s'exerce donc au sein de l'Église universelle en un temps de troubles, de confusions, d'erreurs parmi lesquels elle indique la voie droite Celle de Jeanne d'Arc s'exercera sur un terrain plus proprement politique et temporel — encore qu'elle ait eu de multiples répercussions du point de vue religieux — et par des moyens militaires, chose fort inattendue pour une sainte. Lorsqu'elle se manifeste, au mois de février 1429, la France est dévorée à la fois par la guerre étrangère et par la guerre civile, et l'on peut se demander qui doit légitimement régner, de celui qu'elle appelle le dauphin, futur Charles VII, ou du roi d'Angleterre, Henri VI de Lancastre, destiné à régner, pense-t-on, à la fois sur son pays et sur la France et qui, par sa famille et ses agents auxquels le sol de la Normandie, de l'Anjou et du Maine a été distribué, se conduit comme se sont conduits tous les envahisseurs du monde, mettant en coupe réglée le nord de la France qu'il contrôle.

Jeanne apporte quelque clarté dans le trouble général des esprits et des armes ; elle désigne l'héritier légitime, et le fait sacrer à Reims après avoir fait lever le siège d'Orléans. Mais elle va rencontrer le même ennemi auquel s'était heurtée Catherine de Sienne un demi-siècle auparavant : l'université de Paris, dans son ensemble ralliée à la cause anglaise ; les quelques universitaires qui ont senti en eux une âme de « résistant » sont allés rejoindre le dauphin au sud de la Loire et sont regroupés à Poitiers lorsque Jeanne entre en scène, tandis que leurs confrères parisiens approuvaient à grands renforts d'arguments l'assassinat de Louis d'Orléans sur l'ordre de son cousin le duc de Bourgogne Jean sans Peur, acte qui a déchaîné la guerre civile en 1407. Et pour complaire à l'envahisseur, on a élaboré par la suite cette théorie de la double monarchie, France et Angleterre sous la couronne anglaise, dont l'un des principaux tenants n'est autre que l'ancien recteur de l'université de Paris, un nommé Pierre Cauchon, l'un des négociateurs du traité de Troyes qui a déshérité d'avance le futur Charles VII ; il ne manque aucune occasion de déployer son zèle, que ce soit en 1424 lorsqu'il reçoit du côté anglais la capitulation de la ville de Vitry, proche de Reims (défendue par le fameux La Hire), soit encore en levant les taxes et impôts en Normandie pour le compte, toujours, de l'envahisseur ; son zèle lui a fait avoir l'évêché de Beauvais, et c'est à ce titre qu'il entreprend contre Jeanne, lorsqu'elle est prise à Compiègne, un procès d'hérésie, lequel se termine, on le sait, par le bûcher de Rouen le 30 mai 1431 ; mais on ne peut manquer de noter que ce procès d'hérésie, l'université de Paris avait émis l'intention de le faire à Jeanne dès les premières victoires de celle-ci, au moment où elle acheminait vers Reims l'armée royale pour procéder au sacre qui devait faire de Charles, suivant son expression, « le lieutenant du Roi des Cieux qui est roi de France ». Dès qu'elle fut faite prisonnière et que le procès fut entrepris, l'université ne manqua pas de se récompenser de sa longue patience en déléguant six de ses membres pour y assister ; il était inconcevable, en effet, pour les universitaires parisiens, que cette fille de paysans âgée de dix-sept ans vînt se mettre en travers d'une théorie lentement et longuement élaborée par ceux qui détenaient « la clef de la chrétienté ».

Il suffit, pour mesurer ce qu'a pu être dans ses prolongements l'action de Jeanne, d'évoquer ce qu'est encore l'Irlande en notre XXe siècle, toujours coupée en deux sous l'influence des ex-colonisateurs, qui y sont intervenus avec des méthodes d'envahisseurs, prenant possession du sol à 97 %, au XVIe siècle et plus encore au XVIIe ; l'effort de libération que Jeanne représente à elle seule et dont elle est devenue la plus éminente figure à travers les temps a fait basculer littéralement le jeu des forces en présence et permis un ordre européen dans lequel la France a pu jouer son rôle et demeurer elle-même, cela à une époque où allaient se manifester un esprit et des méthodes de colonisation qui, par la suite, devaient faire leurs preuves...

Retirée dans un couvent depuis l'entrée des Anglais dans Paris, ayant cessé d'écrire, Christine de Pisan, qui avait elle aussi eu à lutter contre les universitaires parisiens, salua la victoire de Jeanne à Orléans dans ce qui fut son dernier poème :

> L'an mil quatre cent vingt et neuf
> Reprit à luire le soleil.

Il y aurait certes beaucoup d'autres aspects à évoquer dans la personnalité même de Catherine et de Jeanne ; la première, en notre XXe siècle, a été nommée docteur de l'Eglise, et c'est la seule femme avec Thérèse d'Avila qui ait eu cet honneur. Quant à Jeanne, depuis qu'ont été publiés ses deux procès au milieu du XIXe siècle (traduits pour la première fois en 1868) et que sa personne nous est mieux connue, il n'y a pas à insister sur son extraordinaire popularité. Notre XXe siècle a vu se créer à Rome un institut Sainte Catherine de Sienne qui s'est penché sur les écrits et la personne de la fille du teinturier, morte à trente-trois ans, le 29 avril 1380 ; tandis que, plus modestement, naissait à Orléans, en 1974, création de la municipalité de cette ville, un centre Jeanne d'Arc réunissant sous forme de microfiches les documents qui concernent cette fille de paysans, morte à dix-neuf ans.

Le contraste est évidemment extraordinaire entre ces deux courtes existences de femmes, et le nombre d'ouvrages, de documents de toutes sortes, de discussions souvent passionnées qu'elles ont l'une et l'autre suscités, le tout émanant des chercheurs les plus qualifiés ; sans compter les statues, peintures, œuvres d'art et plus encore la ferveur dont on les entoure en notre temps.

Mais l'on ne peut conclure sans remarquer à propos de Jeanne le trait bien significatif d'une mentalité : celle du XIXe siècle, que prolongent aujourd'hui encore quelques obstinés. La question qu'on s'est alors posée en effet, et qui a surtout provoqué l'étonnement, à cette époque, c'est de savoir comment cette fille de paysans a bien pu être reçue par le roi, ou comment cette femme a-t-elle été admise à conduire une armée ? Sans insister sur l'inconséquence de cette question qui méconnaît l'essentiel (car après tout ce sont surtout les exploits de Jeanne qui sont étonnants !), on peut, au terme d'une étude sur ce qu'avait été le statut de la femme aux temps qui précédèrent celui de Jeanne d'Arc, penser que le problème est d'avance résolu, ou plutôt qu'il s'agit d'un faux problème. L'ordre de Fontevraud, encore vivant au XVe siècle, atteste qu'il s'agit d'une époque où l'on faisait confiance à la femme, et le souvenir d'Aliénor, de Blanche et de tant d'autres était loin d'être effacé.

Jeanne s'est inscrite dans la lignée des femmes qui participèrent aux expéditions d'outre-mer, de celles qui pouvaient recevoir l'hommage des vassaux et rendre la justice ; et le roi, au XVe siècle encore, n'a rien d'un Louis XIV.

Doit-on dire que la mission de Jeanne d'Arc eût été impossible au XIXe siècle ? En tout cas elle était alors, au sens strict du mot, « impensable ».

Conclusion : des femmes d'avant-hier à celles d'aujourd'hui

Toute l'humanité peut se retrouver en ces symboles vivants qu'offrent Héloïse et Abélard dans leur face à face, signe de la perpétuelle alternative dont chaque terme est aussi nécessaire à l'autre que deux yeux pour voir, deux membres pour agir et marcher. Est-ce assez curieux, cette vision monoculaire — celle de la perspective classique en peinture — que manifeste la tendance à résoudre l'éternel conflit du couple, du « deux », en éliminant l'un au profit de l'autre ! A l'époque féodale, on avait compris que les contraires sont indispensables l'un à l'autre, qu'une voûte ne tient que par la mutuelle pression que deux forces exercent l'une sur l'autre, que son équilibre est fonction de leur égale poussée. Peut-être nous sera-t-il donné de redécouvrir cette bienheureuse nécessité au temps où nous redécouvrons les voûtes romanes, où elles nous redeviennent proches et familières, objets au surplus d'un croissant intérêt.

Peut-être, après ces quatre siècles qu'on peut appeler « monarchiques » (*monos :* un seul), quels qu'aient été les régimes successifs, où le pouvoir et la pensée furent uniquement masculins, verrons-nous revenir l'influence féminine, selon le mouvement qui s'amorce aujourd'hui.

Mais on se demande parfois (rien n'est jamais irréversible, dans l'histoire des peuples comme des individus) si l'effort actuel de libération de la femme ne risque pas d'avorter ; car il marque pour elle une tendance suicidaire : se nier elle-même en tant que femme, se satisfaire à copier les comportements de son partenaire, chercher à le reproduire comme une sorte de modèle idéal et parfait, en se refusant d'emblée toute originalité.

Et pourtant, le monde rigoureusement masculin qui fut celui de la civilisation classique et bourgeoise nous apparaît contestable et se trouve en fait contesté. N'est-il pas paradoxal que l'on conserve, d'un héritage dont la richesse est indéniable, précisément le legs le plus pernicieux : la tentation totalitaire, celle qui consiste à vouloir réduire tous les individus à un schème unique, qui n'admet d'égalité que dans l'uniformité ? Les femmes se contenteront-elles longtemps d'être des hommes forcément manqués — à moins d'une mutation gigantesque de l'humanité qui d'ailleurs serait aussi sa fin ?

La copie est un bon exercice d'école : elle n'a jamais produit de chef-d'œuvre. Que n'inventons-nous, nous autres femmes, les solutions propres à notre temps, comme d'autres femmes le firent en leur temps ? N'avons-nous rien d'original à proposer au monde, par exemple devant des lacunes qui s'avèrent graves aujourd'hui ? Qui nous dit qu'il ne faudrait pas une solution féminine pour mettre terme à l'injustice généralisée qui fait que, dans notre univers rationnel et planifié, deux êtres humains sur trois ne mangent pas à leur faim ? Est-il sûr que la violence qui jusqu'ici n'a fait que l'aggraver pourra seule résorber ce mal-là ?

On s'est toujours plu à reconnaître à la femme un certain sens des réalités concrètes. Ne serait-elle pas qualifiée pour discerner, au-delà des systèmes des idéologues et des calculs des futurologues, les mesures à prendre pour améliorer la vie quotidienne, en se montrant vigilante à l'égard d'un environnement qu'on épuise ou qu'on maltraite ? La « qualité de la vie », la beauté du monde, ou pour tout dire la survie de la planète, ne dépendraient-elles pas aussi des femmes, ou disons, d'abord des femmes ?

En combien de domaines la femme pourrait-elle se manifester efficacement : tous ceux qui touchent au respect de la personne (c'est-à-dire, pour chacun de nous, au respect de l'autre), à l'éducation et au bonheur de l'enfance. N'est-il pas curieux en effet que, depuis que le monde est monde, alors que les souvenirs d'enfance — dureté, angoisse ou tendresse — tiennent une telle place chez l'adulte, on se soucie tellement peu d'apporter à chaque enfant ce dont il a surtout besoin dans ses premières années : une certaine chaleur, un entourage rassurant ?... Ne serait-ce pas aux femmes d'y penser ?

Mais tout cela nécessite de toute évidence un effort d'invention, d'attention à leur temps. La conviction aussi qu'on ne s'affirme qu'en créant, et — beaucoup le reconnaissent aujourd'hui — que c'est « la différence qui est créatrice »[99].

Les Ukrainiens

Rurik le Varègue
|
Igor
ép. Olga
|
Sviatoslav
ép. Maloucha
|
Vladimir le Grand
ép. Rognéda
ép. Anne de Byzance

- **Boris**
- **Gleb**
- **Marie Dobrogneva ép. Casimir de Pologne**

Vladimir le Grand/Rognéda
|
Iaroslav le Sage
ép. Ingegerde de Suède

- **Vladimir**
- **Elisabeth ép. Harold de Norvège**
- **Isiaslav de Kiev**
- **Sviatoslav de Kiev**
- **Anne ép. Henri Ier de France**
  - **Philippe Ier**
- **Vsevolod ép. Marie de Byzance**
- **Anastasie ép. André de Hongrie**

LES ANGEVINS

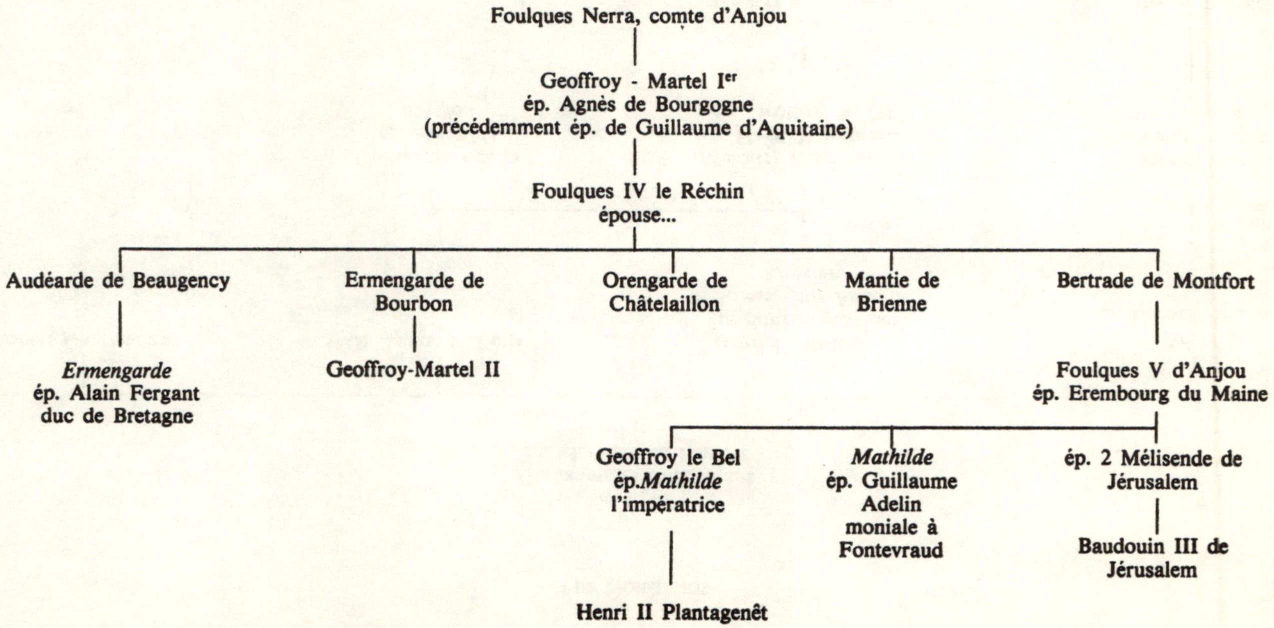

Les Normands

- Guillaume le Conquérant ép. Mathilde de Flandre
  - Robert Courteheuse
  - Guillaume le Roux
  - Henri Ier Beauclerc ép. Edith (Mathilde) d'Ecosse, puis Aélis de Louvain
    - Guillaume Adelin ép. *Mathilde d'Anjou*
    - *Mathilde* l'impératrice ép. Henri V empereur ép. Geoffroy le Bel
      - Henri II Plantagenêt
  - Adèle ép. Étienne de Blois
    - Etienne de Blois prétendant au trône d'Angleterre
      - Eustache de Boulogne

Les comtes de Poitou, ducs d'Aquitaine

- Guillaume le Grand ép. Agnès de Bourgogne
  - Guillaume V Aigret ép. Hermensent
  - *Agnès de Poitou* ép. Henri III, empereur d'Allemagne
    - Henri IV ép. Berthe de Turin
      - Conrad
      - Henri V ép. *Mathilde* d'Angleterre
  - Gui-Geoffroy, devenu Guillaume VI ép. Audéarde de Bourgogne
    - Guillaume VII de Poitou IXe duc d'Aquitaine (Le Troubadour) ép. *Ermengarde d'Anjou* puis Philippa de Toulouse
      - Guillaume VIII
        - *Aliénor d'Aquitaine* ép. Louis VII de France puis Henri Plantagenêt

Notes

1. TESSIER (Georges) : *Le Baptême de Clovis*, Paris, Gallimard, 1965. Coll. « Trente journées qui ont fait la France », n° 1. Nos citations sont tirées de son ouvrage.

2. DUCHÉ (Jean) : *Histoire du monde*, t. II, p. 44, Paris, Flammarion, 1960.

3. On consultera l'article de Robert VILLERS : *Le Statut de la femme à Rome jusqu'à la fin de la République*, dans le Recueil de la Société Jean-Bodin consacré à *La Femme*, t. Ier, Bruxelles, 1959, p. 177-189. Voir également, dans le même recueil, l'étude de Jean GAUDEMET : *Le Statut de la femme dans l'Empire romain*, p. 191-222, et celle de F. GANSHOF : *Le Statut de la femme dans la monarchie franque*, t. II, 1962, p. 5-58.

4. Voir les numéros de la revue *Missi* (Lyon, 6, rue d'Auvergne) consacrés à la femme en 1975 : n°s 7 et 8 : *Le Temps des femmes*.

5. Se reporter aux divers ouvrages de Pierre Grimal, qui donne ces exemples.

6. Voir ETIENNE (Robert) : *La Conscience médicale antique et la vie des enfants*, dans *Annales de démographie historique*, 1973, numéro consacré à *Enfant et Société*.

7. Le numéro 132 de la revue *Population et Sociétés* (février 1980) contient un paragraphe à citer : « Dans de nombreuses sociétés, les naissances des garçons sont valorisées, et celle des filles dévalorisées ; c'était encore un cas fréquent en France au siècle dernier. Mais alors qu'en pays chrétiens les enfants des deux sexes ont toujours été baptisés et donc enregistrés sans discrimination, il arrive dans d'autres civilisations que les filles soient partiellement omises dans les déclarations à l'autorité religieuse ou civile. Ce cas se présente dans de nombreux pays d'Afrique, du sous-continent indien, et dans la plupart des pays islamiques. » Et l'auteur, Michel-Louis LEVY, poursuivant avec l'étude de la surmortalité masculine au voisinage de la naissance, ajoute : « On connaît des pays où la mortalité des petites filles est supérieure à celle des petits garçons du fait de la moindre importance et donc des moindres soins qui leur sont accordés. Il semble bien qu'en Inde l'espérance de vie des femmes soit moindre que celle des hommes. Jacques Vallin a montré qu'en Algérie il y avait surmortalité féminine de six mois à trente-cinq ans vraisemblablement liée à des causes sociales. » *(L'Équilibre des sexes*, éd. par l'Institut national d'études démographiques.)

8. DANIELOU (J.) et MARROU (H.) : *Nouvelle Histoire de l'Eglise*, t. Ier, p. 339.

9. VACANT et MANGENOT : *Dictionnaire de théologie catholique,* t.V, col. 465-480. Le concile d'Eauze recommande de ne faire faire que peu de travail par les esclaves le dimanche, tandis qu'un concile anglo-saxon un peu plus tardif proclame d'autorité que le serf que son maître fait travailler le dimanche devra être affranchi, soustrait à l'autorité de ce maître.

10. Voir Pierre RICHÉ : *Education et Culture dans l'Occident barbare,* Paris, Le Seuil, 1962.

11. ALBERS (Bruno) : *Consuetudines monasticae,* III, Mont Cassin, 1907, p. 159-168.

12. Reto BEZZOLA : *Les Origines et la Formation de la littérature courtoise en Occident,* Bibliothèque de l'École des hautes études, fasc. 286, Paris, 1958-1963, 5 vol., grand in-8°. Voir en particulier t. Ier, p. 55 et suiv.

13. Voir le récit et la description détaillée de la fouille dans les *Dossiers de l'Archéologie,* n° 32, janvier-février 1979.

14. Bède le Vénérable, qui fut moine successivement à Wearmouth et à Yarrow (673-735), et fut en son temps un esprit encyclopédique aussi remarquable qu'Isidore de Séville dans l'Espagne du VIIe siècle, devait raconter l'histoire de Whitby et de son poète.

15. TONNELAT (Ernest) : *Histoire de la littérature allemande des origines au XVIIe siècle,* Paris, Payot, 1923, p. 22.

16. ECKENSTEIN (Lina) : *Woman under Monasticism,* Oxford, 1896.

17. Signalons la petite reproduction des principales miniatures de l'*Hortus delicarum,* qui avait été faite par les Éditions Oberlin de Strasbourg, 1945.

18. Une exposition a eu lieu dans la petite ville de Bingen sur le Rhin. Nous exprimons ici nos remerciements à L. JARLUND-WERNSCHEID qui nous en a signalé le catalogue rédigé par Mme Heike LEHRBACH : *Katalog zur internationalen Ausstellung-H1. Hildegard von Bingen 1179-1979,* Bingen, 1979. Mentionnons aussi la remarquable petite biographie due à Mme Jacques CHRISTOPHE : *Sainte Hildegarde,* Paris, Gallimard, 1942.

19. DHUODA : *Manuel pour mon fils.* Introduction, texte critique, notes, par Pierre RICHÉ. Traduction par Bernard de Vregille et Claude Mondésert. Coll. « Sources chrétiennes », n° 225, Paris, éd. du Cerf, 1975.

20. Il n'est pas sans intérêt de rappeler qu'aujourd'hui les méthodes de psychanalyse font de nouveau appel à ce processus analogique.

21. GRABAR et NORDENFALK : *La Peinture romane du* XIe *au* XIIIe *siècle,* Skira, Genève, 1958. Voir notamment p. 170 et suiv.

22. Cité par STIENNON (Jacques) : *Paléographie du Moyen Age,* p. 294.

23. CRUMP and JACOBS : *The Legacy of the Middle Ages,* Rééd. Oxford, 1943. Voir en particulier le chapitre rédigé par J.W. ADAMSON sur l'éducation et l'importante contribution d'Eileen Power intitulée *The Position of Women,* récemment traduite en français (Aubier, 1978).

24. Consulter à ce sujet les ouvrages de Pierre RICHÉ, notamment celui déjà cité intitulé : *Education et Culture dans l'Occident barbare,* ainsi que les travaux de Mgr LESNE et de ROGER, PARÉ et TREMBLAY sur les écoles.

25. Voir E. de BRUYNE : *Études d'esthétique médiévale,* Bruges, 1946, 3 vol. grand in-8, notamment t. II, p. 85.

26. Notons que la belle crypte de l'abbaye Saint-Michel-de-Cuxa (Pyrénées-Orientales) possède de même un système de ventilation à la fois simple et très savant, éliminant l'humidité et maintenant une température à peu près constante. Et ce ne serait pas, tant s'en faut, le seul exemple à citer !

27. L'expression familière : « Ne pas pouvoir être au four et au moulin », qui en est restée, indique bien les allées et venues qui se font entre ces lieux différents et essentiels à la famille.

28. On trouvera un excellent résumé de la question dans l'ouvrage de Jean

GIMPEL : *La Révolution industrielle du Moyen Age*, Ed. du Seuil, 1975.

29. Renvoyons ici aux historiens des techniques. GILLE (Bertrand) : *Histoire générale des techniques*, Paris, Presses Universitaires, t. Ier, 1962, éd. sous la direction de Maurice Daumas, p. 463.

30. Lynn WHITE, Jr. : *Medieval Technology and Social Change*, Oxford 1962 ; voir aussi du même le remarquable article intitulé *Cultural climates and technological advance in the Middle Ages*, paru dans les publications de l'université de Californie, Los Angeles. Également BENZ (Ernst) : *Fondamenti cristiani della tecnica occidentale*, in *Technica e casistica*, éd. Enrico Castelli, Rome, 1961, p. 211-263 ; FORBES (Robert), dans *History of Technology*, éd. Charles Singer, Oxford, 1956. On trouvera un résumé des progrès techniques dans l'ouvrage de Jean GIMPEL : *La Révolution industrielle du Moyen Age*, Paris, Le Seuil, 1975. Cité plus haut.

31. Jean Gimpel a pu proposer ainsi des maquettes de moulin, simplifiant le travail quotidien des femmes notamment, qui ont été appréciées dans bon nombre de villages de l'Inde.

32. Communication de Robert FOSSIER : *La Femme dans les sociétés occidentales* et *Conclusions* données par Edmond-René LABANDE au colloque de Poitiers : *La Femme dans les civilisations des* Xe-XIIIe *siècles*, publ. par le Centre d'études supérieures de civilisation médiévale, Poitiers, 1977. Voir notamment p. 12, p. 4, etc.

33. Publié par NYSTRÖM (Urban) : *Poèmes français sur les biens d'un ménage*, Helsinki, 1940.

34. Marianne MULON : *Deux Traités inédits d'art culinaire médiéval*. Extrait du *Bulletin philologique et historique*, publ. par le Comité des travaux historiques et scientifiques, année 1968, Paris, Bibl. nat. 1971.

35. Il s'agit des manuscrits British Museum Sloane 2463 et Bodl. Douce 37 (Western 21611).

36. Voir les recettes publiées par Clovis Brunel dans *Romania*, LXXX, 1959, p. 145-190 ; LXXXIII, 1962, p. 145-182 ; LXXXVII, 1966, p. 505-542.

37. PIPONNIER (Françoise) : *Costume et Vie sociale. La cour d'Anjou* XIVe-XVe *s.*, Paris, Mouton, 1970.

38. On attend à ce sujet la thèse de François GARNIER étudiant la signification des gestes dans la miniature, à paraître au C.N.R.S.

39. Ouvrage cité de E. de BRUYNE, notamment t. II, p. 173 et suiv.

40. André LE CHAPELAIN : *Traité de l'amour*, cité par Bezzola, IIIe partie, t. II. p. 380 et suiv. D'après l'édition de Salvatore Battaglia, Rome, 1941.

41. Se reporter au petit ouvrage de J. LAFITTE-HOUSSAT : *Troubadours et Cours d'amour*, Presses Universitaires, coll. « Que sais-je ? », n° 422, 1960.

42. Rappelons qu'on appelle clerc à l'époque celui qui a étudié aux écoles et non un membre du clergé.

43. LOT-BORODINE (Mrrha) : *De l'amour profane à l'amour sacré. Etudes de psychologie sentimentale au Moyen Age*, Paris, 1961, rééd. Nizet, 1979. On consultera aussi les excellentes études du même auteur : *La Femme et l'Amour dans l'œuvre de Chrétien de Troyes* et *Le Roman idyllique au Moyen Age*. Sur le rôle de la femme, éducatrice du chevalier, on pourra se reporter à des œuvres comme *Le Dit du prunier*, édité et traduit par Suzanne DUPARC et paru dans le *Mercure de France*, Ier trimestre 1948, p. 78-97.

44. Renvoyons ici encore pour l'ensemble du chapitre à l'ouvrage déjà cité de Reto BEZZOLA.

45. Ces poèmes comme les précédents sont cités par Bezzola. Voir notamment IIe partie, t. II, p. 389 et suiv.

46. Voir l'étude de ANGIOLLINO (Maria d'Elia), *L'Epistolario feminile di S. Bernardo* dans *Analecta ordinis cisterciensis*, t. XV, 1959, p. 23-55.

47. Citation tirée de la *Vie de Bernard de Tiron*. L'ordre de Saint-Morillon cité plus haut avait été instauré par l'un des chevaliers poitevins qui avait accompagné Guillaume en Terre sainte, Robert, sire du Puy, près de Persac.

48. LEJEUNE (Rita) dans *Orbis medievalis. Mélanges de langue et de littérature médiévales offerte à Reto Bezzola*, éd. Francke, Berne, 1978, p. 241.

49. LE BRAS (Gabriel). Voir en particulier : *Le Mariage dans la théologie et le droit de l'Eglise du* XIe *au* XIIIe *siècles*, dans *Cahiers de civilisation médiévale*, XIe année, n° 2, avril-juin 1968, p. 191-202. Se reporter aussi à son article *Mariage*, dans le *Dictionnaire de Théologie catholique*, t. IX, col. 2044, 2317.

50. La question est remarquablement traitée dans l'article intitulé *La femme dans la Bible* dû à une femme pasteur, Claudette MARQUET, dans la revue *Croire aujourd'hui*, avril 1980. Voir notamment p. 204-209.

51. VACANT et MANGENOT : *Dictionnaire de théologie catholique*, article *Divorce*, t. IV, col. 1464 et suiv. Se reporter aussi au t. VII, col. 1547.

52. MICHELET (J.) : *Le Peuple*, Paris, Flammarion, 1974, p. 212.

53. Voir METZ (René) : *Le Statut de la femme en droit canonique médiéval*, dans le Recueil de la Société Jean-Bodin sur *La Femme*, IIe partie, t. XII, Bruxelles, 1962, p. 59-113.

54. *Dictionnaire de théologie catholique*, t. IX, article *Mariage*, col. 2044-2317. Citation col. 2186.

55. PORTEMER (Jean) : *Le Statut de la femme en France depuis la réformation des coutumes jusqu'à la rédaction du Code civil*, dans l'étude sur *La Femme*, publiée par la Société Jean-Bodin, IIe partie, t. XII, Bruxelles, 1962, p. 447-497. Voir notamment les pages 454-455.

56. Cité dans le même recueil, t. II, p. 454, note 3.

57. Toujours dans le même recueil édité par la Société Jean-Bodin, voir l'étude de Pierre PETOT et André VANDENBOSSCHE : *Le Statut de la femme dans les pays coutumiers français du* XIIIe *au* XVIIe *siècle*, IIe partie, t. XII, p. 243-254.

58. CRUMP (C.G.) et JACOBS (E.F.) : *The Legacy of the Middle Ages*, Oxford, 1943, in-8. En dehors de l'article d'Eileen Power sur la position des femmes, voir l'article consacré à la *Loi romaine*, notamment p. 380 à 391.

59. Etude citée plus haut de Jean PORTEMER, p. 462.

60. John GILISSEN : *Le Statut de la femme dans l'ancien droit belge*, ouvrage sur *La Femme*, publié par la Société Jean-Bodin, IIe partie, t. XII, p. 255-321. Voir notamment cette page de conclusion.

61. Cité dans l'ouvrage de CRUMP et JACOBS, p. 416.

62. Voir les ouvrages de Jean VERDON : *La Femme vers le milieu du* IXe *siècle d'après le polyptyque de l'abbaye Saint-Remy de Reims*, dans les *Mémoires de la société d'agriculture, commerce, sciences et arts de la Marne*, t. XCI, 1976, p. 113-134 ; du même : *Les Femmes et la politique en France au* XIIe *siècle*, dans les *Mélanges offerts à Edouard Perroy*, Paris, 1973, publications de la Sorbonne, série « Etudes », t. V, p. 108-119. Voir aussi R. FOSSIER : *La Terre et les Hommes en Picardie jusqu'à la fin du* XIIIe *siècle*, Paris-Louvain, 1968, p. 265-266, 271-272. BONNASSIE (Pierre) : *La Catalogne du milieu du* X^e^ *à la fin du* XIe *siècle. Croissance et mutations d'une société*, Toulouse, 1975. On se reportera enfin avec profit aux deux articles de Jean VERDON : *Recherches sur les monastères féminins dans la France du Nord aux* IXe-XIe *siècles*, dans la revue *Mabillon*, t. LIX, 1976, n° 266, p. 49-66, et *Recherches sur les monastères féminins dans le sud de la France*, dans les *Annales du Midi*, t. LXXXVIII, 1976, n° 127, p. 117-138.

63. HERLIHY (David) et KLAPISCH-ZUBER (Christiane) : *Les Toscans et leurs familles. Une étude du Catasto florentin de 1427*, éd. de l'Ecole des hautes études, Paris, 1978.

64. BOUSSARD (Jacques) : *La Vie en Anjou aux* XIe *et* XIIe *siècles*, p. 46, dans

la revue *Le Moyen Age*, t. LVI, 1950, p. 29-68. Des travaux de ce genre permettraient de reconstituer bien des existences au fil des jours et, suivant les temps et les lieux, de connaître ceux qui ont vécu « au ras du sol », à une époque antérieure au *Catasto* de Florence, qui fut une cité industrielle exceptionnellement développée et se présente en 1427 déjà comme une cité de la Renaissance, d'ailleurs marquée par les catastrophes du siècle précédent, la peste noire et la famine en particulier.

65. Voir dans la *Bibliothèque de l'Ecole des Chartes*, t. CXIII, 1955, p. 75 et suiv., l'article de L. Carolus-Barré intitulé : *La Commune de Condé et Celles-sur-Aisne.*

66. Ces enquêtes sont contenues dans le *Recueil des historiens de la France*, t. XXIV.

67. *Recueil des historiens de la France*, t. XXIV, p. 486, n° 144.

68. Ce qu'on appellera au XVIIIe siècle corporation, qui comportera le monopole de l'exercice du métier sur le territoire de la Cité (et qui n'apparaîtra qu'à la fin du Moyen Age dans les autres villes du royaume). Signalons à propos de « barbières » qu'une chanson ancienne s'intitule *La Belle Barbière.* Voir le recueil *Le Livre des chansons*, publié par H. Marrou sous le pseudonyme d'Henri Davenson (Neuchâtel, 1944), p. 313 sq.

69. On sait qu'il s'agit des usages des divers métiers parisiens recueillis et consignés par écrit sous l'autorité du prévôt de Saint Louis Etienne Boïleau (entre 1254 et 1271).

70. La soie, ouvrée et tissée sur place, n'a été, en tant qu'industrie, implantée qu'à grand-peine en France à la fin du XVe siècle, beaucoup plus tôt en Sicile et en Italie ; il s'agit ici de menus travaux sur la soie grège que les fileuses doivent « dévider, filer, doubler et retordre » pour la broderie ou la tapisserie dans laquelle les fils de soie sont souvent mêlés aux fils de laine, façonnant chaperons ou autres « couvre-chefs », galons d'orfroi, ceintures et aumônières.

71. A propos des gantières, comment manquerait-on d'évoquer ces gants tricotés, d'une extraordinaire finesse, qu'on a retrouvés dans les tombes des familles royales d'Espagne, celle entre autres de Ferdinand de La Cerda, et qui sont exposés au musée du couvent de Las Huelgas à Burgos ; l'art du tricot était donc pratiqué dès le XIIIe siècle.

72. Evergates (Theodore) : *Feudal Society in the bailliage of Troyes under the Counts of Champagne 1152-1284*, The John Hopkins University Press, Baltimore-London, 1975.

73. *Histoire de la bourgeoisie en France*, Paris, Le Seuil, 1959-1962, rééd. 1977.

74. Dans le recueil sur *La Femme* publié par la Société Jean-Bodin cité plus haut, p. 261-262.

75. On peut se reporter à mon ouvrage : *Les Hommes de la croisade*, Paris, Tallandier, 1977, p. 74 et suiv.

76. La plupart de nos citations dans ce chapitre sont tirées de l'ouvrage déjà cité de Reto Bezzola sur *Les Origines et la formation de la tradition courtoise en Occident.* Voir en particulier les t. II et III. Signalons au passage, sur les femmes en Normandie, l'étude d'Anne Prah-Pérochon sur *La Reine Mathilde* (Paris, La Pensée universelle, 1980).

77. Hallu (Roger) : *Anne de Kiev, reine de France. Editiones Universitatis catholicae Ukrainorum S. Clementis papae*, t. IX, Rome, 1973. Nous tenons à exprimer ici nos remerciements à M. Dulong de rosnay qui nous a signalé cette excellente étude.

78. Mathilde de Toscane avait épousé Godefroi le Bossu, duc de Basse-Lorraine (fils du second mari de sa mère Béatrice qu'on nomme, lui, Godefroi le Barbu), dont elle s'était séparée en 1071, en raison de ses alliances contre le pape.

79. FLICHE (Augustin). Dans son étude parue dans G. GLOTZ : *Histoire générale,* t. II de l'*Histoire du Moyen Age, L'Europe occidentale de 888 à 1125,* Paris, Presses Universitaires, 1940, p. 431.

80. Entre-temps celle-ci avait fait don au pape de ses propres Etats en Italie, de Ceperano à Radicofani. On voit encore dans cette dernière localité quelques restes de la porte qui marquait la frontière du fief pontifical légué par la « grande comtesse ».

81. Rappelons que l'abbesse de Las Huelgas était l'une des grandes dames du temps ; les possessions conférées à l'abbaye par les rois successifs font d'elle une châtelaine aux pouvoirs étendus, tandis que, du point de vue spirituel, elle jouit d'une juridiction semblable à celle des évêques, avec le droit de siéger aux tribunaux ecclésiastiques, de donner l'autorisation de prêcher et de confesser, de convoquer même des synodes régionaux. Elle contrôlait douze monastères et, lors du premier chapitre tenu à Burgos, avait réuni sept abbesses dont chacune amenait six serviteurs et cinq chevaux.

82. Cette tombe d'Isabelle d'Angoulême se trouve toujours dans le transept de l'abbatiale de Fontevraud.

83. GOURON (Marcel) : *Aliénor de Castille en Guienne,* article paru dans *Le Moyen Age,* janvier-avril 1927, p. 13-33. Comptes réédités récemment par J.-C. PARSONS, Toronto, 1977.

84. La même Marguerite devait recevoir à Amesbury le dernier soupir et les derniers vœux d'Aliénor de Provence, femme de Henri III, morte en odeur de sainteté ; après tant d'autres reines d'Angleterre, elle avait décidé de se retirer dans un monastère de l'ordre de Fontevraud et d'y prendre le voile des religieuses. Marguerite, sur son désir, allait rapporter d'Angleterre le cœur du roi Henri III son époux, et le déposer à Fontevraud ; elle devait elle-même régenter l'abbaye jusqu'à sa mort en 1304.

85. Une édition en Livre de poche du *Roman de la Rose* a récemment été faite par Daniel POIRION, Paris, Garnier-Flammarion, 1974.

86. Voir le commentaire que donne Daniel POIRION dans son introduction, ouvrage cité, p. 22, ainsi que l'article cité plus haut de René METZ.

87. Renvoyons ici à l'ouvrage de Paul ZUMTHOR, *Histoire littéraire de la France médiévale: VIe-XIVe siècles,* Paris Universitaires, 1954, notamment n° 530.

88. Publié par NYSTRÖM (Urban) : *Poèmes français sur les biens de ménage,* Helsinki, 1940.

89. *Poètes et romanciers du Moyen Age.* Texte établi et annoté par Albert PAUPHILET, augmenté de textes nouveaux présentés par Régine PERNOUD et Albert-Marie SCHMIDT, dans la bibliothèque de la Pléiade, Paris, Gallimard, 1952, 588-670.

90. BOSSUAT (Robert) : *Le Moyen Age,* dans *Histoire de la littérature française,* publiée sous la direction de J. Calvet, Paris, del Duca-de Gigord, 1955, p. 246.

Remarquons qu'il est singulier de la part d'un professeur de littérature d'avoir oublié les femmes qui se sont auparavant illustrées dans les lettres ; nous n'avions pas ici à traiter d'histoire littéraire, sinon nous aurions dû, parmi les troubadours, citer Ermengarde de Narbonne, la comtesse de Die, Marie d'Ussel, ou, parmi les trouvères, l'exquise Marie de France qui fut peut-être une sœur bâtarde de Henri II Plantagenêt ; de même qu'il faudrait par la suite, après Christine de Pisan, citer Pernette du Guillet ou Louise Labbé.

91. Voir la courte et substantielle étude sur *Gontier Col (1354-1418) d'après un livre récent,* par Maurice PROU, Sens, 1926.

92. On en trouvera d'autres réunis dans le recueil déjà cité de la Société Jean-Bodin sur *La Femme,* notamment t. II, p. 450.

93. Theodore EVERGATES (voir plus haut) cite de nombreux exemples qui cadrent mal avec la fixité que nous imaginons entre les diverses «couches sociales» à l'époque. Ainsi plusieurs chevaliers dans le bailliage de Troyes épousent des paysannes. La femme de Milon de Quincy était une certaine Marguerite, qui avait été affranchie peu auparavant par son seigneur en 1175. Patrice de Chaource épouse Laura, fille d'un tanneur de Troyes; à l'inverse, un simple paysan, Raoul de Granges, épouse une fille de chevalier, et, comme il était serf, son fils et sa bru seront affranchis par le seigneur. On cite un chevalier Thibaud qui est un juif converti, un Garin de Barbet qui, bien que noté comme «bourgeois» en 1168, a un fils chevalier en 1194.

94. Le jubilé du Puy a lieu on le sait lorsque le vendredi saint coïncide avec la fête de l'Annonciation le 25 mars, ce qui eut lieu en 1429. L'événement était l'occasion de vastes pèlerinages venant de toute la France.

95. MAC DONNEL (E.W.): *Béguines and Beghards in medieval culture with special emphasis on the Belgian scene,* New Jersey, 1954.

96. Matthew PARIS: *Chronica Majora,* t. IV, p. 278.

97. Communication de Francis RAPP, de l'université de Strasbourg, à paraître dans l'ouvrage rassemblant les communications faites au Colloque d'histoire médiévale d'Orléans (8-13 octobre 1979, à l'occasion du 550e anniversaire de la libération de la ville par Jeanne d'Arc), édité par le C.N.R.S. en 1980.

98. Nous renonçons à donner une bibliographie de Catherine de Sienne et de Jeanne d'Arc, et citons en particulier deux ouvrages essentiels pour le propos du présent chapitre: DENIS-BOULET (M.), *La Carrière politique de sainte Catherine de Sienne,* Paris, Desclée, 1937, et DELARUELLE (E), *La Spiritualité de Jeanne d'Arc,* dans *Bulletin de littérature ecclésiastique,* Toulouse, 1964, nos 1-2, p. 17-33, 81-98. Sur la spiritualité de Catherine, notons l'ouvrage de P.J.M. PERRIN, o.p., *Catherine de Sienne, contemplative dans l'action,* Paris, Téqui, 1980.

99. Nous citons ici Jacques de Bourbon-Busset, dans son intervention lors de la séance finale du Colloque d'Orléans, le 12 octobre 1979.

Crédits photographiques

Toutes les illustrations dont les références ne sont pas suivies du nom d'un photographe ont été exécutées par Jean VIGNE.

Abbaye Notre-Dame de Jouarre : 7, 8. — A.C.L., Bruxelles : 1. — Archives nationales, Paris : 38. — Bibliothèque d'Amiens : 24. — Bibliothèque de l'Arsenal, Paris : 17, 18, 19, 20, 39, 40, 41, 42, 44 (Livre du Trésor des Histoires), 45 (Chroniques des Empereurs). — Bibliothèque de Boulogne-sur-Mer : 26, 30. — Bibliothèque de Laon : 31. — Bibliothèque Mazarine, Paris : 11, 12, 15, 16, 22, 23, 27 (« Distinctiones » de Bohic), 28, 46. — Missel franciscain attribué à Jean Colombe, Bibliothèque municipale, Lyon : 10, 21. — Bibliothèque nationale, Paris : 2, 32, 34, 52. — Bibliothèque de Rouen : 37. — Bibliothèque de Saint-Omer : 25. — Bibliothèque de Sainte-Geneviève, Paris : 33, 47, 48, 49, 50. — Bibliothèque de la Sorbonne : 35. — Bibliothèque de l'Université de Liège : 9, 13, 14, 29, 43. — C.J.A. : 51. — Daniel Boiteau/C.L.D.P. Vichy : 3, 4. — Armand Colin, Paris : 5, 6. — Jeannine Niepce/B.N.P./Rapho : 36.

PHOTO COUVERTURE : détail d'une miniature des « Chroniques » de Montrelet, musée Condé, Chantilly.

MAQUETTE HORS-TEXTE : Daniel Leprince.

ICONOGRAPHIE : Jean Vigne (documents réunis sous la direction de Régine Pernoud).

Tables des matières

TROISIÈME PARTIE
PASSE LE TEMPS DES CATHÉDRALES

Dans la même collection

Christiane Desroches Noblecourt

La femme au temps des Pharaons

Cette Égypte qui nous fascine avec ses pharaons légendaires, ses sarcophages d'or et ses pyramides mystérieuses s'est-elle faite *avec* ou *sans* les femmes? *Avec*, répond Christiane Desroches Noblecourt au terme d'un impressionnant travail de recherche et de décryptage.
Dans la société civile, la femme est l'égale de l'homme; comme lui, elle peut faire des études; elle peut hériter, tester, léguer. Au sein du couple les décisions se prennent à deux.
Dans le domaine royal, la Grande Épouse transmet le sang et l'héritage pharaonique; elle seconde et conseille le roi. Consécration ultime : une femme sur le trône; c'est l'extraordinaire histoire de la reine Hatshepsout, pharaonne pacifique, énergique, éclairée; le récit de l'expédition qu'elle organise à Pount pour y chercher des arbres à encens, des résines, des aromates, en échange de quelques verroteries, est stupéfiant d'audace et d'ingéniosité.
D'autres femmes participent au pouvoir : celles du Grand Harem du pharaon qui vont jusqu'à ourdir des complots; les vierges souveraines de Thèbes, Épouses du dieu, qui évincent les grands prêtres pour prendre le pouvoir religieux, concurrent du pouvoir royal.
Quant au monde divin qui imprègne toute la vie quotidienne, il est largement dominé par Isis, la magicienne, le modèle de l'épouse et de la mère dont le poète dit : « Tu as rendu le pouvoir des femmes égal à celui des hommes. »
Rempli d'anecdotes inattendues, d'histoires parfois cocasses, de faits divers, d'intrigues et de légendes cosmiques; illustré de vingt-quatre pages de reproductions hors texte, de nombreux dessin in texte, *La femme au temps des Pharaons* donne une vision nouvelle et plus familière d'une époque dont on n'avait jusqu'alors que l'image impériale et grandiose.

Christiane Desroches Noblecourt, médaille d'or du C.N.R.S., a été conservateur en chef du département égyptien du Louvre. Par son enseignement, ses écrits, en particulier par son best-seller sur Toutankhamon – traduit dans vingt-deux pays –, par son acharnement à sauvegarder les temples de Nubie, elle a contribué à faire connaître l'Égypte au grand public. Elle poursuit actuellement des recherches dans la Vallée des Reines, dont elle a entrepris, grâce à un mécénat, la rénovation.

Dans la même collection

Françoise Thébaud

La femme au temps de La guerre de 14

Août 1914 : les Français partent pour le front. L'histoire des années de guerre résonne de noms masculins, Foch, Joffre, Clemenceau. En dehors de quelques femmes mythiques, la Madelon, Mata-Hari, Sarah Bernhardt, Mistinguett, qu'en est-il de l'ensemble des Françaises?

Elles vivent à l'arrière, sans trop souffrir de restrictions dans l'ensemble supportables. Les salles de spectacle sont combles, la mode s'affiche dans la rue au grand agacement des permissionnaires. C'est dans leur vie privée que la guerre et la solitude frappent le plus durement les femmes. Certains ont « le diable au corps » comme le redoutent les soldats, mais la plupart attendent dans l'angoisse des nouvelles du fils ou du mari.

Elles ne restent pas inactives pour autant, loin de là. La « guerre des femmes » soutient celle des hommes. Il y a l'histoire méconnue de ces habitantes des régions occupées qui résistent, espionnent, sont déportées. Il y a la duchesse d'Uzès qui transforme son château en hôpital et l'infirmière anonyme revêtue de la célèbre cape bleue, croix rouge au revers, toutes celles qui soignent les trois millions de blessés.

Il y a les « remplaçantes » qui labourent, font le pain, conduisent les tramways et les « munitionnettes », ouvrières des usines de guerre qui manœuvrent les presses, tournent les obus. « Si les femmes qui travaillent dans les usines s'arrêtaient vingt minutes, aurait dit Joffre, les Alliés perdraient la guerre. » Elles ne s'arrêtent pas. Les mouvements de grève sont rares, les voix pacifistes restent isolées; la plupart des femmes sont de vraies « poilues de l'arrière ».

Mais, au lendemain du conflit, il faut rendre leurs places aux hommes, il faut se consacrer au repeuplement du pays. Les promesses d'émancipation et d'égalité juridique sont vite oubliées. Et pourtant, même si on refuse alors de l'admettre, la femme de 1918 n'est plus celle de 1914, elle a préparé son entrée dans un monde nouveau : le monde du XXe siècle.

Françoise Thébaud, historienne, est assistante à l'université Lyon II.

PRÉFACE DE MICHELLE PERROT

Dans la même collection

Marie-Claire Hoock-Demarle

La femme au temps de Goethe

Gœthe marque de sa personnalité et de ses œuvres trois quarts de siècle de la vie allemande. A la sortie d'un de ses ouvrages, raconte un témoin, on fait la queue devant les librairies « comme devant les boulangeries en temps de disette », et les femmes lui vouent un véritable culte.

De 1750 à 1830, ces femmes vivent une époque particulièrement mouvementée qui, tantôt les projette sur le devant de la scène, tantôt les rejette dans leur foyer.

C'est ainsi que l'on voit vivre et évoluer :

- les jacobines de Mayence qui font scandale en prenant fait et cause pour la Révolution française, comme Thérèse Heyne ou Caroline Michaelis;
- des héroïnes romantiques comme Karoline von Günderode qui se suicide un soir en se jetant dans le Rhin;
- des femmes qui règnent sur la vie littéraire comme la duchesse de Weimar, ou Henriette Herz et Rahel Levin dans leurs salons juifs de Berlin;
- mais aussi la foule des anonymes : bourgeoises du XVIIIe éprises de culture, villageoises qui souffrent des guerres napoléoniennes, paysannes que la révolution industrielle fait quitter leurs campagnes et grossir dans les villes les rangs du prolétariat naissant.

La femme au temps de Gœthe, c'est Bettina, Dorothea, Caroline et toutes les autres; c'est quatre-vingts ans de vies tour à tour brillantes, révolutionnaires, romantiques ou misérables. Mais lorsque Gœthe meurt, la femme allemande est entrée dans le monde moderne.

Marie-Claire Hoock-Demarle, normalienne, agrégée d'allemand, docteur-ès-lettres, est maître de conférences à Paris III et à Paris XIII.

Dans la même collection

Élisabeth Ravoux-Rallo

La femme au temps de Casanova

Elles éblouissent l'Europe. Elles règnent sur les cœurs. Les hommes parlent d'elles, rêvent d'elles, écrivent sur elles. Elles sont belles : un petit chignon fait tourner la tête d'un procurateur, la blancheur d'un sein celle de Jean-Jacques Rousseau et de Casanova. Elles s'habillent avec élégance, se maquillent avec art; elles sont habiles dans les affaires de cœur et, mariées ou nonnes, patriciennes ou soubrettes, savent utiliser leurs charmes, mener leurs fêtes, se choisir des chevaliers servants, « martyrs de la galanterie et esclaves du beau sexe », comme l'écrit Goldoni.

Elles sont partout les reines : à la maison et au palais, sur la place Saint-Marc et dans leurs « casini », sur les scènes des théâtres et au fond des couvents. Les belles Vénitiennes ne sont pas prises que par les soins de leur corps et le souci de leurs amours, elles sont aussi intellectuelles et artistes, s'intéressent aux sciences et aux idées; mais leur liberté de ton et leur goût de l'écriture inquiètent les hommes qui expriment leur misogynie en pamphlets virulents. Il n'empêche que les Vénitiennes, présentes dans les académies de belles-lettres et les ateliers de peinture, dirigent des journaux et, plus que nulle part ailleurs, se battent pour accéder à la culture.

Bientôt, la chute de la Dominante les ramènera à la raison et à la maison. En attendant, pendant tout un siècle, Venise, gouvernée par les hommes, sera la « cité des femmes ». C'est le récit de leur vie, de leurs ambitions, de leurs luttes et de leurs créations dans cette ville brillante, fertile en scandales et en cabales, que nous offre Élisabeth Ravoux-Rallo, récit d'autant plus intéressant qu'il fait une large part à des textes originaux et peu connus, écrits par les femmes elles-mêmes.

Élisabeth Ravoux-Rallo – 40 ans – est agrégée des Lettres, italianiste, maître-assistant de littérature comparée à l'université de Provence.

Dans la même collection

Dominique Desanti

La femme au temps des Années Folles

Quand on survit au pire des massacres, on reprend son souffle, on respire, on aspire à l'éclat, aux musiques sonores, aux couleurs aveuglantes, et la folie s'empare de tout changer : mode de vie, mœurs et décor. Le mythe de la nouvelle femme précède le changement de décor : sans corset, nuque rase et jupe brève, « La Garçonne », héroïne du roman de Victor Margueritte, revendique l'union libre. C'est le scandale.
Choisir ses amours, prévoir l'enfant, ne pas s'enfermer dans ce foyer que l'on voudrait vous voir réintégrer (après vous avoir fait conduire des tramways, tourner des obus et coudre des capotes), c'est le rêve de la femme des années 20; elle aspire à vivre à 100 à l'heure; elle prend le volant, fonce dans les carrières d'hommes, reconquiert la haute couture, saute les barrières du barreau et de la médecine, pénètre dans les grandes écoles, dans les laboratoires, sur les stades, et réussit : Irène et Marie Curie, Schiaparelli et Lanvin, Suzanne Lenglen et Hélène Boucher en témoignent.
Conscientes de leurs droits, désormais les femmes les défendent, regroupées autour de la duchesse rouge Edmée de La Rochefoucauld et de la bouillonnante Louise Weiss.
La T.S.F. pénètre dans les familles et dans les ateliers; le film parle et chante; Hollywood propose des rêves et des modèles; on danse le charleston et la biguine; c'est le triomphe de Joséphine Baker, de Mistinguett et de Cécile Sorel. L'expo des Arts Déco change le style. En tête des femmes créatrices, Sonia Delaunay transforme murs et vêtements. Sonia est venue de Russie comme Gertrude Stein d'Amérique et Nancy Cunard d'Angleterre; Paris qui bouge et qui scintille attire les belles étrangères.
Ces années-jazz, ces années-changement, ces années-paillettes, Dominique Desanti les raconte avec le souci de l'historienne et le talent de la romancière, parsemant son récit de portraits de femmes connues ou anonymes : Colette, Misia Sert, Maryse Bastié, l'algébriste, La Argentina, Germaine Richier ou la pharmacienne corsicoise.

Cet ouvrage a été réalisé sur
Système Cameron
par la SOCIÉTÉ NOUVELLE FIRMIN-DIDOT
Mesnil-sur-l'Estrée
pour le compte des Éditions Stock
le 20 mai 1987

Imprimé en France
Dépôt légal : mai 1987
N° d'édition : 5104 – N° d'impression : 6890

54-20-3406-02
ISBN 2-234-01765-3

54-3406-3